铁道运输行业精品教材

旅客运输心理学

主　审 / 应夏晖　刘沛文

主　编 / 李培锁　陈　健　黄艺娜

副主编 / 侯　蕊　李朝阳　旷利平　雷长剑

黄乐艳　胡　斌　陈锦生　赵小红

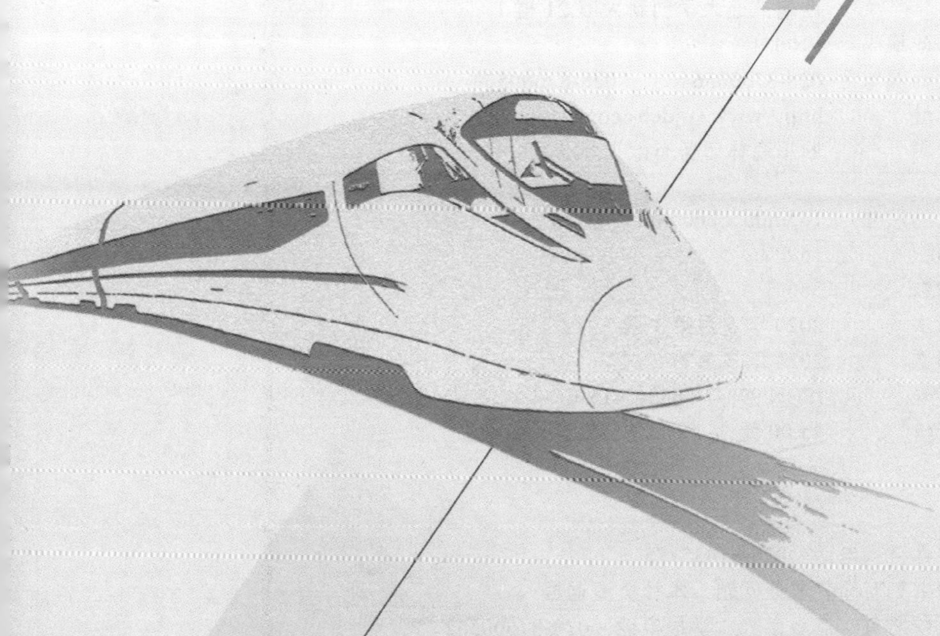

西南交通大学出版社

·成　都·

图书在版编目（CIP）数据

旅客运输心理学 / 李培锁，陈健，黄艺娜主编. —
成都：西南交通大学出版社，2020.5（2024.7 重印）
ISBN 978-7-5643-7413-6

Ⅰ. ①旅… Ⅱ. ①李… ②陈… ③黄… Ⅲ. ①铁路运输 – 旅客运输 – 心理学 – 高等职业教育 – 教材 Ⅳ. ①U293-05

中国版本图书馆 CIP 数据核字（2020）第 064319 号

Lüke Yunshu Xinlixue
旅客运输心理学

主编 李培锁 陈 健 黄艺娜

责任编辑 罗小红
助理编辑 吴启威
封面设计 墨创文化

出版发行 西南交通大学出版社
（四川省成都市金牛区二环路北一段 111 号
西南交通大学创新大厦 21 楼）
邮政编码 610031
发行部电话 028-87600564 028-87600533
网址 http://www.xnjdcbs.com
印刷 四川森林印务有限责任公司

成品尺寸 185 mm × 260 mm
印张 15.5
字数 366 千
版次 2020 年 5 月第 1 版
印次 2024 年 7 月第 2 次
书号 ISBN 978-7-5643-7413-6
定价 45.00 元

课件咨询电话：028-81435775

前 言

国民经济的逐步提高、人民生活水平的增长，加剧了旅客出行乘车与铁路运能低的矛盾（尤其是春运、暑运、黄金周等期间）。我国铁路建设（尤其是高速铁路与客运专线建设）进入一个高速发展的阶段，全路旅客运能也在逐年递增。据统计，2018 年，全国铁路完成旅客发送量 33.7 亿人，同比增长 9.4%；旅客周转量 14 146.6 亿人千米，比 2017 年同期增长 5.1%。随着高速铁路与客运专线建设的日益成熟，我国铁路旅客运输在整个交通运输行业的地位也将日益突出。预计到 2020 年，全国铁路旅客运输需求将达 40 亿人，年均增长速度为 8%。2020 年之前，一个连接所有省会和城市人口 50 万及以上的大城市、覆盖全国 90%以上人口、总规模 5 万千米以上的快速铁路客运网络将在中华大地上形成。

在铁路发展日益成熟的同时，公路及航空运输业的基础设施也在逐渐发展与完善，所以，在未来的客运市场竞争中，旅客运输服务将占据主导地位。当前，铁路面临来自各方面的竞争和挑战，我们只有以优质周到的服务，赢得旅客的信任，树立良好的形象，才能在激烈的竞争中赢得一席之地。而在具体的服务环节中，客运服务人员对旅客面对面服务的具体环节，将是旅客对客运服务质量评价的基础。而客运心理学在其中起到至关重要的作用。

本书分为绪论、旅客旅行需要、铁路客运服务人员心理品质及培养、铁路客运营销心理、铁路客运安全心理、铁路客运管理心理、群体心理等七个部分。依据客运业务流程，针对工作过程中涉及的不同心理现象，本书都做了相应阐述。

由于编者水平有限，书中不妥之处在所难免，恳请广大读者批评指正。

编 者

2019 年 11 月

目 录

Contents

1 绪 论

铁路旅客运输（简称“铁路客运”）心理学是心理学的一个分支学科，是心理学基本理论与方法在铁路旅客运输领域的应用与发展。本章主要介绍心理学一般基础知识，铁路旅客运输心理学研究的对象、意义及方法。

1.1 心理学知识简述

1.1.1 心理学发展历史

心理学作为一门科学只有很短的历史，但却有一个漫长的过去。心理学可以追溯到古代的哲学思想，哲学和宗教很早就讨论了身和心的关系以及人的认识是怎样产生的问题。古希腊哲学家如柏拉图、亚里士多德等，中国古代思想家荀子、王充等都有不少关于心灵的论述。

在西方，从文艺复兴到 19 世纪中叶，人的心理特性一直是哲学家研究的对象，心理学是哲学的一部分。这段时期，英国的培根、霍布斯、洛克等人，以及 18 世纪末法国的百科全书派思想家都试图纠正中古时代被神学歪曲了的心理学思想，并给出符合科学的解释。

19 世纪中叶，由于生产力的进一步发展，自然科学取得了长足的进步，科学的威信在人们的头脑中逐步生根。这时，作为心理学孪生科学的生理学也接近成熟，心理学开始摆脱哲学的一般讨论而转向于具体问题的研究。这种时代背景为心理学成为一门独立的科学奠定了基础。

现代心理学是在 1879 年建立的。这一年，德国心理学家冯特在莱比锡建立了世界上第一个心理学实验室，心理学从此宣告脱离哲学而成为独立的科学。冯特是一位哲学家兼生理学家，他的心理学实验室主要研究感知觉心理过程，所用的主要是生理学的实验技术，所以他称自己的这种研究为“生理心理学”，也称为“实验心理学”。

冯特所创立的心理学只兴盛了二四十年就遇到困难。问题出现在“心理学是研究意识的科学”这个定义上。因为要承认这个定义，首先就要求承认意识的存在，但是，这不是心理学界所有的人都能同意的。1913 年，美国心理学家华生首先向冯特的心理学提出挑战。

华生指出，心理学如果要成为一门科学，和自然科学其他学科处于平等地位，就必须来一场彻底的革命，就要放弃意识作为心理学的研究对象。华生说意识是主观的东西，谁也看不见、摸不到，更不能放到试管里去化验，这样虚无缥缈的东西决不能成为科学的研究对象。

他认为科学的心理学要建立在可以客观观察的事物上面。人和动物的行为是可以客观观察的，因而行为才是心理学研究的对象。心理学是研究行为的科学，它要探讨一个有机体发生了什么，在什么环境下产生了什么行为。至于头脑内部发生的过程，由于只能推测，不能肯定，所以不必给予理会。华生在心理学界掀起了一场影响深远的行为主义运动。

20 世纪 40 年代前后出现了新行为主义，强调在实验操作的基础上研究人和动物的行为。新行为主义者斯金纳最大胆的尝试是把行为主义原理用于改造社会。他写过一本小说叫作《沃尔登第二》，以日记的形式描写一个乌托邦式的理想社会。斯金纳把这种社会设计称作“行为工程”，并把这样一个社会的实现寄托于中国。20 世纪 60 年代，美国卷入越南战争，社会危机四起，人们开始怀疑美国的社会制度，向往一个理想社会，于是这本书迅速走红。

行为主义在美国影响很大，从 20 世纪 20 年代到 50 年代。行为主义一直统治着美国心理学。现在看来，行为主义的理论太简单化和绝对化了，不能因为头脑的活动看不见，就否认人的思维和意识的存在。同样，在物理学中，原子、分子、电子也不能被肉眼见到，但仍可以用仪器或其他工具进行研究。人的思维等心理活动同样可以通过技术手段进行客观的研究。心理学毕竟要研究人的心理的内部过程。再者，人的社会活动极为复杂，不是简单的行为工程所能阐明的。

在行为主义兴起的同时，在欧洲又出现了两大心理学派别，一个是格式塔学派，另一个是精神分析学派。

格式塔心理学诞生于德国，它反对冯特的构造心理学的元素主义，其代表人物是韦特海默、科夫卡和克勒。格式塔是德语 Gestalt 的音译，意思是整体、完形。这个学派主张心理学研究人脑的内部过程，认为人在观察外界事物的时候，所看到的东西并不完全决定于外界，而是在人的头脑中有某种“场”的力量把刺激组织成一定的完形，从而决定人看到的外界东西是什么样的。当时，物理学中正流行着“场”的理论，格式塔学派则认为人的大脑是物质世界的一部分，所以物理规律可以同样适用于人脑的活动。

格式塔心理学对猿猴的智力进行了研究。克勒观察了猿猴如何把几只木箱叠起来，爬到木箱顶上拿到悬挂在屋顶上的香蕉。猿猴还能把棍棒连起来取得被栏杆挡住的食物。格式塔心理学家认为人和动物解决问题是靠突然发生的“顿悟”。

格式塔学派反对冯特学派只强调分析的做法，而认为心理现象是一个整体，整体决定其内在的部分。这种强调整体和综合的观点对以后心理学的发展是有益的。科学研究不应只从分析的观点看问题，整体中的相互关系是更重要的一面。

精神分析学派来源于精神病学。它给予心理学以巨大的冲击，以致在讨论心理学对象的时候不能不提到它。奥地利医生弗洛伊德利用催眠术和自由联想法让精神病患者回忆往事，以找出致病的原因。他发现患者的幼年经验，特别是儿童与父母的情感关系非常重要。他还发现做梦往往反映出一个人的内在心理矛盾，所以分析病人的梦也是一种治疗方法。

弗洛伊德认为，一方面，人的内在生物性的情欲是最基本的冲动；另一方面，人的社会习俗、礼教和道德又约束着这种原始冲动的发泄，将其压抑到无意识中去。意识的内容是理智的、自觉的；无意识的内容多是与理智、道德相违背的。当理智与无意识的矛盾激化，就造成神经症。为了治病就需要对病人的无意识进行心理分析。这就是精神分析。

精神分析学派认为，心理学是研究“无意识”的作用。精神分析学派认为人的根本心理动机都是无意识的冲动。正是这种强有力的“无意识”的心理活动在人的生活中起着决定性的根本作用。至于有意识的心理过程则只是显露在表面的一些孤立的片段。近年的新精神分析已不再那么强调生物冲动的作用，而更为重视人际间的社会关系。在西方社会中精神病发病率很高，所以精神分析理论很容易被接受。

到了 20 世纪 60 年代，在美国出现了心理学的第三种力量——人本主义心理学，它反对用机械论和还原论的观点研究人，主张心理学应是人化的心理学，强调研究人的本性、价值、尊严和自由。与此同时，认知心理学成为心理学研究的新方向，它认为人的行为主要决定于认识活动，强调心理学主要应研究人类认识的信息加工过程。还应该指出，第二次世界大战以后心理学的研究中心是在美国，其他国家多是学习和借鉴美国的心理学。

近些年来已经出现了从本国实际出发研究心理学的倾向，这种倾向先是出现在欧洲，接着出现在亚洲。

在中国，现代心理学开始于清代末年改革教育制度、创办新式学校的时候。在当时的师范学校里首先开设了心理学课程，用的教材多是从日本和西方翻译过来的。1907 年，王国维从英文版重译丹麦霍夫丁所著《心理学概论》。1918 年，陈大齐著《心理学大纲》出版，这是中国最早以心理学命名的书籍。1917 年，北京大学建立心理学实验室，1920 年，南京高等师范学校建立中国第一个心理学系。

这时，构造心理学、行为主义心理学、格式塔心理学、精神分析等都被介绍到中国来，中国也开始有了自己的心理学研究。中华人民共和国成立后，1951 年便成立了中国科学院心理研究所，在几所大学和各师范院校都设立了心理学专业和教研室。

1.1.2　心理学知识简述

心理学是一门科学，是研究人的心理现象及其活动规律的科学。每个人，不管是在学习时，还是在生活和工作中，总会有各种各样的心理现象产生，如列车员要做好客运服务工作，就应保持高度的注意力，不断地观察列车运行的情况、旅客上下车情况、行李中有无异常物品等，一旦发现特殊情况，列车员要结合以往的经验，快速进行分析判断，并做出及时、正确的处理。假如排除了异常情况，为旅客提供了优质、安全的服务，则利于列车员保持愉悦的心情，而其积极的工作态度和熟练的业务能力也会得到旅客、同事和领导的表扬与鼓励，他会觉得自己的工作有价值、有成就感，就会更热爱自己的工作。这里所提到的注意、观察、分析、判断、愉快、态度、热爱等，都是人的心理现象，心理学上把这些现象概括为心理过程与个性心理两个方面。

1.1.2.1　心理过程

心理过程是指人的心理形成和活动的过程，它包括认识过程（知）、情感过程（情）和意志过程（意）。

1. 认识过程

认识过程，是指人在认识、了解客观事物过程中表现出来的各种心理现象。通过认识过程，人们可以获得关于外部世界的各种信息、知识和经验。认识过程通常是从感觉开始的。比如，在铁路春运高峰期间，列车员的眼睛看到满满的旅客，鼻子闻到呛人的烟气，耳朵听到嘈杂的声音，这些就是感觉。

当然，人的认识活动不仅停留在感觉这个低层次上，而是在感觉的基础上，进入高一级层次，即知觉。如前文提到的列车员将他所感觉的各种情况综合起来，就构成了其对车内整体情况的知觉——此车厢严重超员。于是他脑子里可能会闪现出以前类似的情景：过去某次坐车，车厢内也是人头攒动、非常拥挤，今天状况与那次类似，这就是记忆。

但是，感觉与知觉的作用只能使我们认识、了解事物的表面现象与外部联系，想要进一步认识客观事物的本质与规律，还得对感知到的素材进行综合分析、判断、推理，并借助语言间接地概括客观事物的本质和规律，而且还可以在头脑里构思出没经历过的新的形象和认识，这就是思维和想象。我们继续以那位列车员为例，他会想，人一多，车难坐，作为旅客乘车难，旅途生活也难；而列车员呢，想挤进去都难，搞好服务自然就更难，怎么会这样？为什么会严重超员呢？什么时候才能解决列车超员的问题？这就是思维，思维化成行动，不断推动社会进步。

旅客也是一样，我们可以先来看一看十几年前一位铁路工务段职工乘坐火车时的认识过程：

本人跑得气喘吁吁，大汗淋漓。然而，登上列车后，车厢里是一片狼藉，果皮满地，与想象中的温馨、舒服极不协调。正想着为何没人清扫时，只见车厢另一头一位50多岁的老者仿佛一部“推土机”似的将满地垃圾推了过来，又是扫果皮、纸屑，又是拣饮料瓶，很是忙碌。老者扫到车厢连接处时将洗脸间窗户打开，把一大堆垃圾倒了下去，瞬间仿佛“天女散花”。老者抱着十几个饮料瓶露出大获丰收后的喜悦。我质问：“谁让你往下倒的，底下有作业人员砸伤怎么办？车厢倒干净了可线路上怎么办。”老者不以为然地笑着说：“谁？列车员呗！”说着老者就到另一个车厢去了，可能另一个“战场”也在等着他呢。这位工务段职工对这趟列车的认识过程同样也经历了感觉、知觉、思维、想象等过程，那么，他会得出怎样的结果呢？这趟车真脏，管理好乱，列车员真不负责任。

这些感觉、知觉、记忆、思维、想象等过程，就是人们认识客观事物的具体形式，统称为认识过程。应该指出的是，在这个过程中，始终伴随着“注意”这种心理现象。那什么是注意？注意就是心理活动的指向和集中，它是一切认识过程的开端。

2. 情感过程

俗话说：“人非草木，孰能无情。”人们在认识、了解客观事物的时候，不可能无动于衷，往往会带有一定的态度：或喜欢或讨厌，或尊敬或鄙视，并产生各种不同的情绪和情感。

仍然以那位工务段职工为例。他就从眼前的现象产生联想，并由此产生了“不是滋味”的感觉：

望着那位老者的背影，看着洁净车窗上的斑斑污迹，我心里很不是滋味；我只想替工务部门的养路工、巡道工讨个公道。每年都有我们的巡道工被列车上抛下的瓶瓶罐罐“袭击”的事件发生，每天我们忙碌一天的养路工都会利用仅剩的一点休息时间拣拾垃圾，清理白色污染。近年来，每有快速列车通过，我们朴实勤劳的工务人都会自动站立目送列车，因为我们知道快速列车是我们行业的“窗口”和“精品”，列车快速、平稳地通过是对我们最高的褒奖。可这趟列车上的列车员的行为不能不说是对我们工务人美好心灵的一种亵渎。

可见，这位工务段职工对这趟车上的列车员产生了鄙视的情感。

一个列车员刚参加工作时，假如只了解乘务员工作是“离地三尺，走南闯北，见多识广”，工作的态度就会是喜欢的，情绪是高涨的，情感是愉快的。可是工作一段时间后，当他发现这工作整天是“扫不完的地，倒不完的水，磨不完的嘴”时，就可能对工作感到厌倦，情绪低落，闷闷不乐。许多在车站候车室工作的年轻人也有这种情况，刚参加工作时，觉得能与南来北往的旅客打交道很有意思，过不了多久就会因为工作的单调、旅客的繁杂而变得脾气暴躁，好像变了一个人似的。心理学上将人们这种对客观事物的态度体验及相应的行为反应称作情绪和情感。

情绪和情感的产生与人的需要是否得到满足有着密切的关系，难怪有人说情绪和情感的动力发条是需要。因为一般地讲，当需要得到满足时就会产生肯定的、积极的情绪和情感，如满意、愉快、喜欢、热爱等；而需要不能得到满足时就容易产生否定的、消极的情绪和情感，如不满、忧愁、厌恶、憎恨等。情绪和情感对于人们的实践活动只有动力性作用，健康的情绪和积极的情感可以增强人的活动能力，催人奋发进取；而不健康的情绪和消极的情感会使人的活动能力降低，令人消极以至颓废。

例如有一个列车员在认识到自己既是铁路职业活动的直接体现者，又是社会精神文明的传播者，就在乘务日记上写道：“我骄傲，我拥有一块流动的土地，我要用辛勤的汗水把它浇灌，让它开出文明之花，光荣之花。”在这种健康积极的情感的引导下，年轻的列车员工作勤奋、热情，在平凡的岗位上取得了不平凡的成绩。

一位中年旅客手里提着满满一袋水果，急匆匆地准备进站。忽然，这位旅客手中提着的塑料袋由于不堪重负，袋内的水果撒了一地。这位旅客正不知如何是好时，两位车站服务人员从一旁的服务台内拿出两个塑料袋跑了过来，蹲在地上帮这位旅客将水果拾起来。这位旅客的脸上顿时露出了感激的表情，周围的旅客也都不约而同地投来赞许的目光，候车室里荡漾着一股暖暖的感人的温馨。看，就这样，一件平凡的小事，这样一件普通得不能再普通的小事竟然会使人与人之间的距离缩短，使人与人之间的情感得以沟通。就因为客运人员为旅客解了围，使他有一种被尊重的感觉，旅客就会觉得铁路可亲可近；而客运人员因为得到了旅客的肯定和赞许，也会倍感这份工作的美丽。

当前，铁路面临来自各方面的竞争和挑战，我们只有以优质周到的服务，赢得旅客的信任，树立良好的形象，才能在激烈的竞争中争得一席之地。那么，我们应该给旅客提供怎样的服务呢？现在全路各个部门都在努力提高服务质量，制订新的服务措施，推出新的服务项目，这无疑是一种好的现象。但是，我们也应该看到，有些服务允诺是空头支票，有些服务项目又是有名无实。旅客需要的不是这些说在嘴上、写在纸上、贴在墙上的东西。

旅客需要的是一种真诚的服务，需要的是一种从点滴做起的扎扎实实的服务。客运人员送给那位旅客的塑料袋不过几分钱，但你能说送出去的不是良好的信誉吗？你能说收获的不是沉甸甸的信任吗？

某年年关前，某铁道青年旅行社广九车队的列车长巡视时发现一位旅客情绪极差，便前往询问，得知这是一位从井冈山老区前往惠州打工的民工，现回老家过春节，不料在车站被小偷将钱掏了个精光，他欲哭无泪。车长一边安慰他，一边掏自己的钱给这位打工者买了盒饭，受了惊吓又饥寒交迫的打工者激动不已，连连感谢，周围的旅客也都称赞铁路的服务工作真是做到了家。该车班返乘时，在井冈山站上来一位小伙子，开车的那一刹那又追来一位老大妈，小伙子要求补票，但申明他身上只有买一张票的钱。那位老大妈在车厢里扯着小伙子又是哭，又是闹，又是骂，一时间，满车厢的人都不知发生了什么事，列车员、补票员、车长赶过来，将小伙子和老大妈请进了卧铺车厢，细细开导。原来那小伙子是老大妈的小儿子，非要前往广东打工不可，而老大妈听说广东治安不好，怕儿子有去无回，坚决不准儿子走。面对好心的“铁青人”，他们述说着自己的苦衷，都希望得到一份理解和同情，车长一方面与前方站“对话”。希望他们尽快与老大妈的丈夫取得联系，另一方面继续劝解，最后说服那小伙子先送老大妈回家，老大妈也安静下来了。在送他们下车时，小伙子感激地说：“下次去广东，我还坐你们的车。”

全路实施的六次大提速，是向社会展现铁路加快现代化建设步伐的具体体现，但的确也给客运部门提出了一道重要的课题：怎样才能实现提高服务质量与提高运行速度并行？相信，旅客们这样的感动多一些，客运工作者的工作就会好做一些。步入了良性循环，职工热爱铁路和自己的工作，旅客喜欢铁路，铁路才会有竞争实力。

3. 意志过程

我们都知道，人们不仅要认识世界，也要在认识的过程中产生情感体验，更重要的是采取行动，通过行动来改造世界。为了使这种行动行之有效，人们在认识客观事物的过程中，要自觉地确定行动的目的，设计行动的计划、方案，在实际行动的过程中，要不断地根据目的来支配、调节自己的行动，要随时随地克服各种各样的困难或阻力。心理学上把人们这种自觉地确定目的，并根据目的来支配、调节自己的行动，并克服各种困难，从而实现目的的心理称为意志过程。

一位列车员在经历了认识过程、情感过程之后，一旦热爱了这份平凡的工作，他会自觉自愿地克服各种来自工作的困难和阻力，从而把工作做得更好。下面的例子能充分说明这一点：

一次，某次列车由于晚点时间长，线路又不熟悉，每个乘务员都处于精神高度紧张状态，许多人休息不好，疲劳上火，病倒了。

5 号车厢列车员双目红肿、眼睛刺痛，但他没有要求休息，而是找人借了一副墨镜戴上，继续工作：在车厢里来回宣传安全知识，帮助旅客解决困难，搞好清洁卫生。

9 号车厢列车员患感冒、发高烧，说话声音嘶哑，仍坚持工作。

12 号车厢列车员为旅客搬行李时扭伤了脚，脚背肿得像馒头，同事们劝她静卧休息，可她哪里闲得住，一瘸一拐地做着自己的工作。许多列车员在自己的岗位上默默地工作着，没有丝毫怨言。

他们在靠什么坚持工作？靠的就是意志，靠的就是责任感。否则，大家都是人，晚点是没办法的事，凭什么要他们自己来顶罪？一些见义勇为的英雄如王延初等，在旅客的生命财产受到威胁时，挺身而出，靠的又是什么？也是意志，是对自己职业的一种承诺。

前面讲的三个具体的心理过程，对每一个正常人来说都是存在的，是人们心理现象的共同的一面，即共性心理。但由于每个人先天的遗传素质不同，后天的生活环境和文化教育条件也不一样，心理现象还有因人而异的一面，这就是个性心理，即个人有一定倾向的稳定的心理特点的总和，它包括个性心理倾向和个性心理特征两个方面。

1.1.2.2 个性心理

个性心理即个人在社会生活中逐渐形成的思想意识倾向，它决定一个人的心理和行为指向。主要包括个人之间不同的需要、动机、兴趣、信念、理想、世界观、观念等。

1. 需　要

心理学所讲的需要，指人对客观条件的需求的反映，同样的东西摆在有不同需要的人们面前，会有不同的反映，口干者倍觉水甜，饥饿者倍感饭香。而口不干者和饱汉子就不会有同样的感受，可见，需要对于人来说，一般是在主观上以愿望或者意向的形式存在，它是人产生积极性的源泉。

可是，人是具有自觉能动性的，在反映事物的时候常常带有浓厚的主观色彩，并不完全都是低一层次需要满足之后才能形成发展高一层次的需要，在这当中，人的理想、信念、价值观等主观因素起决定性作用。

如我们许多一线的铁路职工终年生活在边穷地区，喝水、用电、买粮、吃菜、就医、住房以及子女入托、上学、就业都有困难，可他们不会因为这些而拿工作开玩笑。为了保证全国人民安全旅行，又有多少铁路职工终年放弃节假日休息，有时候，他们受到自然灾害的威胁，有时候得不到社会的理解，甚至受谩骂、殴打，但他们仍然兢兢业业地工作，除了需要社会的尊重和理解，他们也是在寻求着自我价值的实现。

2. 动　机

动机是激励人去行动以达到一定目的的内在原因，它是人行动的动力，是引发行动的直接原因。它的产生也以需要为基础。一般说来，人具有某种需要或愿望，由这种需要或愿望引发了某种动机，而这种动机又驱动着人们采取某些相应的行动，通过这种行动去达到某个特定的目的。

动机具有三方面功能：① 激发功能，激发个体产生某种行为。动机是在目标或对象的引导下，激发和维持个体活动的内在心理过程或内部动力。动机是一种内部心理过程，不能直接观察，但是可以通过任务选择、努力程度、活动的坚持性和言语表示等行为进行推断。动机必须有目标，目标引导个体行为的方向，并且提供原动力。动机要求活动，活动促使个体达到他们的目标。② 指向功能，使个体的行为指向一定目标。动机具有激活、指向、维持和调整功能。动机是个体能动性的一个主要方面，它具有发动行为的作用，能推动个体产生某种活动，使个体从静止状态转向活动状态。同时它还能将行为指向一定的对象或目标。当个体活动由于动机激发而产生后，能否坚持活动同样受到动机的调节和支配。③ 维持和调节功能，使个体的行为维持一定的时间，并调整行为的强度和方向。

3. 兴　趣

兴趣是人们力求接触、认识某种客观事物或者爱好某种活动的个性意识倾向，它是人们参与生活、工作等实践活动的内在的动力。如一个铁路职工对本职工作喜欢，有兴趣，他在工作中就会乐此不疲，甚至废寝忘食，时常还会有所创造；相反，对工作没有兴趣，视工作为额外负担，那么，在工作中就打不起精神，只会勉强对付。

4. 观　念

人们在思考某特定对象，分析解决某一特定问题时，总是在一定的观念指导、支配下进行的，而这个观念就是人们对客观事物的反映所形成的看法和认识，它是人的个性心理倾向的一种形式，一旦形成，便具有较大的稳定性和相对独立性。在人们的实际生活中，观念的作用是显而易见的，主要表现在，某种思想观点一旦形成，就会成为人们分析、论证和评价客观事物的主观框架或思维模型。如对当前的铁路改革，减员增效，不同观点的人就有不同的看法，积极地支持改革，以实际行动接受改革的挑选和考验，会很快地适应它，配合它；而消极被动地接受，只会埋怨，发牢骚，势必会被改革所淘汰。

1.1.2.3　个性心理特征

所谓个性心理特征指个人稳定的心理特点，它表明每个人之间在具体心理面貌上的差别。主要包括能力、气质和性格等。

1. 能　力

从能力的结构看，主要包括认识能力、运动能力和社会交往能力。这三者的性质不同，但在人们适应和改造环境的过程中，往往交叉着起作用，特别是认识能力的高低强弱不仅制约、影响着社会交往的能力，而且还会制约、影响人的整体能力水平。因此，能力是偏重于认识能力方面的个性心理特征。认识能力，又称智力，主要包括观察力、记忆力、想象力、思维能力和创造能力等。

对铁路职工来说，能力有一般能力和专门能力。一般能力包括认知能力、观察能力、记忆能力、思维能力和想象能力，这是适用于各种活动的能力。专门能力是适用于某些特殊领域的能力，如列车广播员的口语表达能力，列车长的协调能力和乘警处理突发事件的应变能力等。

能力是在活动中形成、发展和表现出来的，总是与活动联系在一起，从事各种活动必须以一定的能力作为条件和保证。客运职工若想搞好服务工作，也必须锻炼自己，培养自己的能力。下面这段文字就表达了旅客对铁路客运人员的要求：

“朋友携家人去某大城市旅游，出站时，问到某公园如何乘车，客运服务员支支吾吾地说，你出站买张导游图不就行了。记得在报纸上看到，‘五一’前，泰安火车站对客运服务人员进行旅游知识培训，使铁路‘弘扬服务宗旨，延伸泰山文明’的服务品牌打得更响了，车站赢得了‘文明窗口’的赞誉。为什么这个车站的人就做不到呢？”

有心的铁路客运工作者要满足旅客的要求其实并不难，关键在愿不愿意。车站是城市和铁路服务的“文明窗口”，铁路客运人员要在“服务学民航，客运学公路，行包学邮电”的同时，向泰山站和出租车司机学习，当好旅客的“活地图”，将所在城市的名胜景点、名优特产、风土人情都熟记于心，做到有问必答一口清，甚至能将当天的天气预报和返乘车次时间提供给旅客。这样定能让旅客满意。

2. 气　质

气质即我们平时常说的人的脾气、秉性、性情等，是人的心理活动表现在人的情绪和行为活动中的动力方面特点的总和，包括心理过程的速度和稳定性（如感觉、知觉的速度，思维的灵活程度，注意的集中时间长短），也包括心理过程的强度（如情绪强弱，意志努力程度）。

现代心理学将人的气质区分为以下四种基本类型：

（1）胆汁质的人真率、热情，精力旺盛，情绪容易冲动，心情变化剧烈，脾气暴躁，反应速度快，但往往粗枝大叶，具有外倾性，是那种热情而急躁的人。

（2）多血质的人活泼好动，行动敏捷，反应迅速，喜欢与人交往，注意力容易转移，兴趣容易变换，善于适应环境，但又容易轻举妄动，做事缺乏耐心，性格具有外倾性，是那种活泼而好动的人。

（3）黏液质的人安静、稳重，反应缓慢而持久，沉默寡言，情绪含而不露。注意稳定但难以转移，善于忍耐，具有内倾性，是那种沉着而稳定的人。

（4）抑郁质的人情绪体验深刻，敏感而多疑，多愁善感，感情脆弱，孤僻，行动迟缓，而且不强烈，善于觉察不易被别人察觉的细节，性格具有内倾性，是那种情感深厚而沉默的人。

需要说明的是，在现实中，除了少数人的气质具有上述那些典型特征之外，大多数的人出于教育、后天环境的影响，往往是介于各类型之间的中间类型或兼而有之的混合型。

在一般情况下，气质对人的实践活动不起决定作用，不能决定一个人能干什么或不能干什么，但气质也能决定一个人干什么工作最容易胜任，干什么工作难以适应。如要求能做出迅速灵活反应的工作，胆汁质和多血质的人较合适，而黏液质、抑郁质的人较难适应；反之，要求持久、细致的工作对黏液质、抑郁质的人较为合适，胆汁质、多血质的人就难适应。

在铁路运输生产中，处于生产第一线的职工，其气质特征是否与工作要求相符合，不仅会影响工作效率的高低，而且往往会影响行车安全。所以近年来国外从事人事心理学方面研究的心理学家认为，对职业进行气质特点的测定可以更好地把每个人分配到合适的岗位上。测定的项目有感受性测定、耐受性测定、灵敏度测定、兴奋性测定等，其中，兴奋性测定指遇到高兴的事情能否控制自己，保持沉着镇定，同时也能把内心的喜悦充分地表露出来，这种测定对经常与旅客打交道的工作人员，如列车乘务员、站台服务员等有实际意义。

我国铁路近些年来有些改革的力度也是比较大的，虽然还没有完全考虑根据职工的气质特征来安排工种，但也在注意力求匹配。广州铁路（集团）公司就明确提出："客运职工队伍素质应反映铁路客运工作的质量和形象，我们必须站在客运发展的高度对客运队伍建设引起足够的重视，要分类制定客运岗位职工素质标准，按照岗位素质标准加大分类培训力度，不合格的不得上岗。要从源头把住人员素质关，严格用人标准，对列车长、值班员等关键岗位人员，高等级列车工作人员等，可打破部门、单位、地区界限，实行公开招聘，把高素质人员吸引到客运队伍中来。"

3. 性　格

心理学所讲的性格，就是我们平时常说的个性，指体现在人对客观现实的态度和行为方面的稳定的心理特征。

人的性格是经常性的、习惯化了的态度和行为，而不是指那种在偶然场合下的特殊态度和行为。如某个列车员对待旅客一向热情诚恳，待人处事一贯直率坦诚，但某个偶然的场合，你看他对人待事都冷漠寡言，我们不能说他就是后一种性格，而恰恰可以判断他可能遇上了什么事儿，应该给予帮助。

第一，性格在人的个性心理中总是处在核心地位的，人与人之间的个性差异首先体现在性格差异方面，而这种性格差异又具体地体现在人对现实的态度上，如对社会和集体的态度有热爱集体、富于同情心、善于交际、直率坦诚、温文尔雅和与之相反的冷漠、孤僻、拘谨、粗暴等；对待劳动的态度有：勤劳与懒惰、细心负责与粗心大意、开拓创新与墨守成规、简朴与奢华等；对自我的态度则有谨慎谦虚与轻率自负、不卑不亢与自惭形秽等。

第二，表现为性格的意志特征，即意志的自觉性、自制性、果断性和坚韧性。

第三，表现为性格的情绪特征，即情绪反应的速度，情绪的强度、稳定性、持久性，以及情绪主导心境等方面的特征。

第四，表现为理智特征性等。

这些特征是相互联系的，所谓性格类型就是指一类人身上所共有性格特征的独特结合。

性格与气质的关系比较复杂，一方面它们互有区别：性格是个人稳定的态度和习惯化了的行为方式，主要是在社会生活的实践中逐步形成的；气质则是个人心理活动的动力特征，主要体现神经类型的自然特点。另一方面，它们又相互联系，相互制约。首先，气质对性格有制约的作用，主要表现在各种气质的人身上都可能形成同一种性格，气质则赋予这些性格以某种色彩，如不同气质的人可以同样形成"勤劳"这种性格，但具体表现形态会不一样，气质对另外的一些性格则可以制约它形成、发展的速度，如"自制"这种表现意志的性格，有的人表现就很容易、很自然，有的人则必须经过很大的自我克制和努力。其次，性格对气质也有影响，一个人的性格特征，可以在一定程度上掩盖或改造他的气质。

1.1.3 相关案例

案例 1-1 做好解释 用心服务

20××年 4 月 16 日，G161 次列车正点从北京南站开出。

列车长小蔡巡视至 14 号车厢时，一位旅客突然叫住他，问他要投诉电话，小蔡立即意识到这位旅客对列车的服务工作可能有不满意的地方，于是轻声问道：“这位先生，有什么需要我帮忙的？”

“你不要问我，我只要投诉电话，你到底给不给？”

“我是本趟列车的列车长，您要投诉电话我会马上给您。但是您投诉后客服中心还是会将您的投诉意见反馈给我，由我来负责处理。与其您大费周折打投诉电话，不如直接告诉我，如果我处理不好，您再投诉，好吗？”

“我是第一次乘坐京沪高铁，乘车前听同事说京沪高铁列车设备先进、服务一流，可是我现在乘车的感受却很不好，还不如普通列车，车厢内连列车员都没看到。”

“原来是这样啊，我们京沪高铁每四节车厢配一个列车员和一名保洁，每隔半个小时巡视一次车厢，为了不打扰旅客的休息，我们实行的是有需求有服务，无需求无干扰的模式，刚才列车始发后，列车员已经巡视过车厢了，可能您没有注意。”

“哦……原来是这样啊。”

列车长小蔡关照负责 13～16 号车厢的列车员在巡视时重点关注这位旅客，及时提供服务。

列车终到前，列车员进行回访，该旅客对列车的服务表示满意。

通过此事，大家意识到巡视车厢时要注意察言观色，善于发现旅客需求，提供适需服务。

案例 1-2 贴心服务温暖重点旅客

“同志，我忘记带奶粉了，请问你们这里有吗？”2 月 25 日上午，一位手抱婴儿的女性旅客着急地问永州站母婴候车区的王建荣。

“这里有。”王建荣立即带着这名旅客往“舜之爱”爱心服务台走去。他一边帮助旅客冲奶粉，一边问旅客去哪里。得知旅客去往上海后，细心的王建荣用袋子装了一天分量的奶粉给旅客。这名旅客对王建荣连声说：“谢谢！谢谢！”

为了服务好重点旅客，春运期间，永州站设立母婴候车室，派当班客运员担任服务员。他们还在车站“舜之爱”爱心服务台旁设置了一个爱心驿站，准备了尿不湿、牛奶、感冒药、晕车贴等物品，为重点旅客提供免费服务。

春运以来，这个站共为带婴儿的旅客提供服务 300 余次。

（资料来源：新华网广东频道）

项目训练

旅客气质类型调查。

【训练目的】

便于客运服务人员在第一时间内辨识出旅客的气质类型，从而有针对性地提供服务，提高旅客的满意度。

【训练内容】

分组前往火车站或高铁站观察旅客的行为举止、语言的表达方式、反应的敏捷性等特征，记录他们的一言一行，进而判断旅客属于哪种气质类型，组员间相互讨论直至意见统一。然后针对每种气质类型的旅客写出分析报告。

【考核标准】

教师评分，评分为百分制（10 分一个等级，如 100，90，80……）。

表 1–1　项目训练评分表

序号	项　目	权重/%	得　分
1	观察是否仔细	30	
2	记录是否翔实	30	
3	参与是否积极主动	20	
4	分析报告是否清晰、有条理	20	
合　计			

复习思考题

1. 旅客的性格类型有哪些？
2. 旅客出行的动机有哪些？
3. 列车员应该具备哪些能力？

1.2　铁路客运心理学

1.2.1　铁路客运

1.2.1.1　铁路客运的概念

铁路客运是利用旅客列车把旅客及其凭客票托运的行李从一个地方运送到另一个地方，是铁路运输的重要组成部分。

1.2.1.2 铁路客运的发展简介

铁路客运始于19世纪30年代，由于运输安全、快速、便利、经济而得到迅速发展。到20世纪初，铁路客运在各种运输方式中占有垄断的地位。1916年，美国铁路旅客周转量（即运输量）占各种运输方式旅客总周转量的98%。20世纪20年代以来，随着公路运输和航空运输的发展，铁路的大部分短途旅客运输被公路运输所取代，相当部分的长、中途旅客为航空运输所吸引。铁路所承担的客运量日趋下降。美国铁路旅客周转量在1950年已只占各种运输方式旅客总周转量的6.4%，到1981年降为0.75%，以致美国的一些铁路停止办理客运业务。但在一些大陆和次大陆国家，铁路仍然是主要的旅客运输方式之一，担负着很大一部分客运量。1981年，苏联的铁路旅客周转量仍占各种运输方式旅客总周转量的37.2%，中国1981年的铁路旅客周转量占各种运输方式旅客总周转量的58.8%。中国铁路的客运量是不断增长的，1981年比1949年增长了8倍多。

20世纪60年代以来，在工业发达国家，由于能源危机及汽车运输噪声和其他污染危害等原因，铁路客运又得到了重视。1964年，日本在东京和大阪间建成了东海道新干线，列车速度为每小时200千米以上，开创了长途客运高速化。此后一些国家仿效日本，使铁路旅客运输又得到新的发展。

截至2015年年底，中国铁路营业里程达12万千米，位居世界第二；其中高速铁路里程达1.9万千米，占世界高铁营业里程的50%以上，位居世界第一。根据《中长期铁路网规划》和《城市轨道交通发展规划》，到2020年全国铁路营业里程将达15万千米，高速铁路总里程达3万千米。铁路复线率和电气化率分别达到50%和60%。

2016年6月29日，国务院总理李克强主持召开国务院常务会议，会议原则通过《中长期铁路网规划》；7月13日，由国家发改委、交通运输部、铁路总公司联合发布《关于印发〈中长期铁路网规划〉的通知》。规划中提出未来高铁发展“八纵八横”目标：2020年，铁路网规模达15万千米，其中高速铁路3万千米（覆盖80%以上大城市）；2025年，铁路网规模达17.5万千米，其中高速铁路3.8万千米；2030年，基本实现内外互联互通、区际多路畅通、省会高铁连通、地铁快速通达、县域基本覆盖。

1.2.1.3 铁路客运的特点

（1）铁路客运的主要服务对象是旅客，其次是行李、包裹和邮件。

（2）铁路客运生产向社会提供的是无形产品，其核心产品是旅客的空间位移。它被旅客本身所消耗，其使用价值具有不确定性，其创造的社会经济效益远大于自身的经济效益。

（3）铁路客运产品具有易逝性。旅客位移的生产和消费过程同时进行，产品不能储存，不能调拨。

（4）铁路客运在时间上具有较大的波动性。

（5）铁路客运车辆实行配属制（固定配属于各局客运车辆段），便于运用管理和维修，以确保车辆质量。

（6）铁路客运站的位置宜设在客流易于集散处，使旅客便于换乘不同的交通方式。一般应靠近城镇，并与市内交通及其他各种交通工具有良好的配合。旅客列车到发线及站台一般应按方向和车次予以固定，不宜随便变更。

（7）旅客在旅行中有不同的物质文化生活需求，如饮食、盥洗、休息、适宜的通风、照明、温度等，旅客运输企业不仅应满足这些需求，而且还应积极创造、改善良好的旅行环境并提供优质的服务，使旅客心情愉悦。

（8）铁路旅客列车都是根据需要事先编组好并按固定时刻表运行的，旅客根据自己旅行的需要选择乘车日期、车次、到站、座别。

（9）铁路运输企业应向旅客提供不同服务等级、旅行速度的运输产品，供不同需要、不同消费水平的旅客选择消费。

（10）客运服务质量的控制主要在于过程控制。它不同于工业产品质量（最终产品或生产过程），客运服务必须对售票、候车、乘降工作、列车服务等的全过程进行控制。

1.2.2　铁路客运心理学的研究对象、意义和方法

1.2.2.1　研究对象

有人的地方，就有人的心理现象，也就有心理学存在的必要。由于心理学渗透到社会生活的各个领域，因而形成了以普通心理学为理论基础的庞大的应用心理学学科群，如教育心理学、军事心理学、医疗心理学、体育运动心理学等。铁路客运心理学也是其中之一，其主要研究对象是客运职工与管理者、旅客的心理现象产生、变化和发展的规律。其主要研究内容如下：

（1）铁路对外服务的心理研究，包括服务旅客的心理研究与铁路服务人员的心理研究。

（2）铁路客运营销的心理研究，包括客运环境、客运价格、客运产品组合、客运市场细分心理研究等。

（3）铁路旅客运输安全心理学研究，包括客运职工心理活动规律与安全、人际关系与安全等。

1.2.2.2　研究意义

1. 学习和研究铁路客运心理学，对提高铁路服务工作质量具有重要作用

（1）铁路客运的直接服务对象是旅客，他们带着各式各样的心理需求和复杂多变的心理活动登上列车，而铁路提高工作质量的核心是满足旅客的需要。要使他们满意，就必须了解他们不同的需要和动机，把握他们各式各样的兴趣、脾气（气质）和性格。一句话，必须了解和把握旅客的心理，进而投其所需、因人而异地提供有效的服务。而旅客们各种心理现象及其产生、变化的规律，正是客运心理学所要研究的重要内容之一。

以京广高铁为例，2009 年 12 月 26 日，武广段率先通车，两年之后与广深港高铁广深段

连通；2012 年 9 月 28 日，与郑武高铁连通；2012 年 12 月 26 日，京广高铁全线开通。而京广高铁票价于 2012 年 12 月 20 日正式公布时，民众齐呼票价“有点高”。北京西到广州，速度每小时 300 千米的 G 字头列车最低售价 865 元，最高票价高达 2 727 元。速度 250 千米/时的 D 字头列车，最低票价也要 712 元。高铁运行至今，随着旅客对高铁认识的逐步提高，高速铁路动车组列车的上座率也逐步提升。通过查询铁路 12306 购票系统，2016 年国庆期间京广高铁动车组列车上座率达到 104.6%。

这些已经很明显地提示了铁路客运心理学研究的必要性。

（2）从目前铁路服务工作的状况来看，大多数服务人员尽职尽责、热情服务，但也确有部分铁路职工服务意识差，工作态度简单生硬，甚至有个别打骂旅客、敲诈旅客的现象。群众反映说，铁路的“门难进，脸难看，话难听，事难办”影响了铁路的社会形象。改变这种状况的可靠途径之一，就是提高服务人员的心理素质，即通过学习，明确自己的位置，从而具备服务工作者应有的心理品质。

角色意识强的客运工作者在为旅客服务的过程中就能事事为旅客着想，自觉维护铁路的形象。

某归国华侨在乘坐火车返乡，离故土越来越近的时候，迫不及待地对乘务员说：“我在国外朝思暮想的就是能回家看一看，能再吃碗岐山面，能再听听秦腔。”餐车领班听说后，立即在厨房精心操作起来，十几分钟后，列车员将一碗热气腾腾、香喷喷、酸辣可口的岐山面端到了老人的面前。为欢迎老人回乡，列车广播特意播放了秦腔戏剧节目。老人感动地用多年不讲、已经有点生疏的陕西方言说：“还是家乡好，车好人亲面条香。”

某餐车主任卖完饭后，已收拾得差不多，正准备跟大家一道去休息，一位 60 多岁的老大爷一手拿着馍一手端着碗，颤颤巍巍地走进了餐车，问有没有面汤，能否盛一碗泡馍吃，看着老人整洁的装束，他纳闷了。一问才知老人家在郑州，四个儿子不愿赡养，没办法，只好在西安的亲戚家住了一段时间，现在回去，买车票后还剩了点钱，但舍不得买饭，听着老人艰难的诉说，看着老人的无奈，主任说：“别啃干粮了，马上给您做点饭，做一荤一素两个菜，做一碗汤，盛一碗米饭。”主任边安排边说：“咱也有父母，也有子女，也有老的那一天。”然后又对老人说：“吃吧，老人家！今天上了我们的车，咱有缘，就让我给您做一次儿子吧。”老人都怀疑自己的耳朵听错了：“刚才还怕你们不给我汤喝，我做梦都没有想到会给我专门做饭吃，你们的爹娘都有好福气啊，有这样的好孩子。这车不光干净，这铁路的人也好啊！”

的确，旅客花钱买了票，就等于收到了铁路的“请柬”，并与铁路企业签订了协议，铁路应该为他们提供可靠的安全保障与良好的服务。但如果客运服务人员的角色意识差，就会总认为自己与旅客是平等的，凭什么我要受你的气。记得某车队在开展“旅客永远都不错，我们永远有不足”的活动时，有职工就很不理解：“难道有的旅客用枕巾擦皮鞋也对吗？”

如果客运服务人员总是站在“常有理”的角度责怪人，认为旅客总有不足，就可以把个别旅客的错作为借口，而不去检查自己工作中的不足，服务质量怎么能提高？学习客运心理，正是为了帮助铁路客运工作者了解旅客，也了解自己，从而更好地工作。

2. 学习和研究铁路客运心理学，有利于改善铁路内部的组织管理

为了增加铁路在运输市场的竞争实力，必须采取切实可行的做法：改善内部管理，完善经济承包责任制，调动广大职工的积极性和创造性，挖潜扩能。铁路运输生产的现代化趋势也必然要求铁路内部从管理观念到管理方式、管理体制都逐步走向科学化、现代化，客运部门自然也不可能例外，而要切实做到这点，也有必要深入学习和研究铁路客运心理学。因为：

（1）铁路客运管理的主要对象是人、财、物，管理的范围包括客运生产和客运职工思想政治工作两大系统。两大系统的重心都是人，那么，要改善管理，首先就应该改善对人的管理，现代企业视员工为"上帝"，只有充分调动和发挥广大职工的积极性和创造性，才能进一步发展铁路运输生产力。要真正做到这一点，就要正确地理解广大职工的思想，充分地了解他们的脾气和性情，合理地满足他们的需要，尊重他们丰富多样的兴趣和个性，关心他们的学习和进步，发挥他们的才干。

以车站问讯处为例，问讯处的工作人员经常抱怨工作量大，整天电话铃声不断；而不少旅客则抱怨问讯处工作人员服务态度不好。职工越有情绪，服务越上不去，旅客意见越大，如此恶性循环，问讯处的工作成了铁路运营部门的"老大难"。

究竟难在哪里？旅客问的问题往往是重复的，一个旅客只问一次，但同样的问题问的人多了，就导致了问讯处工作的单调和乏味。能不能从管理上下功夫来解决这些问题，而不是告诉问讯处工作人员"今天工作不努力，明天努力找工作"？例如，在挑选问讯处工作人员时，根据心理学原则，尽可能找口才好、表达能力强而又耐心细致（即黏液质）的职工；适当调整问讯处工作人员的工作时间，加大换班的次数，保证值班人员精力充分；健全站场有关标识，加强营销宣传，充分利用各种媒体做好有关铁路旅行常识的介绍等。这样就会减少问讯处工作人员的劳动强度。

（2）改善内部组织管理的另一方面是提高管理主体（如站长、段长）自身的素质，特别是提高管理者的心理素质。而客运心理学就铁路管理者应具备怎样的心理品质，怎样培养这些心理品质，如何使用和加强管理者的影响力等都做了介绍。

（3）改善内部组织管理有助于铁路树立崭新的市场营销观念，实施科学的市场营销战略。

运输市场变化无常，市场竞争日趋激烈，铁路运输企业需要随时随地了解市场环境和消费者的需求，并满足不同旅客的需求，从而树立良好的企业形象，这就必须从心理学的角度来分析旅客心理和竞争对手（如航空、公路、水运等）的战略，从而搞好服务工作。在这点上，我国的许多品牌列车都做得相当出色，其共同的服务特点有：

① 以旅客需求为标准，更新服务观念，改善列车环境。

在流动的既有线旅客列车里，1 000 余名旅客人均活动空间不过 0.5 m^2。旅行途中最能给旅客以舒适感、温馨感的是列车环境和列车颜色的视觉效应。

原 K21/22 次列车车厢墙板的主色调是国际流行的高灰色，列车装饰以深蓝色为基调，突出宁静、典雅的风格，让旅客在短暂的旅途中享受优美的环境，感受温馨的情调。餐车的设计也有独特的情调：窗帘、座椅套与墙板、地毯的色调基本一致，以淡蓝、淡黄、蓝灰为主色，用白色窗纱和星月图案做点缀；餐桌选用织花白色台布，音乐吧台选用有层次感的格纹

台布；餐具的规格由大改小，由青花瓷改为精巧别致的强化瓷；乳白色吸顶灯的柔和光线与餐车立体声音响流出的优雅乐曲融为一体，营造出温馨、浪漫的餐饮环境。对车厢地毯、脚垫的设计：选择脚感好、视觉舒服、与列车备品及车厢颜色协调的地毯；为了使旅客在车厢内始终有一种清爽的感觉，在车厢端门还应铺上高档塑胶脚垫，在车厢拐角处铺上异型地毯，以减少带入车厢的尘土。为使乘车旅客处处有"家"的感觉，针对过去旅客反映睡觉盖毛毯硬邦邦、被单拉来拉去不方便的问题，将卧具全部换成了柔软的棉被；针对厕所气味难以消除给旅客带来的不便，在所有厕所都增加了除异味的香球；在软卧洗漱间增加了洗手液、面巾纸。以往列车乘务员的服装突出体现的是威严，佩戴肩章、大檐帽对旅客有居高临下的感觉。为体现端庄、朴素、亲善的服务形象，突出旅客的主人地位，乘务员的服装应设计为低色调，帽子改为贝雷帽，肩章变小，颜色与服装和谐，胸牌做成带有品牌列车标记的条型号牌。

环境能够体现时代的氛围、文化的品位，能给短暂乘车的旅客留下持久难忘的印象。列车从车体环境、人文环境到餐饮环境，从视觉到感觉，一切围绕旅客心理，结合时代特色精心雕琢，必将带来意想不到的收获。

② 以旅客需求为标准，细化服务标准，提高服务质量。旅客出门乘车，每人都有自己的生活习惯。

以夕发朝至列车为例，在"流动的旅馆"里，人们会有许多担心。针对旅客"上车想有座、车上盼有水、睡觉要安静"的心理，认真落实中国铁路总公司《铁路旅客运输服务质量规范》，把服务的质量标准定位在旅客的心理位置上，针对夕发朝至列车的特点，认真做好服务。如旅客夜里睡觉最不放心行李架上行李的安全，为了解决旅客的后顾之忧，晚上熄灯后，硬卧车厢乘务员一律不得坐在乘务室里，而是先要把旅客的鞋码放整齐，然后坐在过道的边座，观察通道内的情况，让旅客放心休息。旅客的需求就是列车服务、工作的标准，品牌列车遵循三条服务规律：一是"无干扰作业"，结合夕发朝至列车的运行特点，改进夜间作业程序，减少清扫作业，压缩列车广播时间，推迟早晨拉窗帘时间，甚至对在旅客没有需求的情况下，乘务员一个单程进几次软卧包房都应加以限制，用"静悄悄"的服务为旅客创造安静舒适的旅行环境；二是"礼让服务"，列车乘务员在作业中、行走中要主动礼让和避让旅客，使旅客在车厢中感受到主人地位。三是"得体服务"，做到定点站门、定点换票、定点供水、定点自我介绍、定点去向登记，备品清扫工具定位，开口服务，开车后一小时内服务在车厢，不进乘务室。时时处处让旅客感觉到"我在你的身边""我为你提供服务"。过去，乘务员觉得搞卫生、做服务，是帮了旅客的忙，是一种奉献。如今，乘务员应走出服务心理的误区，认识到服务的真理就是"旅客永远是对的，我们永远有不足"。一些乘务员利用休班时间到民航、其他品牌列车、星级酒店学习服务工作，他们发现：宾馆的服务员从来不对顾客说"你不能这样，你不能那样"，而是跟在顾客身后做服务。

③ 以旅客需求为标准，不怕想不到，就怕做不到。

品牌列车乘务员在转变服务观念的过程中，把"耐心"改为"细心"，如旅客看着车上的"意见簿"很犹豫，想写点什么，又觉得不算是意见，还是免了吧。"意见"二字拉开了列车与旅客的心理距离。把"意见簿"改为"留言簿"，可以消除旅客的心理负担，让旅客通过"留言簿"自然表达感受。

品牌列车乘务员都有一句名言："旅客想不到的，我们要做到。"2006 年 4 月的一天，原 K21 次列车从北京始发后，硬卧车厢乘务员在给旅客送水时发现，有一位 60 多岁的老人不要水。晚饭时间又发现她不吃东西。乘车员就上前询问老人需要什么帮助。老人摇摇头，还是不吃不喝。细心的乘务员趁老人周边旅客不在时，悄悄上前问候。老人感动了，说出了心里话。原来，老人因腿不好，用不了蹲式厕所，所以不敢吃饭、喝水。乘务员安慰她说："软席车厢有坐式厕所，我会扶您过去的。"让老人放心用餐、喝水。接着，她到餐车为老人买来饭菜，又为老人倒上开水。晚上，乘务员扶老人走过一节节车厢去坐式厕所。老人落泪了，说："你是个细心的姑娘，比我的孩子还了解我。" 服务需要爱心，只有把旅客当亲人，才会真心去观察和体会旅客的需求，做到主动服务。

品牌列车遵照"旅客至上"的原则，根据旅客饮食心理，把餐饮服务的宗旨从过去"让旅客吃饱"改为"让旅客吃好"，而且还要做出特色、吃出品位。为了增加餐饮的透明度，可在餐车里安装一个很大的展示柜，里面摆放各种饭菜的半成品，旅客可以自己挑选，由厨师加工，展示柜的吸引力很强，不仅会增加旅客对列车的信任，而且增加了旅客的食欲。为了适应不同层次的旅客用餐，餐车按高、中、低三个档次配菜：在餐车设立了酒吧；配备了西式餐具，专门培训了调酒师；炒菜可以由餐车服务员下车厢开票；快餐送到车厢时，不再是千篇一律的盒饭，而是提供多品种饭菜由旅客自选，明码标价，看得清楚，选得明白，吃得称心。根据需求，餐车还增加了软卧送餐服务、夜间酒吧、宵夜等服务项目。

为了让更多的人能了解品牌列车，有的客运段在互联网上建立了品牌列车客户服务中心网站，设有旅行服务台、席位管理部、餐饮供应部、服务追踪部、紧急支援中心等模块。人们可以通过上网了解该次列车的软、硬件全貌，还可以通过电子信箱进行路风投诉和服务质量反馈。一位旅客评价说："开通列车服务网站这一举措体现了铁路运营企业的开拓创新精神，务实高效，适时地将先进的网络技术与传统的服务业有机结合，通过网络这一快速便捷的方式，了解乘客需求，接受反馈信息，在铁路和社会之间开启了一个全新的窗口。"

④ 以旅客需求为标准，创新乘务管理，追求更高境界。

品牌列车在创精品列车的征途上，始终把自己放在时代的大背景下，放在社会的需求下，坚持服务以旅客为本，服务理念以旅客为中心，用自己的爱心、诚心，努力树立品牌列车的形象，让旅客舒心、放心、称心。品牌列车大都是进京红旗列车，如原 K1/K2、K15/K16 及 K21/K22 等。这些列车之所以广受好评，用乘务员们的话说，是在更新观念、更新服务的基础上，得益于车队求实、创新的管理机制，得益于"上下分离，能上能下"的用工机制，为追求"旅客至上"的优质服务提供了勃勃生机。

品牌列车实行"上下分离，能上能下"的乘务管理制度，进行公开招工，公开竞聘列车长，员工经过系统培训后才能上岗。服务质量、旅客评判结果直接与收入挂钩，与岗位挂钩。"上下分离"后，乘务员负责列车上的卫生保洁；整备组负责列车入库后、出库前的卫生保洁。列车保洁劳动强度减少后，列车乘务员由过去两人负责一个车厢，调整为一人一车。新的运行机制规范了作业流程，严格了作业标准，细化了服务程序，严格了考核内容，使列车到站前提前做卫生、闭锁厕所等问题迎刃而解。"能上能下"的机制促进了列车长、乘务员业务素质的提高，促进了列车服务质量不断提升，使客运服务系统的改革与全路整体改革相匹配，使铁路客运服务与市场服务接轨。

3. 学习和研究铁路客运心理学，有助于铁路运输生产的安全

运输生产安全对整个铁路工作是至关重要的，它不仅直接影响着铁路运输企业的经济效益，而且影响着铁路运输企业的声誉和社会效益。因此，确保行车安全历来是铁路工作的重要内容。

近年来，铁路安全工作屡出漏洞，除了制度不严、管理不善等原因外，我们还可以从人的心理活动规律的角度来寻找事故的原因。客运心理学科学地分析论证了人的心理因素、心理品质与运输安全的关系,并明确指出了培养良好心理素质以确保铁路运输安全的可靠途径。

1.2.2.3 研究方法

由于铁路客运心理学以普通心理学为主要理论基础，因此，在研究客运心理学时我们借鉴了普通心理学的研究方法。在学习客运心埋学的过程中，客运工作者也可以借用这些方法，更好地为旅客服务。

1. 观察法

观察法，是指在日常铁路工作中通过观察被观察者（如旅客）在不受干扰的情况下的行为动作、谈话和面部表情等外部表现，去了解、把握其心理活动的一种方法。

这种方法的优点是可以不用改变被观察者的正常活动,不使他们察觉自己在被别人观察。因此，观察到的心理活动比较真实、自然。但由于观察者处于被动地位，只能消极等待自己感兴趣的现象出现，对获取的材料难以定量分析。如列车员观察旅客的心理活动，就要借助丁经验和猜测。

2. 问卷法

问卷法是指先由调查者拟定好列有若干项目或问题的表格，然后将表格交由被调查者填写，最后由调查者把表格汇总进行统计分析。例如对高级软卧车的民意调查就可以采用此方法。

这种方法可以得到大量广泛的资料，可运用统计方法进行整理分析，得出人的心理现象及一般规律，但由于此方法获得的研究材料直接来自被调查者的回答，而回答的真实性、可靠性很难保证。

3. 个案法

个案法即与被调查者个人（如某位职工、站长）建立一种固定的联络关系，以便长期、系统地进行跟踪调查，分析研究其心理变化。

4. 测量法

心理测量是通过科学、客观、标准的测量手段对人的特定素质进行测量、分析、评价。这里的所谓素质，是指那些完成特定工作或活动所需要或与之相关的感知、技能、能力、气

质、性格、兴趣、动机等个人特征，他们是以一定的质量和速度完成工作或活动的必要基础。

这些都是客运的心理学基本的研究方法，在使用时切忌主观性，应实事求是。

1.2.3 知识拓展

杜彻尼微笑 辨别伪装笑容

“杜彻尼微笑”是著名的行为心理学家保罗·艾克曼（Paul Ekman）通过几年的研究，总结出了辨别伪装笑容的关键技巧。这种包含了面部颧骨肌肉和眼周肌肉的部分的微笑才是真的发自内心的欢乐微笑。

在很长时间内，人们对表情能否表达真实情绪持怀疑态度。很多人认为，面部表情不能说明人们内心的真实感受。甚至在一些文化中，“笑”的表情本身就是“惊奇”“差异”，甚至“难为情”的代名词，而不是高兴的意思。

人类学家维斯顿·拉伯理（Weston La Barre）认为，笑容在不同文化间意义的差异正说明，人类的情绪表情并非天生就富有普遍的含义，而深深受到后天文化的塑造。在实验心理学领域，人们也一度认为表情不能直接表达当下的情绪如何。美国加州大学以“看透谎言”著称的行为心理学家保罗·艾克曼通过几年的研究，总结出了辨别“伪装笑容”的关键技巧。

1924 年，心理学家兰迪斯（Landis）的一个经典实验中，参与者要观察另一些人在某些情景下的表情，被观察者可能在听音乐，观看色情图片，闻氨水，接受电击，或者斩首一只活老鼠。事实上，最后观察者很少能准确判断出被观察者到底在做什么。有趣的是，观察者判断成“笑”次数最多，也就是说，人们并不能很好地分辨出真实的“笑”和其他情绪中的“笑”有什么区别。

保罗·艾克曼在翻阅资料时候偶然发现，早在达尔文的年代，就有法国解剖学家杜彻尼·博洛尼（Duchenne de Boulogne）发现了藏在笑容背后的秘密。杜彻尼 1862 年在一本题为《人体生理机制》的书中提倡，使用“电生理和放大的技术”，对“每一部分的肌肉的细小变化和其带来的面部褶皱”进行分析。他认为“欢悦的情绪表达在颧骨肌肉和眼周轮匝肌上，前者可以被有意识地控制，后者却只能为真实的快乐驱使。那些虚假的笑容无法引起后者的收缩。眼周的肌肉不会听我们的话，他们是情绪的真实传达者”。保罗·艾克曼认为，杜彻尼提出的这种笑容——包含了面部颧骨肌肉和眼周肌肉的部分——才是真的发自内心的欢乐微笑，并把它命名为“杜彻尼微笑”。

接下来的几年，艾克曼致力于证明“杜彻尼微笑”真的与众不同。他认为，之前人们没有发现表情和情绪之间的联系，正因为忽视了“杜彻尼微笑”中关键的肌肉部分。

1990 年，艾克曼在《人格和社会心理学》上发表的实验里让被试观看悲剧和喜剧影片，并记录观看影片时被试的面部表情。在观看喜剧片时，人们脸上的“杜彻尼微笑”明显增多，而其他类型的“笑”则很少在人们看喜剧时出现。被试所报告的积极情绪也和“杜彻尼微笑”的频率密切相关。脑电波（EEG）的结果还发现，“杜彻尼微笑”多引起左侧前额叶的反应，其他“笑”则与右侧额叶更相关。

当你走进商场购物的时候，服务小姐向你露出了雪白的牙齿，嘴角泛起一弯美丽的笑容，你心情顿时变得轻松愉快。但是，你能否辨得出这微笑是发自内心的欢迎，还是职业性的表演？现在看来，想要从微笑看穿别人的心，重点还是看“肌肉”。当然，我们希望周围每个人的微笑都是真诚不做作的，让“杜彻尼微笑”多出现在人们的现实生活中。

项目训练

【训练目的】

通过了解旅客旅行需求，改进服务技巧，进一步提升服务技巧与能力。

【训练内容】

设计一份旅客需求问卷，根据问卷结果，提出工作改进方案。

【考核标准】

教师评分，评分为百分制（10 分一个等级，如 100，90，80……）。

表 1-2 项目训练评分表

序号	项　目	权重/%	得　分
1	问卷是否清晰、准确	30	
2	结论是否清晰、扼要	30	
3	参与是否积极主动	20	
4	建议是否合理	20	
合　计			

复习思考题

1. 什么叫动机？作为未来的运输工作人员，你选择这个专业的动机是什么？
2. 什么叫能力？你有哪些能力？
3. 什么叫性格？你的性格适合运输工作吗？为什么？如果不适合，可做哪些改进？

2 旅客旅行需要

铁路客运服务的本质，归根结底就是满足旅客旅行的需要。随着高铁的迅速发展，社会对铁路客运服务的关注度越来越高。只有及时了解、掌握旅客的各种需要，才能为铁路运输企业赢得声誉，增加在客运市场中的竞争力。

2.1 旅客需要概述

2.1.1 需 要

2.1.1.1 需要的内涵

心理学所讲的需要，指人对客观条件的需求的反映，同样的东西摆在有不同需要的人们面前，会有不同的反映，口干者倍觉水甜，饥饿者倍感饭香。而口不干者和饱汉子就不会有同样的感受，可见，需要对于人来说，一般是在主观上以愿望或者意向的形式存在，它是人产生积极性的源泉。没有它的存在，有意识目的的行为就不可能发生。

人的需要多种多样。按需要的属性，“需要”可分为生理性需要和社会性需要。生理性需要是保存和维持有机生命或延续种族的需要，是人类最原始和最基本的需要，为人和动物共有。如对进食、饮水、睡眠、排泄、性等的需要。社会性需要是人在后天社会化过程中通过学习而形成的需要，是人类所特有的高级需要。如对劳动、交往、成就、奉献的需要等。生活在不同历史时期、不同政治经济制度、不同文化背景、不同民族、不同阶级和不同风俗习惯的人，其社会需要会有所不同。

按照需要的对象，可将需要分为物质性需要和精神性需要。物质性需要，包含生活用品、劳动工具、文化用品等方面的需要。随着历史的进步，人的物质性需要的内容、种类、表现形式会不断趋向丰富和复杂。精神性需要属心理性、观念性的需要。如，参加科学文化知识学习、参加社会活动、进行品德修养、培养审美情趣等，都属于精神性需要。同样，生活在不同历史时期、不同政治经济制度、不同阶级与民族、不同文化背景的人，精神需要也会有所不同。随着社会生产力的日益发展，人的新的精神需要会不断产生。

2.1.1.2 需要层次理论

关于人的需要，国内外的心理学家们进行了大量的研究，提出了许多有价值的理论，包括马斯洛的“需要层次”理论、赫茨伯格的“双因素”理论、奥尔德弗的“生存、关系和成长”理论，以及麦克利兰的“成就需要”激励理论等。国内的需要理论主要有冬青的“C 型需要层次论”、雷鸣的“人类需要层次理论”、俞文钊的“激励与去激励因素”的连续带模式。

自 1943 年马斯洛的“需要层次”理论提出以来，其流行甚广，是心理学家试图揭示需要规律的主要理论，对轨道交通客运服务工作具有很大的启发与指导。

需要层次论把人类纷繁复杂的需要分为生理需要、安全需要、友爱和归属的需要、尊重需要和自我实现的需要五个层次。

1. 生理需要

生理需要，是指对饮食、空气、休息、运动等人类最原始、最基本的需要。这些需要对人具有自我生存的意义，如果得不到满足会危及生命。马斯诺认为：“一个人如果同时缺乏食物、安全、爱情与价值观，则其最强烈的需求，当推对食物的需要。”

2. 安全需要

安全需要，是指对安全、秩序、自由、稳定及受到保护的需要。当人的生理需要获得基本满足后，安全的需要即会出现。目的是降低生活中的不确定性，保障生活在免遭危险的环境中进行。

马斯洛认为整个有机体是一个追求安全的机制，人的感受器、效应器、智能和其他能量主要是顺求安全的工具，可以把科学和人生观总的看成是安全需要的动机的一部分。

3. 友爱和归属的需要

马斯洛认为友爱和归属的需要含有两个方面的内容。一方面为爱的需要，即人都希望伙伴之间、同事之间的关系融洽或保持友谊和忠诚，希望得到爱情，人人都希望爱别人，也渴望接受别人的爱。另一方面为归属的需要，即人都有一种归属于一个群体的感情，希望成为群体中的一员，并相互关心和照顾。感情上的需要比生理上的需要来得细致，它和一个人的生理特性、经历、教育、宗教信仰都有关系。

4. 尊重需要

人人都希望自己有稳定的社会地位，要求个人的能力和成就得到社会的承认。尊重的需要又可分为内部尊重和外部尊重。内部尊重是指一个人希望在各种不同情境中有实力、能胜任、充满信心、能独立自主。外部尊重是指一个人希望有地位、有威信，受到别人的尊重、信赖和高度评价。

马斯洛认为，尊重需要得到满足，能使人对自己充满信心，对社会满腔热情，体验到自己活着的用处和价值。

5. 自我实现的需要

这是最高层次的需要，它是指实现个人理想、抱负，发挥个人的能力到最大程度，完成与自己的能力相称的一切事情的需要。也就是说，人必须干称职的工作，这样才会使他们感到最大的快乐。

马斯洛提出，为满足自我实现需要所采取的途径是因人而异的。自我实现的需要是在努力实现自己的潜力，使自己越来越成为自己所期望的人物。

马斯诺认为，低层次的需要，如生理、安全、归属与爱等需要，是直接关系到个体生存的需要，所以又叫“缺失需要”；而高层次的需要，如尊重与自我实现的需要，不是维持生存所必需，而是建立在人的潜能发挥、成就获得基础上的需要，是人成长、成熟的表现，所以又叫“成长需求”。据估计，在当代文明社会中，五类需要得到满足的比例是：生理需要约85%、安全需要约70%、爱与归属需要约50%、尊重需要约40%、自我实现需要约10%。

熟悉马斯洛需求理论，结合轨道客运服务中旅客的不同需要，把握好旅客需要的特点，为做好铁路客运服务工作奠定根基。

2.1.2 旅客需要概述

2.1.2.1 客运服务人员了解旅客需要的重要性

1. 有利于提高与改善客运服务人员服务质量工作

铁路运输企业的直接服务对象是旅客，他们带着丰富多彩的心理需求和复杂多变的心理活动，购买我们的产品，而提高工作质量的核心是满足旅客的需要。要使旅客满意，就必须了解旅客不同的需要和动机，把握他们各式各样的兴趣、脾气（气质）和性格。一句话，必须了解和把握他们的心理，进而投其所需、因人而异地提供有效的服务。而旅客们各种心理现象及其产生、变化的规律，正是客运心理学所要研究的重要内容之一。

2. 有利于提高客运服务人员的角色服务意识

从目前铁路运输企业服务工作的状况来看，大多数服务人员尽职尽责、热情服务，但也确有部分职工服务意识差，工作态度简单生硬，甚至有个别人打骂旅客、敲诈旅客的现象。比如部分群众反映说，铁路的“门难进，脸难看，话难听，事难办”，这就影响了铁路的社会形象。改变这种状况的可靠途径之一，就是提高服务人员的心理素质，即通过学习，明确自己的位置，从而具备服务工作者应有的心理品质。

旅客花钱买了票，就等于收到了铁路运输企业的“请柬”，并与之签订了协议，铁路运输企业应该为他们提供可靠的安全保障与良好的服务。但如果我们的客运服务人员的角色意识差，就会总认为我在人格上与旅客是平等的，凭什么我要受你的气。记得某车队在开展“旅客永远都不错，我们永远有不足”的活动时，有职工就很不理解，“难道有的旅客用枕巾擦皮鞋也对吗？”

如果客运服务人员总是站在“常有理”的角度责怪人，旅客总有不足，我们就可以把个别旅客的错作为借口，而不去检查自己工作中的不足，服务质量怎么能提高？学习客运心理，正是为了帮助客运工作者了解旅客，也了解自己，从而更好地工作。

3. 有助于铁路运输企业树立崭新的市场营销观念，实施科学的市场营销战略

运输市场变化无常，市场竞争日趋激烈，作为铁路运输企业需要随时随地了解市场环境和消费者的需求，并满足不同旅客的需求，从而树立良好的企业形象，这就不能不从心理学的角度来分析旅客心理和竞争对手（如航空、公路、水运等）的战略，从而搞好服务工作。在这点上，我国铁路运输企业做得相当出色，其共同的服务特点有：

（1）以旅客需求为标准，更新服务观念，改善站、车环境。

以旅客列车为例，在流动的既有线列车里，1 000 余名旅客人均活动空间不过 $0.5m^2$。旅行途中最能给旅客以舒适感、安详感、温馨感的是列车环境和列车颜色的视觉效应。在旅客心理、文化、生活背景方面，可以多下点功夫。

原 K21/22 次（北京西—桂林）列车车厢墙板的主色调是国际流行的高灰色，列车装饰以深蓝色为基调，突出宁静、典雅的风格，让旅客在短暂的旅途中享受优美的环境，感受温馨的情调，体会首都列车的品位。餐车的设计也有独特的情调：窗帘、宿舍套与墙板、地毯的色调基本一致，以淡蓝、淡黄、蓝灰为主色，用白色窗纱和星月图案做点缀；餐桌选用织花白色台布，音乐吧台选用有层次感的格台布；餐具的规格由大改小，由青花瓷改为精巧别致的强化瓷；乳白色吸顶灯的柔和光线与餐车立体声音响流出的优雅乐曲融为一体，营造出温馨、浪漫的餐饮环境。

环境能够体现时代的氛围、文化的品位，能给短暂乘车的旅客留下持久难忘的印象。站车从车体环境、人文环境到餐饮环境，从色彩到光彩，从视觉到感觉，从艺术到精神，一切围绕旅客心理，结合时代特色精心雕琢，必将带来意想不到的收获。

（2）以旅客需求为标准，细化服务标准，提高服务质量。

以特快旅客列车为例，旅客出门乘车，每人都有自己的生活习惯，在“流动的旅馆”里，人们会有许多担心。针对旅客“上车想有座、车上盼有水、睡觉要安静”的心理，旅客列车应认真落实“特快列车质量标准”，把服务的质量标准定位在旅客的心理位置上，针对夕发朝至列车的特点，做好服务很重要。如旅客夜里睡觉最不放心在行李架上的东西，为了解决旅客的席顾之忧，晚上熄灯后，乘务员一律不应坐在乘务室里，而是先要把旅客的鞋码放整齐，然后坐在过道的边座，观察通道内的情况，让旅客放心休息。旅客的需求就是列车服务：工作的标准，品牌列车应遵循三条服务规律：一是“无干扰作业”。结合夕发朝至列车的运行特点，改进夜间作业程序，减少清扫作业，压缩列车广播时间，推迟早晨拉窗帘时间，甚至对在旅客没有需求的情况下，乘务员一个单程进几次软卧包房都应加以限制，用“静悄悄”的服务为旅客创造安静舒适的旅行环境。二是“礼让服务”。列车乘务员在作业中、行走中要主动礼让和避让旅客，使旅客在车厢中感受到主人地位。三是“得体服务”。做到：定点站门、定点换票、定点供水、定点自我介绍、定点去向登记；备品清扫工具定位：开口服务；开车后一小时内服务在车厢，不得进乘务室。时时处处让旅客感觉到“我在你的身边”“我为你提

供服务”。过去，乘务员觉得搞卫生、做好事，是帮了旅客的忙，是一种奉献。如今，乘务员应走出服务心理的误区，认识到服务的真理就是“旅客永远是对的，我们永远有不足”。

（3）以旅客需求为标准，不怕想不到，就怕做不到。

站、车客运服务人员，在转变服务观念过程中，把“耐心”改为“细心”，如旅客看着车站或者列车上的“意见簿”很犹豫，想写点什么，又觉得不算是意见，还是免了吧。“意见”二字拉开了列车与旅客的心理距离。看来把“意见簿”改为“留言簿”，可以消除旅客的心理负担，让旅客通过“留言簿”自然表达感受。

（4）以旅客需求为标准，创新乘务管理，追求更高境界。

如今铁路运输企业的客运服务人员，始终把自己放在时代的大背景下，放在社会的需求下，放在旅客的心目中，坚持服务以旅客为本，服务理念以旅客为中心，用自己的爱心、诚心，努力树立品牌的形象，让旅客舒心、放心、称心。

2.1.2.2 掌握旅客需要与提高服务水平

旅客在乘坐火车、高铁或地铁时，对服务的需要既有一定程度的差异性，又存在一定的共性。所以，在服务过程中，服务人员要做到顾全整体，满足个别，最大限度地提高旅客的满意度，提升企业的社会形象。以马斯诺理论为依据，以铁路旅客运输为例，从以下几个方面分析旅客在旅行过程中不同层次的服务需要。

1. 旅客的服务需要

1）车站候车旅客的服务需要

（1）旅客对顺利的需要。

车站客运服务主要有旅客发送和旅客到达两大方面，始发旅客需要购买客票、托运行李包裹；中转旅客需要签字或加快，有的需要寄存包裹，购买土特产品；到站旅客希望能顺利地到家，或能顺利地找到一家称心合意的旅馆等。

总之，每一位旅客都希望把事情办得顺利一些，特别是长途旅客、老弱病残孕旅客和经常外出旅行的旅客，求顺利的心理格外迫切。如长途旅客，需要进行十几个乃至几十个小时的旅行，比较辛苦，倘若事情办得不顺利，尤其是买不到客票或客票不如意（如车次不理想，无座号等），其心情会很焦急、烦乱。

（2）旅客对舒适的需要。

候车室是旅客候车休息的场所。始发旅客流量虽然大，但候车时间一般不长，中转旅客候车时间反而还长一些。为了得到较充分的休息，每位旅客都有一种求舒适的心理，希望环境幽雅，空气清新，温度适宜，比较安静。倘若环境嘈杂，空气里充满了异味，地面上又不干净，旅客就会心情烦躁。

（3）旅客对方便的需要。

候车的旅客不但希望得到较充分的休息，还希望车站提供方便的服务，如饮食方便、购票方便、问事方便，假如遇到了下面的情况，旅客会是怎样的心境呢？

例如，我们在某站转了半天，总找不到第一候车室。从第二候车室出来，一路上经过客运人员的不断指点，才在一堆店铺的遮掩当中看到了“一候”的招牌。原本以为是自己眼太拙，可问了问其他旅客，差不多头一次来的人都说“不好找”“得跟人打听，要不还真费劲”。从该站售票厅出来，看不到任何通往“一候”的标志，真是累人!

这样，旅客很容易产生不满，甚至是怨愤的情绪。

（4）旅客对安全的需要。

火车站不仅是接发旅客的场所，往往也是犯罪分子作案的场所，旅客来来往往，治安情况比较复杂。每一位旅客都希望车站有良好的治安秩序，生命财产能得到保障。倘若治安不好，会使旅客提心吊胆。比如，2014 年 3 月 1 日 21 时 20 分，发生在昆明火车站的恶性砍杀事件，曾引起社会的一度恐慌，导致很多旅客候车时安全心理无法得到保证。

（5）旅客对健康的需要。

谁也不愿在旅行中生病，故旅客希望车站提供健康的食品，候车室能做到空气清新、环境干净。只有在这样的环境中，旅客才不会有生病的困扰和恐惧。

（6）旅客对尊重的需要。

受尊重是人的正当需要，每一位旅客都希望自己的人格、习俗、信仰、愿望受到车站人员的尊重，能看到热情的笑脸，听到友善的话语，体验到铁路这个临时大家庭的温暖。一旦人格受到屈辱，自尊心受到伤害，便会产生反感，甚至可能导致双方的冲突。

2）列车上旅客的服务需要

（1）旅客对舒适的需要。

由于旅途长，车厢的容积又有限，人员相对集中，活动的范围狭小，加上列车振动，旅客很容易疲劳，所以，求舒适的心理比正在车站候车时更为强烈，如希望上厕所方便、用水方便、睡觉舒服等。

（2）旅客对饮食的需要。

由于火车上的生活较为单调和乏味，除了睡觉，旅客的食欲相对来讲会旺盛一些，即使平时不怎么吃零食的旅客也可能因为无聊而买点儿瓜子、酸梅什么的来打发时间，故希望列车能提供充足的食品、饮料和开水，并要求干净卫生，经济实惠。如果车上提供的是来历不明、不干不净的食品，谁还会对列车服务有良好的印象?

（3）旅客对消遣的需要。

旅客上车后，由于暂时摆脱了上车前紧张情绪的困扰，心情会逐渐平静下来，但随之就会产生离开家乡、亲人、工作岗位的孤独感、寂寞感或归心似箭的急切感等。如果这些感受升高，心理将呈抑郁状态，从而陷入苦恼。为了摆脱这些苦恼，旅客迫切希望有消遣方式能转移他们的注意力，好使时间“过得快一些”。

（4）旅客对安全的需要。

运行中的列车一旦发生火灾、爆炸等事故，旅客往往难以逃脱；在列车上一旦患病又难以救治；行李架上的行李包裹容易被挤压；有可能遇上犯罪分子作案，钱财被偷或被劫……这些都是旅客可能担心的。

（5）旅客对尊重的需要（与车站候车时基本相同）。

（6）旅客对明白消费的需要。

一旅客在补办卧铺票时，由于对票价提出质疑，结果得到了两次下调票价的“优惠”，于是，他忍不住想问，难道补卧铺也可以讨价还价？

在列车上，除车票问题外，还有食品饮料的价格让旅客头疼，餐车的消费更是让旅客们“看不懂”。旅客认为，消费就该“明明白白”。

2. 针对旅客需要，提高服务水平

1）提高车站服务水平

（1）针对旅客求顺利的需要，车站服务人员应想旅客之所想，急旅客之所急，千方百计为旅客排忧解难，迅速、准确、便利地做好售票、签字、加快、托运、寄存等工作。为了解决购票难问题，大城市可在市内多设几个售票处，还可办理电话订票、函件订票、网上订票或上门售票。客流量大的季节，应多开设几个售票窗口或延长售票时间；为了解决中转签字难、加快难问题，可在站台上办理签字、加快，这样中转时间短的旅客就可不出站直接上车；为了使旅客能得到称心如意的座号，售票时应为旅客提供最佳购票方案，如为怕风的旅客找中间座，为体弱的旅客找茶几，为带小孩的旅客找长椅，为旅行结婚的旅客提供连号，为老弱病残孕旅客提供下铺等。为此，每个售票员应摸清车厢内座号位置的排列规律，同时还应严格售票纪律，杜绝一切与车票挂钩的服务项目，绝不能以票谋私。

（2）针对旅客求舒适的需要，应美化站容站貌，搞好清洁卫生，为旅客创造一个舒适的环境。例如，广州车站在不断加大硬件改造的同时，注重在软件上下功夫。在各候车室配备针线包、医药箱，随时为旅客提供常用药品；在失物搜集处增设服务窗口，并配置轮椅、担架等用品，专为特殊旅客排忧解难；在候车厅及候车室设旅客咨询服务台、旅客意见箱及旅客意见本，为旅客监督提供方便。

（3）针对旅客求方便的需要，可在站内设售货亭、售书亭，候车室内应放置开水桶，向旅客提供充足的饮用水；对老幼病残孕且无人照顾的旅客，应送进站送出站，送上市内公车或出租车，甚至将旅客送回家。

湘潭车站就是这么做的：异地送客是湘潭站方便旅客的举措之一。该站在 2014 年的暑假期间，经多方努力，调来长沙站、株洲站的部分卧铺票额，在站内设立了专门的异地旅客候车室，零散的异地旅客在车站广场集中上车后送往长沙、株洲，而对于比较集中的旅客或团体，车站将派车上门接送，服务到家，此举很受旅客的欢迎。

（4）针对旅客求安全的需要，应搞好治安秩序，严厉打击犯罪分子，大力宣传旅行中的安全常识；要严格进行进车时的“三品”（易燃品、易爆品、危险品）检查；对急病患者，应采取急救措施。

（5）针对旅客求健康的需要，车站应注意售货亭食品的清洁与卫生，保证不出售假冒伪劣食品，注意卤菜熟食的消毒保管，不能任由不法小商贩进站兜售不洁食品；饮水也很重要，要杜绝饮用水质量不过关的现象；车站来来往往的人多，应定期对候车大厅、候车室的设备进行消毒，特别是春运期间和流行病高峰期。

（6）针对旅客求尊重的需要，必须坚持文明服务，平等待人，不怕麻烦，尊重旅客的人格、

风俗、信仰、愿望。如西方人认为“13”是个不吉利的数字，为尊重他们的习俗，售票时尽量避开这个数字。对有生理缺陷的旅客，更应特别尊重，切不可评头论足，因为他们一般都很敏感，自尊心更强，倘若受到嘲弄，便会十分不舒适，甚至会产生报复心理。对不小心损坏了站内设备的旅客进行处理时，态度要和蔼，语言要文明，不可得理不饶人，以免引起其他旅客的义愤。

荣获全国“文明车站”称号的武昌站就是这样做的：他们专门设立了“心连心”服务台，并开辟第二课堂，对客运人员进行英语、手语、护理技能培训，还从日常工作实践中归纳总结出包括伤残人员、军人、少数民族、外籍旅客在内的特殊“对路”服务法，处处围绕满足旅客需求下功夫，令旅客们十分满意。

2）提高列车服务水平

（1）针对旅客求舒适的需要，发车前应搞好车厢内的卫生，以便使旅客登上火车就有舒适、愉悦之感。列车在运行中，既要随时打扫，又要做好宣传，争取在旅客配合下搞好车厢卫生。如对吸烟的旅客，尽量使用宣传教育，劝导旅客在车厢连接处吸烟；对乱扔果皮纸屑的旅客，也应以劝导、教育为主。同时，多摆放一些果盘和套袋垃圾桶，勤搞卫生。车上的厕所也是旅客投诉的重点，在列车运行的途中，应注意用除臭剂清洗洁具和地面，不要随意关闭厕所。硬座车厢应配备一定数量的超员凳，以便需要时供给无座的旅客；卧铺车厢的卧具要清洁，摆放整齐，夜里要及时拉好窗帘，到站前不要清洁卧具，以免打扰旅客。列车上还可以开展一些延伸服务项目，如为旅客介绍旅馆、代购船票或飞机票等。

（2）针对旅客求饮食的需要，列车要办好餐车，并提供充足的食品、饮料和开水。

在列车上，可以看到大多数旅客部带着形形色色的食品，到了用餐时刻，纷纷取出食用。据某列车段一位多年主管餐车经营的人员介绍，当前大多数列车的就餐率不会高于10%。乘坐火车旅行，在车上就餐无疑是再方便不过的。而实际上大部分旅客还是宁愿自带食品。原因当然不言自明，高昂的列车餐价已使很多旅客望而却步。

同时要特别注意，饮食服务要以社会效益为主，经济效益为辅，不可因为“只此一家，别无分店”就随意“宰客”，饭菜品种宜丰富，质量要好，要干净卫生，同时在公平合理的前提下拉开价格档次，以满足不同习俗和不同经济收入水平旅客的需要。此外，要切实保证开水的供应，不可用出售饮料来取代供应开水；同时要严禁不法商贩上车叫卖，以次充好，坑骗旅客。对上车检查工作的领导等，也要坚持付费就餐的制度，以减轻旅客的负担。

（3）针对旅客求消遣的需要，可向旅客介绍沿途的名山大川、名胜古迹、风土人情及历代名人故事等，多准备一些书报、杂志、棋类、扑克，供旅客挑选。播音室要不时播放一些轻音乐，以缓解旅客旅途的疲劳或心头的不安，也可播放一些曲艺节目或光盘，增添旅途的情趣。逢年过节时更应增加一些服务项目，从而减少客运职工和旅客们的思乡之苦。

（4）针对旅客求安全的需要，必须严格禁止旅客携带“三品”上车，要组织好上下车秩序，避免旅客挤伤或摔伤。乘警要杜绝犯罪分子的不法行为，保护旅客财产安全，列车员要组织把行李包裹放稳当，防止坠落伤人。列车检查员要经常巡视车内的技术状态，停车时认真检查车辆走行部，确保行车安全。

（5）针对旅客求尊重的需要，对旅客要一视同仁，不得以权势、衣着、外貌取人，更不能居高临下。要平等待客，要坚持“微笑服务”，讲究语言艺术，做到“旅客上车有迎声，服务到座有话声、问事相求有回声，工作失礼有歉声”。

要坚持“体贴服务”，为旅客创造方便，要坚持标准化作业，语言动作要规范。某段开展“星级列车员”评比竞赛，实行全程站立微笑服务，除保证旅客正常供水外，还实行“四杯茶水”服务，即：上车时一杯问候茶，临睡时一杯舒心茶，就餐前一杯开胃茶，下车时一杯再见茶，并公开向社会承诺“车上有困难时找车长，乘车不满时请投诉”。结果就是，有关部门多次向旅客调查，而旅客的满意率始终保持在99%以上。

广州客运段长期以来坚持“路风是国誉，岗位是国门，旅客是亲人”的工作方针，高标准、严要求，将列车服务工作规范化、制度化、标准化。近年来，他们先后制定完善了多项工作制度，对多年以来积累的列车服务工作的先进经验进行了科学的总结，逐步形成了车班的“小法规”，并在列车服务工作中严格执行。不管您踏上列车的哪一节车厢，看到的将是同样的笑脸，享受的是同样的服务，感受到“家”一般的亲切和温暖，旅客都称赞乘务员是老人的拐杖、孩子的朋友、盲人的眼睛、病人的护士、外地人的向导。

2.1.3 知识拓展

特殊旅客服务需要

特殊旅客是指那些应给予特殊照顾的旅客，他们一般有身份、行为、年龄和身体状况等带来的不便，一般如婴幼儿、孕产妇、病患、残障人士等。特殊旅客服务就是基于这些旅客而做的服务。特殊旅客之所以特殊，是因为他们和一般人不一样，他们在某些方面需要接受特殊照顾。根据实际情况，我们对特殊旅客进行了一定的归纳与分类，总结出以下几种情况：

1. 老年旅客服务需要

随着年龄的增长，老年人的各种脏器功能都会有不同程度的减退，导致如视力和听力的下降，动作和学习速度减慢，操作能力和反应速度均降低，对环境的适应能力下降，加之记忆力和认知功能的减弱和心理改变，常常出现生活自理能力的下降。针对这些特点，我们提供相应的服务，服务过程中一定要仔细，要有耐心，语气要缓，动作要慢、要稳，特别是要尊重老年旅客的意愿。比如，老年旅客上车时，一定要热情打招呼，给他们一个愉快放松的氛围，引导他们找座位就座，并帮助他们放置行李；旅途中，经常询问他们的需求，并尽最大努力满足他们；上厕所时，老人腿脚不便，我们需要主动搀扶；很多老人自尊心很强，不会主动求人帮忙，或怕给别人带来麻烦，我们要去跟他们聊天，让他们不要感到孤独，精神上的愉悦能有效缓解疲劳，同时也可以进一步了解他们的需要；下车时，主动询问老人是否需要帮助，无法完成时，及时联系车站工作人员。

2. 残疾旅客服务需要

残疾旅客，是指有生理缺陷的旅客。与正常人相比，他们自理能力差、有特殊困难，迫切需要他人的帮助。但是很多残疾旅客自尊心较强，一般不会主动要求客运人员提供帮助，总是要显示他们与正常人无异，不愿意别人把他们看成残疾人。因此，客运人员在服务过程中要及时了解这些旅客的心理，特别要注意在交流过程中尊重他们，最好悄悄地为他们提供帮助，让他们感觉到温暖。

2014 年 7 月 27 日，石家庄客运段担当张家口至石家庄客运任务的 K7734 次列车，一位没有同行人的女性残疾旅客坐着轮椅被车站工作人员推上站台，工作人员急忙上前帮助。列车长前来询问得知，这位旅客姓康，今年 49 岁，坐车从张家口到石家庄，独自一人去石家庄医院看病。一路上，乘务员王世军细心照顾这位旅客。为其打来一杯开水，康阿姨忙说："我不喝水，我怕一会上厕所不方便。""没关系康阿姨，上厕所我去找人扶你去，我们车上有女乘务员。"王世军劝慰说。列车运行途中，康女士突然感觉肚子不舒服，王世军就找来两位女乘务员，扶她上厕所。怕她不好意思，两位女乘务员就每隔一两分钟试探着询问其是否需要帮忙。直到康女士方便完，看到她的身体似乎支撑不住，女乘务员打算帮她提好裤子，"阿姨，没关系的，让我来帮您，您跟我妈妈年纪相仿，我就把您当我妈妈一样照顾吧。"听了这些话，康女士的眼角湿润了。"阿姨，赶紧吃点饭吧！"到了饭点，顾不上自己吃饭，列车长端着可口的饭菜送到康女士面前，康女士拿着筷子的手有些颤抖，激动地说："谢谢你们，这是我吃过最好吃的一顿饭。"

3. 儿童旅客服务需要

儿童旅客的基本特点是：性格活泼、天真幼稚、好奇心强、善于模仿、判断能力较差、做事不计后果。鉴于儿童旅客的这些特点，客运人员在提供服务的时候，尤其要注意防止一些站车不安全因素的发生。如要防止活泼好动的儿童乱摸乱碰站、车上的设施设备，可以通过提醒儿童旅客的随行成年人进行照看与监管；列车启动、停车时要注意防止儿童四处乱跑等。

4. 孕妇旅客服务需要

一般来讲，孕妇乘车时，都会有随同人员。进站乘车时，孕妇的体质较弱，情绪高度紧张。客运员在提供服务过程中，对孕妇旅客一定要提供细微周到的服务。比如，孕妇候车时，将她们引导至母婴候车室，母婴候车室客运人员要做好孕妇旅客提前进站上车的工作。在列车上，发现无座的孕妇乘车时，列车员应向列车长汇报，为其安排卧铺（最好为下铺，无法安排时，尽量与下铺旅客协商解决）。乘车过程中，乘务员应做到"三知三有"，一旦孕妇出现突发情况，及时通知车长，并广播寻医，确保孕妇旅客的安全。

5. 国际旅客服务需要

目前到我国参观、旅游、考察、工作、留学的外国人越来越多。但是，很多外国人不懂汉语，在交流上存在语言障碍。在旅行中，特别是发生一些突发事件时，往往给他们带来很多麻烦。因此，在客运人员为国际旅客服务时，要了解他们此行的目的，用较熟练的外语与他们交谈，态度要和蔼热情、不卑不亢，注意语言得体，对外国人旅客与国内旅客要一视同仁。另外，客运人员在为外国人旅客提供服务时，要了解他们的文化背景。不同文化背景下的人们由于宗教信仰、民族习惯等原因，他们在进行非言语交际的时候即使表达相同意思，其表达方式也各有不同。例如，东方人相互交谈时一般不直视对方，并还因交际双方年龄、地位、性别等因素有所差异，而西方人则希望对方目视自己以示尊敬；在中国文化中点头表示肯定，而有些国家的文化中点头表示"NO"等。服务中的对象千变万化，客运员应根据不同服务对象适时调整非言语交际方式，让不同文化背景下的旅客都能体验到温馨的服务，并正确掌握国际旅客通过非言语交际所想表达的意愿。

要想有效把握国际旅客的服务需求，客运服务人员必须能够与旅客进行有效沟通，沟通交流主要有言语交际和非言语交际两大部分组成，因此客运人员必须提高外语听力和口语能力，并注重不同文化沟通交流中非言语交际方面的问题，准确把握旅客需求，提高服务针对性和服务效果。

2.1.4　相关案例

旅客食物中毒　铁路真心排“毒”

大家出门在外，最害怕的就是生病、身体不舒服等一类的情况发生。这不，在飞奔的列车上，一名旅客突发食物中毒，而且接近昏迷状态。铁路工作人员到底该怎么做？我们一起去了解其中详情。

8月11日16时许，由厦门开往南昌的K8706次列车从漳平站开出不久，一名女性旅客出现腹痛症状，此时车长一边通知广播员紧急播出寻找医生的消息，一边和乘警立即赶到中毒旅客所在车厢。一名就职于南昌市某医院的陈大夫询问该女子的同行人得知，返程前其曾在站外一饭店食用了大量的海鲜。陈大夫初步判断该女子疑似食物中毒，当务之急就是尽快送往医院急救，否则就有可能危及生命。

列车上毕竟缺医少药，处理感冒、小伤口等还是可以应对的。可当前面对的是一名食物中毒的患者，意味着要架氧气、洗肠胃、输液等医疗处理。为此，在临时、简单救助旅客的同时，列车长的请求得到批准，火车被“特许”一路快速行驶，提前50分钟直达车站。经全力抢救，该旅客的病情已得到缓解，目前正在医院接受进一步观察治疗。

读到这一则感人的新闻，一首响亮的歌曲在耳边响起：只要人人献出一点爱，世界会变成美好的人间。是啊，在旅客发生食物中毒的情况下，列车工作人员、陌生的乘客、医生、当地120医护人员、铁路局调度、车站工作人员纷纷伸出爱心之手，最终让急病旅客得到及时救助，化险为夷，一路留下了最美的风景。

旅客食物中毒，铁路真心排“毒”。在当今社会，好事怕做、不敢做的情况下，铁路人该出手时就出手，用责任、担当、爱心、真情去帮助旅途中有困难的旅客，让我们看到了铁路部门待旅客如亲人是真心的，换来的必然是广大旅客的满意。

（资料来源：中国经济新闻联播）

项目训练

【训练目的】

学习马斯洛需求理论，通过了解旅客旅行需求，掌握客运服务岗位中的服务技巧，进一步提升服务技巧与能力。

【训练内容】

在旅行中不同旅客有不同需求，如饮食、安全、方便、快捷、舒适、健康、尊重等，每一种需求是否获取满足，都将直接影响到铁路运输企业的服务水平，分组训练，每一组选择一种需求场景进行表演，表演完后有由他小组进行打分。

【考核标准】

教师评分，评分为百分制（10 分一个等级，如 100，90，80……）。

表 2–1　项目训练评分表

序号	项　目	权重/%	得　分
1	表演是否清晰、准确	30	
2	表达是否清晰、扼要	30	
3	参与是否积极主动	20	
4	学生态度是否谦逊	20	
合　计			

复习思考题

1. 课后案例中体现了旅客哪些需求？

2. 试举例，车站客运各岗位中，经常遇到的旅客服务需要有哪些。

3. 新空特快旅客列车上，一位年轻旅客抱怨车厢空调温度太高，要求乘务员将温度调低些，而一位老年旅客则抱怨车厢温度太低，要求将温度调高些，如果你是乘务人员该怎么做？

2.2　旅客的心理活动与服务

2.2.1　旅客的心理活动

2.2.1.1　研究旅客心理活动的目的

1. 了解旅行中旅客心里想些什么

旅客在旅行中心里想到的各个方面都反映了旅客对运输服务部门的要求，只有了解了旅客心里想到的问题之后，才能提供使其满意的服务。

2. 根据旅客的需求，铁路运输服务部门采取相应的服务措施

根据旅客的需求采取相应的服务措施，会使服务更有针对性，旅客运输服务部门要从两个方面入手，一是从硬件设备，二是从软件管理。

2.2.1.2 旅客心理需要的介绍

不同旅客的心理需要是有差异的，但按照人类需要发展的规律性和层次性，我们可以把旅客的需要分成三大类：天然性需要、社会性需要和精神性需要。

1. 天然性需要

旅客有天然性需要（主要包括生理需要和安全需要）。这是因为出门在外，首先必须保证机体的生存和健康，才能顺利进行各种活动以达到预定目的。在长途旅行中，旅客的饮食需求如果得不到满足，会严重影响旅客的身体健康。因此，旅客会要求车站、列车提供充足的食品和饮料。此外，旅客还会要求候车室、站台和车厢内环境舒适，以使休息得到一定的保障，不然就会产生不良情绪，如烦闷、焦躁不安等，从而对铁路产生不满。所以，我们首先可以让车站以及列车上的食物满足旅客的需要，并且规定价格合理，不要偏高。其次，要保证站、车内安静卫生。旅客的安全需要是多方面的，主要是保证人身和财产安全。所以我们可以在候车室以及列车上多多巡视，严格执行验票进站措施，不让坏人有机可乘。

2. 社会性需要

社会性需要主要表现在需要进行社会交往，需要得到别人，特别是客运职工的尊重和理解。人人都有进行社会交往的需要，旅客也不例外，尽管他们在外的时间长短不一，但由于远离家乡和亲人，难免会有寂寞和孤独感，所以希望与接触到的人建立和谐友好的人际关系，交流感情，减轻同亲人分离的痛苦或是某种焦虑。尊重的需要包括自我尊重和得到别人的尊重，旅客特别希望听到对他们的尊称，希望得到热情而有礼貌的服务，满足自己的意愿和要求。

3. 精神性需要

旅客的精神性需要主要有追求猎奇的需要、对艺术的需要及对美好事物的追求。追求猎奇的需要指增加见闻，扩充知识面；对艺术的需要指喜欢欣赏有风格的东西；对美好事物的追求，既包括优秀歌曲、文娱节目的追求，也包括对客运服务人员优质服务及好人好事的追求。这些都会使他们产生美的感受。并且在列车上多放置一些杂志报纸，也会让旅客得到精神的满足。

2.2.1.3 影响旅客心理活动的因素

旅客是作为社会个体的人与旅客运输系统相结合的那部分人群。这些人因旅行这一共同行为集合在一起，形成一个临时性的群体。旅客在旅行中所表现的一切心理活动，以及在心理活动支配下产生的一切行为结果，都受铁路运输系统环境内、外因素的影响。

1. 环境因素

人生活在一定的环境之中，环境可划分为自然环境、社会环境和人所创造的经济环境。

2. 个人因素

个人成长过程中，因受环境的熏陶和接受教育，并在个人发展中形成了社会地位和身份，所以形成具有相对稳定的心理特征，继而影响人的心理活动及行为结果。

3. 旅客因素

旅客之间在旅行的过程中必然要相互作用、相互影响、相互制约。

4. 运输工具及服务因素

运输工具的舒适性、经济性、安全性、迅速性，以及运输部门所提供的服务质量，影响旅客对该运输工具的选择，也是旅客心理活动转化为行为结果的直接原因。

旅客旅行的心理活动受上述各个方面的综合作用。在了解旅客心理时，需要用系统的方法综合考察每一因素及相互关系，这样才能把握心理活动的内涵。

2.2.2 旅客旅行的心理活动与服务

2.2.2.1 旅客旅行的共性心理与服务

1. 旅客旅行需要的表现

（1）安全心理。

旅客乘车旅行最根本的需要就是安全的需要，它包括人身安全和财产安全两个方面。每一位旅客都希望车站有良好的治安秩序，倘若治安不好，会使旅客提心吊胆。为保证旅行安全，旅客常综合考察自然环境状况、社会治安情况和运输工具的安全性等内容，再做出是否旅行的决定。当亲友出门旅行时，我们祝福他们“一路平安”，这代表了出门旅行者最普通、最基本的共性心理要求。既然是“一路平安”，就是指旅客从离开家门，一直到目的地，包括旅行的全过程都平平安安。“平安”就是不发生任何危及人身安全和财产安全的意外事故，也就是不会发生人身碰伤、挤伤、摔伤、烫伤等情况，旅行中所携带的财物、文件资料保持完整，不会发生丢失或损坏。在旅客运输服务过程中，努力实现旅客旅行安全心理要求，这是所有客运服务人员的首要工作。这要求铁路运输部门加强铁路沿线、车站和列车的治安管理，从技术装备上提高运输载体的安全性，从安全管理上提高客运服务人员对不安全因素的预测和及时处理的能力。

（2）顺畅心理。

送亲友出门旅行时，除了祝福他“一路平安”外，常说的另一句话就是“诸事顺利”，讲的是旅行中的顺利、愉快问题，这也是出门旅行者的一个共性心理要求。旅客到车站购票，能够顺利地买到自己需要的车票；上车时，人虽然多，但能够顺利地找到座位；在用餐时间，车站或列车上能够提供经济、卫生、可口的食品；食用自带食品时，车站或列车能够随时提供开水；列车在运行途中，因某些原因，如铁路线路施工、意外运行事故等而耽搁，在这种情况下，仍能保证列车正点到达终点站；准备换车时，有充裕的时间赶上接续换乘的列车等。这些都是旅客出门旅行的顺畅心理要求。要满足每位旅客的顺畅心理要求，做到时时顺畅、事事顺畅是不现实的。但是，从旅客运输服务管理角度，应尽最大的努力满足旅客的需要。在为满足旅客需要而做工作的同时，还要做好宣传工作。对旅客要有良好的服务态度，遇到不能满足旅客要求的事情，要进行耐心解释，使旅客明白为什么需求没有得到满足。在旅客旅行的过程中，由于运输部门的原因而发生的延误，影响到旅客旅行的顺利进行，旅客有权了解发生的原因，运输服务人员必须把事情的真相通告给旅客，让旅客心里有数，使其能够对自己下步的行为预先进行计划。

（3）快捷心理。

随着社会的发展，人们的时间观念发生了重大的变化，“快捷”成为旅客一个主要要求。缩短旅行时间，迅速到达目的地，可以节约时间，同时减少旅行疲劳。方便的需要表现在购票、进出站、上下车以及中转乘车等方面的便捷性。“方便”要求减少旅行中的各种中间环节，达到“快捷”的目的。旅客出门旅行，希望处处能够方便，这是一种很普遍的共性心理。为了适应旅客的方便心理，需要采取一些措施，如车站周围能有方便的交通让旅客方便到达。为了到站后能快速方便地找到自己的候车室，车站可设置多个指示牌，并且客运服务人员应多注意着急、徘徊的旅客，多问旅客的需求等。又比如售票处多开售票窗口，减少旅客排队等候时间；延长售票时间，使旅客随时都能购票。妥善设置候车室、检票口、站内通道引导牌等，减少旅客进站上车的走行距离。列车上每节车厢保证开水及时供应等。满足旅客的方便心理要求，其要点是使旅客感到处处、事事、时时方便，节省时间，能够使事情顺利办成。

（4）经济心理。

经济心理表现在旅行需要的满足程度与所付出的费用和时间相比较，希望在一定的需要满足程度之下，所付出的费用和时间最少。但旅客在乘车旅行中对经济性的考虑，一般是将两个因素结合在一起：一是花钱的多少；二是由谁出钱，是自己还是报销。

（5）舒适心理。

随着经济的发展，人们生活水平的提高，旅客对旅行的舒适性的要求日益升高，对乘车环境、文化娱乐、饮食、休息睡眠等内容的要求相应提高。这种需要的强度和水平受多种因素影响，旅行时间的长短往往是起决定作用的因素。所以我们要确保设施设备的质量，并且多注意环境卫生，营造舒适的乘车环境。

（6）安静心理。

旅客出门旅行，离开家或工作场所，来到站、车与其他旅客一起旅行，一直处于动荡状态中。在嘈杂的环境中，尽量保持安宁，减少喧哗，动中求静，这是人之常情，是大多数旅客的共同心理需求，尤其是在人较多的候车室和车厢内，要求更为迫切。要保持旅客旅行中的安静环境，一方面旅客本身要约束自己，不要大声说话、喝酒猜拳、来回走动等。另一方面客运服务人员有责任加强对乘车环境的管理，积极地组织诱导和制止不利于安静的事件，避免旅客大声喧哗、吵闹，更要避免与旅客发生口角、争吵，影响旅客休息。

（7）受尊重的心理。

受尊重是人的正当需要。每一位旅客都希望自己的人格、习俗、信仰、愿望受到客运服务人员的尊重，能看到热情的笑脸，听到友善的话语，体验到铁路这个临时大家庭的温暖。一旦人格受到污辱，自尊心受到伤害，旅客便会产生反感，甚至可能导致双方的冲突。这样就会给铁路带来负面影响。

2. 旅客旅行各阶段心理需要的表现

在旅客旅行过程中，不同阶段，存在不同的心理活动和需求内容。为此，需要对每一阶段的心理活动进行分析，实施有针对性的服务，以保证旅客的要求得到满足。旅客乘车旅行的心理活动过程可划分为以下八个阶段：

1）旅客动机的产生

任何一种旅行都有它的动机，主要表现在出差、旅游或探亲等方面。在做出旅行决定时，旅客常常对旅行的各种情况进行综合分析，存在一定程度的旅行顾虑。

2）旅行交通工具的选择

当旅客决定旅行后，就会考虑旅行交通工具的选择。旅行交通工具有火车、汽车、飞机、轮船等。对旅行工具的选择受旅行动机、旅行者身份、旅行时间、旅行费用以及旅行工具的安全性、舒适性、方便性、服务质量等方面的影响。

3）购票

购票心理主要表现在两个方面：

（1）购票前的心理。

反映在对乘车线路、车次及始发终到时间、购票时间、购票地点、购票手续、车票紧张情况等旅行信息的了解方面。

（2）购票时心理。

反映在对旅行信息的进一步了解和掌握上。希望售票窗口按时售票，有良好的秩序，排队不需要太长时间，售票员服务热情，售票准确无误，能够买到符合个人要求的乘车日期、车次、到站、座别的车票。希望有预售、送票等多种服务项目。

4）前往车站

考虑从住地到达车站所需要的时间，以及市内交通工具的选择。旅客常常担心赶不上车，所以总要提前一段时间到达车站。

5）进入车站及上车

在车站等候上车时的心理活动表现为多种形式，主要反映为：能否顺利进入车站；希望办理物品托运的手续简单、迅速、准确；在一个地方一次能够办完所有托运手续，不必增加搬运次数；希望检票地点明显，能寻找到候车地点；希望候车场所清洁、温度适宜、空气清新、照明充足；各种揭示牌简明，广播明了、清楚等；信息不清楚时希望一次能够得到清楚、正确的回答，怕服务人员态度生硬，回答时不耐烦、不清楚等；候车旅客多时，担心进站拥挤，希望能按时、有秩序地排队检票进站上车；漏乘时能得到车站及时处理。

6）车上旅行

在车上，旅客的需要表现在物品及人身安全、环境舒适、饮食方便、旅行中的消遣、对目的地基本情况的预先了解等。对长距离旅行的旅客来讲，这些需要表现得更为明显。在硬座车厢内乘车，希望能够迅速找到座位，放置好物品。希望车内卫生、整洁、不拥挤，饮水、饮食方便，服务人员热情，能够提前通报到站，有一定的娱乐设施。在卧铺车内乘车，希望乘车环境清洁、安静，得到舒适的休息，旅行途中不被干扰。在餐车用餐，希望用餐方便，卫生可口，质量好，价格适宜。也希望能够送饮食到车厢或买到其他经济食品食用。在沿途大站站台上购物，希望能够买到当地土特产品和风味食品。列车到站前，能够得到站台方面的信息。

7）到站下车及出站

如果旅客到达目的地车站后，会考虑托运物品的提取、城市交通工具的选择、饮食、旅馆等方面的问题。希望能够有秩序、迅速出站；有亲友接站的旅客，希望能够很快见到迎接的亲友。

8）继续乘车旅行

旅客在到站做短暂的停留之后继续乘车旅行，需要解决中转签字或重新购票，以及在停留地的住宿、饮食等方面的问题。对于旅客的这些心理，我们应当多设置车票代售点，并且保证能有方便的交通到达车站，在车站及车上设置旅客投诉点，对于不满意的地方当场投诉当场处理。

3. 旅客旅行心理需要的规律性表现

旅客旅行需要，无论是在总体的表现，还是在各阶段的表现，都呈现一定的规律性，概括为以下三点：

1）需要的档次性

对于旅客来讲，在把乘车旅行的需要转变为行动前，总是先把需要水平定在一定的程度基础上。这样，在其行动时，就会出现两种情况：

（1）需要水平定得太高。

旅行条件不允许，需要不能得到实现。如果出现这种情况，旅客的期望受挫，旅客可能会产生两种反应，一是中止旅行；二是将需要水平降低，然后再看旅行条件是否允许。

（2）旅行条件能够满足需要水平的实现。

旅客旅行的行为能够进行下去。但旅行能够进行下去的同时，旅客的下一步需要水平也会相应地提高。因此，需要的满足，经历了由简单到复杂、低级到高级、物质到精神的发展过程，相互联系又呈现阶梯式上升。例如，旅客在对旅行条件分析的基础上，将车票需要水平定为硬座车票，如果到售票处很容易地买到了车票，这时他就可能想到如果能买到硬卧票多好；如果硬座票没有买到，而他又必须旅行，这时就会想到哪怕是有张无座票也行。

2）需要的强度性

旅行需要的强度受多种因素影响和制约，尤其是在旅行的目的、距离、时间以及服务人员的服务态度和质量等方面。

3）需要的主次性

在旅客旅行过程中，心理活动反映出的需要不是单一的，而是多种多样的。

各种需要之间并不是并列、不分主次的关系。在旅行的每个阶段总有一种或两种需要处于主导地位，其他需要处于从属地位。例如，乘车前，购票需要是第一位的，车票买不到，其他旅行的所有需要都不能成为现实；买到车票后，有关乘车安全等方面的需要则成为主导地位。所以，铁路工作者要掌握旅客心理活动规律性变化，为深入细致地做好服务工作创造条件。

4. 满足旅客旅行共性心理需要的心理服务措施

1）延伸性服务

（1）加强旅客运输服务信息的宣传与信息的咨询。

（2）做好与其他交通运输工具的协调配合。

（3）加强旅馆、餐饮业的组织和管理，满足旅客住宿、饮食方面的需要。

2）车站服务

（1）加强客运服务人员职业培训与管理，提高客运人员的管理水平。

（2）改进铁路车站的设计，增加购物、饮食、洗漱、卫生间、娱乐、休息等服务设施。

（3）采用先进的技术设备。

3）列车服务

（1）加强对列车工作人员的技能培训，提供满意的服务。

（2）改进列车的饮食供应，提供物美价廉的食品和饮料。

（3）从旅客列车车体的设计和运用方面考虑，提高车体座位的舒适性。

2.2.2.2 旅客旅行的个性心理与服务

旅行过程中的共性心理，是大多数旅客在旅行时普遍的、通常的心理要求。但对于每个旅客来说，由于自身条件、旅行条件、个人性格、爱好、观念的不同，又必然会有不同的心理要求，这是旅客旅行的个性心理需要。例如，学生的旅行心理，有的学生是好动不好静，有的学生却是好静不好动；买卧铺票的旅客有的希望买到下铺，而有的旅客却愿睡中铺甚至上铺。可见在旅客的共性心理需要中包含着个性心理需要，普遍规律中蕴藏着特殊性。旅客在旅行过程中，当旅行条件发生变化时，心理要求也会随着变化。旅行者的心理活动除受自身条件制约外，还受客观事物多变的影响。所以，旅客的个性心理与共性心理相比，是十分复杂的。客运服务人员在服务工作中，既要掌握旅客旅行的共性心理，又要探索和理解旅客的个性心理，如此才能避免服务工作的片面性和盲目性，才能做到更加主动、更有针对性地实现文明服务、礼貌待客。

由于广大旅客的个性心理复杂多变，客运服务人员要全部了解、掌握是极其困难的，而且也没有这种必要。但我们应该注意综合一些普遍、典型、有代表性的个性心理，以便在日常服务中能够了解旅客的心理，提供有针对性的服务。社会上的每一个人，都有可能成为旅客运输业的服务对象，从乘车旅行的角度，适当将市场细分，从研究每一类旅客的心理需要来了解这一类旅客旅行的个性心理需要，是有效地解决问题的出发点。下面用七种分类标准对旅客进行分类，分析每一类旅客的旅行心理。从某种意义上讲，这种通过分类获得的某一类旅客的心理，对全体旅客来讲，属于个性心理；但对该类旅客讲，却属于共性心理。

1. 根据旅客气质划分

旅客的气质，在整个旅行活动过程中会通过他们的言行表现出来。深入细致地观察旅客的言行，可以了解旅客的气质类型，从而可以有针对性地提供服务。

（1）急躁型旅客。

急躁型相当于胆汁质。急躁型旅客对人热情、感情外露、说话直率而快、言谈中表现自信，这种类型的旅客容易激动，通常喜欢与人争论问题，而且力求争赢。他们对服务的评价易走极端。他们在旅行中常常显得粗心，经常丢东西。在服务工作中，对急躁型旅客，言谈注意谦让，不要激怒他们，不要计较他们有时不顾后果的冲动言语，一旦出现矛盾，应当尽量回避。随时提醒他们别乱扔、乱放和丢失东西。并多站在他们的角度着想，多与他们沟通，让他们感到满意。

（2）活泼型旅客。

活泼型相当于多血质。活泼型旅客表现活泼好动，他们反应快，理解力强，显得聪明伶俐。他们动作敏捷、灵活、多变。旅行中他们对人热情大方，喜欢与人交往和聊天，喜欢打听各种新闻。他们情感外露，并且变化多端，经常处于愉快的心境之中。在服务工作中，对活泼型旅客，同他们交往，尽量满足他们爱交往、爱讲话的特点。旅行中服务人员应主动向他们介绍车站设施及娱乐场所，以及各地风光和特产，以满足他们喜欢活动的心理。

（3）稳重型旅客。

稳重型相当于黏液质。稳重型旅客平时表现安静，喜欢清静的环境。他们很少主动与人交往，交谈起来很少滔滔不绝和大声说笑，情感很少外露，使人猜不透他们想什么或需要什么。稳重型旅客自制能力很强，做事总是不慌不忙，力求稳妥，生活有固定的规律，很少打扰别人。他们反应慢，希望别人讲话慢些或重复几次，自己讲话也慢条斯理，显得深思熟虑。他们的注意力比较稳定，对新环境不易适应，但一旦适应了又对乘坐过的列车或打过交道的服务人员产生留恋之感。在服务工作中，对稳重型旅客介绍或交代事情时，应当注意讲话的速度，重点适当重复一下。一般情况不要过多地与他们交谈。如有交谈，尽量简单明了，不要滔滔不绝，以免他们反感。

（4）忧郁型旅客。

忧郁型旅客相当于抑郁质。忧郁型旅客感情很少向外流露，心里有事一般不愿对别人讲。旅行中表现性情孤僻、不合群、沉默寡言，不喜欢在公共场合与人交往和聊天。这类旅客对事情体验深刻，自尊心强，很敏感，好猜疑，想象丰富。他们在遇到困难或挫折时，会表现得非常痛苦，如丢失东西，身体有病或与人发生纠纷后会长时间不能平静。他们行动迟缓、反应慢。在服务工作中，对忧郁型旅客应当十分尊重，对他们讲话要清楚明了，和蔼可亲。尽量少在他们面前谈话，绝对不要与他们开玩笑，以免产生误会和猜疑。当他们遗失物品、生病时，应当特别关心和给予帮助，想办法安慰他们，使其感到温暖。

2. 根据旅客职业划分

（1）工人。

工人组织性、纪律性较强，在旅行时对旅行条件一般要求不高，比较重视旅行费用的高低。私人旅行希望少花钱，公差旅行希望能获得旅行补贴。因此，能有个座、吃上饭、喝上水就行。没有座位也能克服。工人旅客在旅行中一般都能自觉地遵守铁路的有关规定，维护站、车秩序，并能积极协助和支持客运服务人员工作。

（2）农民。

我国农民人数较多。随着经济的发展，农村改革与农民生活水平的提高，以及思想观念的变化，农民乘车旅行的次数和人数在增多。农民出门乘车旅行比较突出的特点主要表现在两个方面：① 出门携带物品多；② 强调乘车的经济性，尽量减少旅途费用。根据其旅行的特点，突出的个性心理活动是个“怕”字，怕事、怕别人询问、怕买不到车票、怕上不了车、怕坐过站。想问但犹豫不决，不敢问。有些农民旅客听不懂站、车广播，听不清广播术语，不明白揭示的内容。所以，客运服务人员应多掌握和理解农民旅客的个性心理，主动、热情地为他们服务。

（3）军人。

一般来讲，现役军人具有较强的纪律性、自觉性和组织性，能够主动维护站、车秩序，支持服务人员的工作。军人旅客在旅行中的顺畅心理表现得很明显，一旦发生问题，不希望在大庭广众之下处理。单独旅行希望能买到预想的车票，能有个候车的地方。较注重文化生活，希望能听到新闻广播，看到书报。携带枪支文件的军人，希望在站、车上不发生意外。

（4）干部。

干部大多具有一定的旅行知识，他们突出地表现出方便和顺畅的心理需要。希望买到预想的车票，担心列车晚点，打乱旅行计划。喜欢有个整洁、卫生的乘车旅行环境，吃到经济可口的饭菜等。他们很注意客运服务人员的服务态度、服务作风、服务水平，十分关心旅客运输工作，常愿意提出意见和建议。

（5）学生。

学生处于青少年时期，精力充沛，思想活跃。在乘车旅行中，乘车心切，急于想到目的地，总是尽量减少在车站的滞留及等待乘车的时间，买到车票有座即可。旅行中的心理行为表现在喜欢聚集成群，好奇、好动；喜欢说笑、娱乐、热闹；爱看书、串座、串车厢；到站喜欢下车散步买东西；夜间乘车横躺竖卧；饮食不讲究，经济实惠即可。客运服务人员对他们的行为应礼貌地多给予提示，以免影响别人，或给自己增添麻烦。

（6）自由职业者。

随经济的发展，行业不断增多，为人们提供了更多可选择的职业。在旅客运输中，自由职业者人数也不断增加，这部分旅客给运输服务业提出了新的要求。自由职业者大体上可分为三种：

① 经济条件优越，旅行常识比较丰富的自由职业旅客。由于经济条件优越，个人经历和阅历比较丰富，在与他人交往中常以自我为中心，随心所欲，讲究行为的长远效果。这部分旅客的乘车旅行共同的个性心理是追求旅行的舒适性，不注重旅行费用，如有软卧，不乘硬

卧；有特快，不乘直快；有餐车供应饮食，不自己携带食物等。这部分旅客一般喜欢与同行的其他旅客聊天，或与客运服务人员聊天，联络感情。

② 从事长途商业贩运的自由职业者。这部分旅客流动性较大，结构复杂。一般情况下，他们携带的物品或资金较多，共同的旅行心理是既怕有人找他们的麻烦，又想在旅行中取巧，获得一定的利益。对大多数正常经营的长途商业贩运的自由职业者，应该热情、礼貌地为他们服务。

③ 去外埠做工的自由职业者。这部分旅客大多数属于青年农民。其中有的外出多年，有一定的旅行常识，有的初次离家外出，缺乏旅行常识。他们在乘车旅行的过程中，比较突出的心理活动表现在要求旅行的顺畅上。一般不计较旅行的条件，只要能够买到车票、乘上车、顺利到达目的地即可，其他都是次要的问题，少许困难自己可以克服。客运服务人员对这部分旅客，应该体谅他们的旅行心理，从购票、候车、乘车旅行、出站等方面提供使其满意的服务，不能因为他们不提或少提要求，而忽略了对他们需要的满足。

（7）其他旅客。

除上述按职业进行划分而谈到的旅客种类外，还有其他种类的旅客。如港澳台同胞、侨胞、外宾、城市居民、无职业者等各阶层人士，每一类旅客在乘车旅行中有一些共同的个性心理需要。通过分析这些共同的需要，可以有针对性地为他们提供服务，从而提高服务水平，创造好的社会效益和经济效益。

3. 根据旅行目的划分

旅客出门旅行，虽然有些人职业相同，但因旅行目的不同，其心理状态也会存在差异。同时，虽然职业不同，但旅行目的相同，也会有相同的心理活动表现。

（1）出差。

出差旅客共同的个性心理要求是旅行条件能好些，希望能够买到卧铺；乘坐较快、较好的列车；换乘车次受出差的目的地制约，时间性强，怕晚点；饮食要求经济实惠；在旅途中喜欢站、车清洁有序；爱看书、听广播，几个人聊天或玩扑克；比较关心旅客运输服务工作的改进和工作人员服务态度等方面的变化。

（2）旅游。

随着人民生活水平的提高，以出门旅游为目的的旅客将越来越多。他们的共同的个性心理是盼望顺畅、便利，能够玩得愉快、高兴。但长途和短途旅游的旅客又有不同的心理状态。

① 长途旅游的旅客。因旅行距离长，对旅行条件要求较高，希望能够购买到预想的车次、车票种类，在站、车上休息好，希望能够多看到、听到沿途的风光和介绍，了解旅游景点的信息等。

② 短途旅游的旅客。多数利用双休日、节假日到近郊名胜、海滨、集市等去进行一两天的短距离旅游，所以时间观念强，乘车要求条件不高，只要能够上车，车内拥挤一些也可以，希望夕发朝至、朝发夕归列车，不超过计划的旅行时间。

（3）探亲访友。

这部分旅客从事各种职业，在全部旅客中占有一定的比例，尤其是在重要节日或较长时间假日期间，这类旅客人数较多。探亲访友旅客共同的个性心理表现在旅客出门最基本的平安、顺畅、便利、安静等方面。

（4）治病就医。

乘车到外地就医，患者和陪同的家属心情都很沉重，一般有三种情况：

① 重病患者。因存在生命危险，希望旅客运输部门给予方便、照顾。病人不离开担架，且担架放置平衡，陪护人员能够在病人身边，随时照顾病人。到站后能够迅速出站，前往医院。

② 病情不严重者。病情不严重者，有的有人陪同，有的无人陪同，一般能够自己照顾自己，但存在行动困难，希望得到照顾，能有一个坐、卧的地方，有餐、茶供应，万一病情严重，能够得到站、车的应急处理。

③ 行动不便的残疾人。残疾病人外出，往往希望在进出站、上下车时能够得到牵引扶持，在车站内、列车上能坐、卧，在饮食方面能够获得多方照顾。

（5）通勤通学。

这部分旅客每天要两次乘坐交通工具，乘车经验丰富，对车站、列车到开时间非常了解，时间观念强，往往按点上车，到站又急于下车；有些人常自认为情况熟、环境熟，有“应变”能力，图方便、好侥幸，忽略站、车的规定，于是违章违纪。客运服务人员要理解他们长期通勤通学，早出晚归的困难，对他们积极引导，多同情、少强制，多服务、少指责，尽量为他们创造一些方便的旅行条件。旅客运输部门还可以和厂矿、学校签订协议、共同对通勤、通学人员的乘车问题进行管理，一起维护站、车秩序。

（6）旅行结婚。

随着经济的发展，人民生活水平的提高，生活观念也发生了变化，越来越多的青年人喜欢采取旅行结婚的方式。结婚是一件愉快、高兴的事，常常图吉利、求顺畅、讲阔气。在旅行中，一般追求安静、舒适的乘车环境，不希望有他人干扰或影响他们正常、安静的旅行生活。对此实行礼貌、适当的服务显得很必要，而对他们过分的亲昵动作，有碍观瞻时，客运服务人员要正确理解，婉言相劝，不要进行不礼貌的干涉。

（7）其他。

除上述旅行目的以外，还有疗养、参加体育活动等多种旅行目的。其共性的心理和相近目的的旅行者大致相同。

4. 根据旅行行程划分

旅客因旅行行程不同，存在心理需要的差异。前面对长、短途旅客的心理状态进行了分析，下面从铁路运输部门按照旅行行程对旅客的分类，分析旅客所具有的个性心理。

（1）长途旅客。

长途旅客指乘车时间在 12 小时以上的旅客。长途旅客一般要求能够买到直通车票、卧铺票，希望用餐、饮水供应方便，喜欢看书报、聊天或进行一些娱乐活动消磨乘车时间，以消除长途旅行中的疲劳和寂寞。

（2）短途旅客。

因乘车距离较近，旅行条件较差也能够克服。短途旅客大部分在中间站上下车，进出站的共同心理是图方便，喜欢横越线路，甚至在站内任意通行。因此，客运服务人员应对短途旅客的旅行安全或无票乘车现象多加注意，需要从车站进出站口设置、旅客进出站组织引导等方面入手，加强管理工作。

（3）市郊旅客。

市郊旅客是来往于城市近郊或邻近城镇之间的旅客，通勤通学是市郊旅客中的一种。这部分旅客乘坐火车，就如同乘坐市内其他交通工具一样，希望随时买票，随时上车；没有座位，站一会儿，乘车时习惯站在车门处，到站时急于出站，越方便越好。他们来去匆匆，没有什么要求。客运服务人员提供服务时，说话礼貌就可以使他们满意。

5. 根据旅行情况划分

（1）没有买到车票，却又想乘车的旅客。这些旅客想方设法争取上车。客运服务人员应理解他们的心情，了解这些旅客急于上车的原因，如确有急事，应采取灵活机动方法，允许上车后补票。

（2）上错车、坐过站、下错车、中途漏乘的旅客。旅客在旅行中发生这方面的失误，旅客本身有一定的责任。但这些情况也反映旅客运输服务中出现的一些问题，服务做得不周到、不细致。在发生此类情况后，旅客心情焦虑、慌乱，希望客运服务人员帮助妥善安排。客运服务人员应一面安慰，稳定情绪，一面积极想办法帮助解决，防止发生其他意外。

（3）严重超员列车中的旅客。列车严重超员会带来许多问题。例如车厢内拥挤、旅客无座席、空气不流通、闷热、有异味等。这种情况下旅客有怨气、心情烦躁，旅行时间越长表现得越明显。这时，应注意站内的环境，尤其是保持适当的通风和适宜的温度，做好对旅客的组织，使车内秩序良好。

（4）携带危险品进站上车的旅客。携带危险品进站上车有两种情形：

① 不知自己所携带物品为危险品而误带上车，看到、听到严禁旅客携带危险品进站上车的宣传后，犹豫不决，不知如何处理。

② 旅客有意将危险品携带上车，他们担心被查出，对客运服务人员有害怕心理。客运服务人员对那些在乘车时表现犹豫、徘徊、坐立不安的旅客，应主动观察和询问，既可以查出危险品，防止意外事件发生，又可以了解到其他情况，提供适当的服务。

（5）丢失财物的旅客。旅客丢失财物后，表现出着急、焦虑、埋怨、后悔、心情沉重、不知所措等心理活动和行为。客运服务人员要对丢失财物的旅客进行安慰，注意旅客的动态，防止发生意外；同时积极配合公安人员寻找、破案。

（6）无票乘车或携带物品超重的旅客。在旅客中，常会出现买短途票乘坐长途车、买站台票乘车、不买票乘车、借用公用乘车证乘车、越席乘车、持无效票乘车、携带超重物品乘车等情况。对待存在上述问题的旅客，要分析问题产生的原因，判断是属于有意识还是无意识的行为。如果属于有意识行为，这些旅客常表现为心理惊恐不安，怕被发现。客运服务人员应坚持原则，按章办事，在处理中注意态度。

（7）对旅行条件不满意的旅客。在旅客旅行过程中，总会出现一些对旅行条件不满意的情况，如未购买到预想的车票、托运行包受到限制、餐车用餐时对饮食或服务不满意等。在这种情况下，常表现出埋怨、气愤、不满情绪。对此，客运服务人员一方面要检查自己工作中存在的问题，采取适当的方法改进；另一方面应耐心解释，争取得到旅客的谅解。

（8）遇到意外事件的旅客。意外事件可能由两方面原因造成：一是旅客原因造成的意外事件；二是旅客运输服务部门的原因造成的意外事件。意外事件如发生列车事故，会影响旅客正常旅行，甚至威胁到旅行安全。这时，旅客焦虑不安，心情烦躁，希望运输部门尽快排除险情，恢复列车运行。客运服务人员应沉着、冷静，稳定旅客情绪，积极妥善处理。

（9）临时患病的旅客。旅行中生急病或女性旅客突然分娩，本身痛苦、着急、忧虑，急盼工作人员帮助，这时客运服务人员要为其寻医送药，妥善处置，有条件时允许在较大车站下车送医院处置。

2.2.2.3　旅客旅行的群体心理与服务

1. 旅客群体的特点

旅客在旅客运输服务部门内停留的时间多者几十个小时，少者十几分钟，旅客流动性比较大，人与人之间很少有思想交流，即使人与人之间有一些交流，也只是一般的聊天，不涉及思想深处的感受。因此，旅客群体有其独特的特点。

（1）松散大群体。旅客群体是松散大群体，没有形成统一的规范制约人的行为。在这一群体中，人们受社会舆论、道德和观念的制约，起作用的是公平感、正义感，当遇到涉及部分或全体旅客利益的事情时，才会形成一致的统一的行为。

例如，当客运服务人员与某一旅客发生摩擦时，如果客运服务人员一直保持和蔼、礼貌的态度，对于周围不知产生摩擦原因的其他旅客，他们有的可能站在该旅客的一方，有的可能站在客运服务人员一方，有的可能保持沉默不表态；但如果客运服务人员的态度比较强硬，不礼貌，则会造成周围的大多数旅客站在该旅客一方，联合起来对该客运服务人员进行批评、指责。因为，这时他们把该旅客所处的位置与自己进行了调换，即如果自己是那位旅客，遇到客运服务人员这样的态度，这是自己所不希望的，同情心及正义感使其他旅客结合在了一起。

（2）紧密小群体。在旅客大群体中存在一些相识或结伴同行的几位旅客所组成的小群体，尤其是一些旅行团体在一起旅行。由于相识，他们在日常生活之中有一定的思想交流，在旅行中，他们之间的感情要比与不相识的旅客之间感情深得多，因此，在旅行中他们成为行为一致的群体，尤其是他们其中的某位与其他旅客或与客运服务人员发生摩擦时，他们更加表现态度与行为的一致性。

2. 对群体旅客心理的服务

（1）加强对紧密小群体的关注。

由于相同的旅行目的，紧密小群体内的各成员具有相同的言行，他们同行、同住、同食。因此，加强团体售票、团体候车、团体上车的工作，尽量使小群体成员在站、车内都能在一起；避免与小群体内部人员发生争执，在他们中有人提出不合理的要求时，尽可能和蔼、礼貌地给予解释和说明；在遇到严重问题又必须解决时，在公正而讲道理的基础上，给予严肃处理。在列车上发生问题，如果车上不能解决，则在车站解决；如果在车站内发生问题，尽量把他们与其他旅客分离开，这样可以避免对其他旅客产生不良影响，使问题得以有效处理。

（2）用亲切、和蔼、礼貌的态度为大群体服务。

由于大群体的一致行为往往是在旅客与旅客之间或旅客与客运服务人员之间发生冲突时产生。因此，亲切、和蔼、礼貌的态度可以为旅客造成一个轻松、愉快的乘车旅行环境气氛，可以避免一些冲突的发生。客运服务人员一定要加强自身的修养，避免与旅客发生冲突。对旅客大群体的服务，要从旅客共性心理需要和旅客个性心理需要两方面提供相应的服务。在解决旅客中的问题时，最好的办法是利用旅客群体内部的相互制约关系。例如，某位旅客吸烟，客运服务人员去制止，在语言的运用上，不是我如何让你做什么，而是你的行为会影响其他旅客的健康。这样就能将旅客和客运服务人员之间的关系转变为旅客之间的关系，会起到约束作用，也有利于问题的解决。

2.2.3 知识拓展

关注旅客服务心理需求，提高服务质量

1. 树立全心全意为旅客的服务理念

旅客是运输企业最宝贵的资源，要把追求旅客的感动看成运输企业永远的奋斗目标。客运人员一定要把旅客看成亲人，所有工作都需要以旅客为中心展开，以他们满意为目标；要把旅客看成是朋友，要用真诚热情换来旅客的真挚情感；要把旅客看成是自己，将心比心，真正设身处地为旅客着想。

2. 加强学习，提高理论素养

客运人员一定要加强理论知识学习，不仅要学习掌握与运输企业有关的法律法规、规章制度、服务方法；还要学习各种自然科学、社会科学方面的知识，开阔眼界、扩大视野；更要学习有关心理学方面的基本原理、基本规律。把所学的理论与具体工作实际相结合，用理论来指导实践。这样既加强了自己的理论基础和人格素养，又有利于提高服务水平和工作能力。

3. 结合实际细心观察、反复实践

从旅客所持车票了解是长途还是短途，是始发还是中转；观察旅客的外表、服饰、携带品，可以看出旅客的职业、民族、旅行目的；从旅客的外貌、动作，识别年龄、身体状况，判断是否患重病；从旅客的表情、神态分析其心理活动动机，比如有的旅客坐卧不安、心慌意乱、精神紧张，就可以判断该旅客可能遇到了麻烦或有了违章行为；还可以通过与旅客沟通交谈，了解旅客的性格、情绪、对运输企业有哪些意见和需求等。

总之，在日益激烈的竞争中，铁路旅客运输企业要想站稳市场，立于不败之地，仅靠现代的设施、设备和热情、主动的服务还远远不够，还必须根据旅客的心理需要，提供有针对性的个性化的服务。而了解掌握旅客心理特点和心理需求的方法很多，需要客运服务工作者，在实践中不断学习，反复揣摩，长期积累。

4. 变管理旅客为服务旅客

把过去那种管理旅客的职能和一系列“不准”的硬性要求，换成亲情、和善的提示，充分体现“以人为本、活动自由、休息充分、人格化、特殊化服务”的要求。把“你好，我们很乐意为你服务”经常放在嘴上，时刻提醒自己工作的出发点是服务，而不是一个滥用职权的“管理者”。要把自己放低些，把旅客看作我们应该尽心尽力服务、予以关心帮助的对象。

5. 转变观念，让旅客满意

转变过去那种认为“服务工作不怕旅客不满意，就怕领导不认可”的错误观念，把尊重旅客人格、研究旅客需求、赢得旅客满意作为衡量工作的标尺。一切以旅客的满意度为自己的工作准则，尽自己最大的努力让旅客满意。

6. 尽职尽责，让每个旅客满意

对每一名旅客都要做到用心去服务，根据他们的需求心理，提出个性化、特殊性服务标准，达到旅客人人满意。要实现这样的目标，首先我们要深入了解旅客的个性特点以及实际需求。对于旅客提出的合理的、有实现可能的要求，我们要竭尽所能地满足。对于不合理的甚至有些过分的要求，我们要和提出要求的旅客进行沟通，讲明要求的不切实际性和我们为之做的努力，尽量争取旅客的理解和满意。

7. 改变传统服务方式

不断改进服务内容和方式，提高旅客满意率。旅客的人数众多，可以分成多种类型。正因为如此，他们的需求也是各不相同的，多种多样的。尤其随着时代的发展，需求也在发生着日新月异的变化。传统的旅客或许只满足于火车能代步，到达步行无法或很难到达的目的地，他们对于火车上的环境的舒适度、服务的周到程度没有过多的要求。而现在的旅客对服务的种类和方式要求越来越高，所以我们必须通过不断实践，反复思考，努力创新，来满足他们以及市场的需求。

2.2.4 相关案例

案例 2-1 温馨服务让旅客尽享旅行之美

“五一小长假”正值春夏之交，天气温暖清爽，草木欣欣向荣，正是一年中人们外出旅行难得的好时节。今年“五一小长假”，铁路又迎来了客流高峰。为了让广大旅客走得更好、玩得更快乐，铁路部门大力实施“三个出行”常态化措施，倾心打造客运服务品牌，以温馨的服务为旅客外出旅行增色添美。

温馨服务从这里开始。为了确保广大旅客顺畅进站上车，铁路部门启动大客流应急预案，强化客运服务基础保障，组织机关人员成立突击队，开展青年志愿者服务，做好重点旅客帮扶，在自助取票厅加派人员，开辟晚到旅客、急客进站通道，方便旅客进站乘车。在候车室的书吧内放有儿童读物，方便带小孩的旅客照顾孩子，旅客还可以在候车室内使用免费的WIFI进行上网，用车站提供的充电宝给手机充电。同时，铁路部门还利用微博、微信等新兴媒体平台实时发布余票、乘车提示等信息，方便旅客获取出行新闻。

品牌助力旅客出行。五一期间，铁路部门注重打造品牌工程、品牌线路和品牌服务项目，如西安站全力打造了“丝路缘”亲情服务品牌，北京站打造了“素萍服务室”，这些服务品牌为广大旅客提供了贴心亲情服务，展示了铁路部门的良好形象。

优质服务是铁路的实力，也是铁路的品牌。如何能为广大旅客提供更为方便、温馨、快捷、人文化的服务，是铁路一成不变的追求，也是铁路人工作的目标和梦想。近几年来，中国铁路在不断创新中谋求发展，从公司化运作到铁路货运组织改革的敞开受理、“一口价”收费，再到春运“安全出行、方便出行、温馨出行”的目标，铁路正在呈现给社会全新的形象。铁路安全、准时、高速运营的内部管理文化正在向和谐、亲切、舒适的外部服务文化延伸，站车文化也正在由管理向服务转变，由用手服务向用心服务转变，优质服务变成了铁路的一种资源、动力和品牌，这些资源最终受益者是我们广大旅客。

（资料来源：财经中国网）

案例 2-2　铁路部门“刚柔相济”　温暖回家路

1 月 27 日，温州火车站客运作业长赵海云描述了在春运首日见到的“一名想回家的男人在火车站三次哭泣”的故事。

1 月 24 日下午 2 时许，车站值班员在站外巡查时发现一名成年男人在火车站广场大哭。他穿着单衣，双手发黑，像是刚在哪里干完活。

值班员上前与男子攀谈，男子停止哭泣说，哭是因为刚被验票的工作人员三次拒绝进站，回不了家。

其实，验票人员的拒绝是合理的，因为温州火车站实行实名制进站，要人、证、票一致方可进站上车。而该男子根本就没有票。

男子说，当天他先来到一个进站口，想跟着人群混进去，结果被查出来了。

几分钟后，他又到另一个进站口，还是被查出来。又过了一会儿，他又去了第三个检票口，结果还是被拒。验票人员每次都提醒他：要有票才行。

你为什么不买票？听到这个问题，男子又开始流泪，说起苦衷。

他说自己姓王，河南人，在温州打工，老婆和孩子在老家。在温一年，他没回家看过家人。前些日子，他得知孩子要在 1 月 25 日做眼部手术，就决定在 24 日回老家。

可是，他面临的情况是之前在工地上忙到没时间出来买票。再则，工作没完成，老板不给结算工资，他手头也没有富余的钱买票。

24日，老板得知他的情况后，同意他提早回家，并把工资给了他。他高兴地跑到温州火车站售票大厅，却被告知已经没有票了。他蒙了，实在想不出其他方法，这才动起了混进车站的“歪脑筋”。

“我想回家，能不能让我上车，随便到哪里，我想办法转车也行。”他哭着向值班员重复着这句话。

了解核实男子情况后，值班员通过申请，启用了温州火车站“爱心”通道，将男子安排到当天下午温州开往商丘的列车上。

在车站里，踏上回家列车的男子，第三次哭了。

生活就像一场永不落幕的舞台剧，永远充满着意料之外的情景。前几天的“世纪寒潮”让全国大部分人体验了寒风刺骨，而此次男子走上“爱心”通道顺利回家事件，却温暖了我们寒冷的冬季。春运回家路上，“人在囧途”并不是永恒的“主旋律”。

男子的第一次哭泣，是三次无票进站被阻，无奈的哭泣，引来了车站人员上前了解情况。男子的第二次哭泣，是诉说悲惨，感伤的哭泣，使得车站人员核实情况走上“爱心”通道。男子的第三次哭泣，是顺利踏上回家列车，感激的哭泣。男儿有泪不轻弹，只是未到伤心处。“一名想回家的男人在火车站三次哭泣”的故事，让我们异常感伤，但铁路部门的种种举动却让我们看到了满满的正能量。

回家过年是件高兴喜庆的事，不应该让买不到火车票成为堵住回家路的绊脚石。面对和男子一样不会借助网络或者忙于生计没有时间购票的外来务工人员，一方面，政府应运用合理方式为他们开启“爱心”通道，在售票时设置专门的农民工购票窗口；另一方面，企业老板也应充分理解外来务工人员春节回家购票难的处境，给其一些时间出去提前购买车票，避免因买不到票回家难的情况发生。同时，外来务工人员自己也应利用平时的业余时间对网络等高科技加以学习，毕竟学会网上购票对自己出行是有很大好处的。

（资料来源：宣讲家网）

项目训练

【训练目的】

通过情景模拟了解旅客的个性心理活动，并对旅客提供优质的服务。

【训练内容】

两人一组分角色扮演，一人扮演旅客，另一人扮演服务人员。旅客必须自选身份并要表现该身份的特点，服务人员根据旅客的身份、自身条件、旅行条件、个人性格、爱好等特征为其提供满意的服务。

【考核标准】

教师评分，评分为百分制（10分一个等级，如100，90，80……）。

表 2-2　项目训练评分表

序号	项　目	权重/%	得　分
1	表演是否符合自身身份特点	40	
2	表演是否准确到位	40	
3	参与是否积极主动	20	
合　计			

复习思考题

1. 影响旅客旅行心理活动的因素有哪些？
2. 满足旅客旅行共性心理需要的心理服务措施有哪些？
3. 旅客群体有几种类型，各有什么特点？

2.3　客运服务主要岗位服务心理与策略

2.3.1　客运服务

1. 客运服务理念（图 2-1）

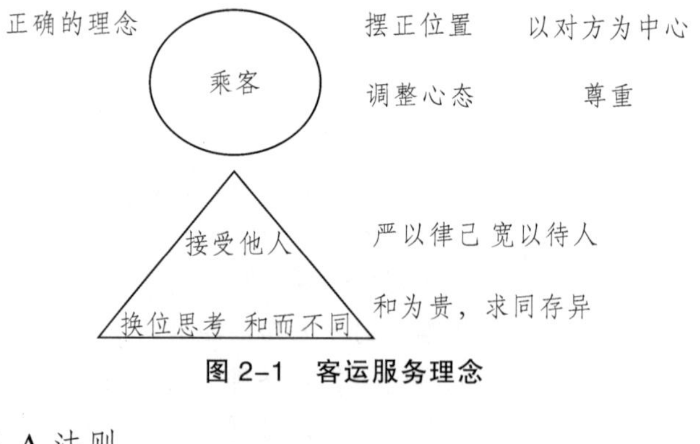

图 2-1　客运服务理念

2. 客运服务三 A 法则

（1）Accept（接受）——接受旅客，热情相迎，一视同仁。

（2）Appreciate（重视）——重视旅客，认真对待旅客，主动关心旅客（牢记服务对象的姓名，善用旅客的尊称，倾听旅客的要求）。

（3）Admire（赞美）——赞美旅客。获得他人的赞美，就是对自己最大的欣赏和肯定。但要适可而止、实事求是、恰如其分。

3. 客运服务策略

（1）为旅客提供畅通无阻和安全高效的旅程，并不断发掘改善的空间，提升包括车站设施和环境在内的整体服务水平。

（2）根据旅客的要求，不断改善及提升相关服务水平，为他们的旅程提供增值服务。

（3）吸收并借鉴同行业中的精华，完善自身管理，提高整体的旅客满意度。

2.3.2 铁路客运服务主要岗位的需要及服务

乘车时，旅客通常会有这样的感受：从购票、进站、候车、检票、上车、途中、下车直至出站，整个旅途几乎每个过程均有客运服务人员陪伴，由此可见铁路客运服务系统岗位较多，为将各主要岗位的服务心理与策略阐述清楚，下面将从车站服务和列车服务两个方面对各关键岗位的需要及服务进行描述。

1. 车站客运关键岗位的需要及服务

1）售票员的岗位需要及服务

一般来说，官方火车票售卖的方式有三种：网上购票、电话订票和车站售票。网上购票基本未涉及服务人员的服务，电话订票则是与旅客不见面的交流沟通，而车站售票处则是旅客与铁路部门第一次面对面的沟通，也是铁路部门服务质量的形象窗口。旅客来到售票处也有不同的服务需要，可能需要办理购票、改签、退票等业务。

（1）热情礼貌，耐心细致，服务周到。

无论旅客的年龄、外貌、穿着和职业，售票员都应对旅客在服务上热情、礼貌、耐心、周到，面带微笑，心态平和，话语声调要尊敬得体，问答之间要耐心细致。在认真、细致、规范服务的基础上，尽可能地为旅客着想，增加旅客的认可和满意度。

值得注意的是，现在随着网络通信的发展，网络或电话购票方式已流行，而在售票处排队买票的人群往往是一些上了年纪、文化程度低的群体，他们可能一大清早一大家子大包小包地就来排队，只为一张车票哪怕是无座票，他们可能讲不好普通话，可能表达不清楚他们买票的期望。对于这样的旅客，售票员更应该热情耐心地提供服务。

（2）仔细认真，切勿急躁，确保工作无误。

售票员要对本职工作非常熟悉，并着眼细节，无惧烦琐，工作中严格执行作业标准，尽量避免失误。售票作业严格执行“六字”售票法，做到唱收唱付，速度快、售票准、态度好，服务用语标准，做到“七不准”；改签作业执行“七字”签证法，始发签证只允许改签日期、车次、席别，遵循多退少补原则。通票在有效期内中转签证随原票有效，多不退少补；退票作业执行“五字”退票法，仔细查看票面日期、车次、购票地车站、票面发站、票价、有效期，有无“㊔”字戳记及“禁退”字样，发现问题要问清车票来历、票价及退票原因，做到唱收唱付、速度快、退票准，态度好；不退过期失效票、假票；不退盖有“㊐”字戳记车票，不退“禁退”车票，妥善保管已退车票。

由于中国汉字的特殊化，音同字不同、谐音字、方音字等因素，往往稍一疏忽就会造成错误，因此，售票员工作中，一定要认真仔细，问清旅客乘车日期、车次、到发站、席别、票种、张数。与旅客核对乘车日期、车次、选择发到站（异地乘车站）、票种、数量及席别，以防出错。与旅客进行现金交易时，一定认真检验钞票真伪，否则一旦出现伪钞，则自行承担损失，会影响工作情绪和积极性。在客流高峰期，也要保持平和的心态应对排队队伍，不急不躁，不缓不慢，不因旅客的过激语言而影响工作，否则容易造成失误。

2）安检员的岗位需要及服务

“请自觉将行李放进安检仪……”在各个火车站候车大厅的门口，总能听到这样的声音。这样的声音或许并不悦耳，或许早已被旅客听腻，但却是安检员每天都要重复成百上千遍的话。对于旅客乘车安全来说，安检环节非常重要。安检工作看似简单，实则不易，安检员需具备一定的心理素质。

（1）不厌其烦，严格检查，准确判断。

安检工作比较枯燥，主要负责对进站旅客行包及携带货物进行“三品”（易燃、易爆、有毒危险物品；危险品如：鞭炮、液化气、香蕉水、炸药、雷管、匕首等）检查，做到不漏检、漏查、漏登。必要时有权会同当事人开包检查，将危险品堵在站外、车下。

火车站客流密集，安检仪连续不断地运转，扫描着旅客携带的行李物品，安检员必须耐得住枯燥，不间断地盯着安检仪屏幕，并根据扫描后屏幕中显示出的图案颜色，在短时间内判断出旅客是否携带危险品。安检员应不厌其烦，熟练掌握“三品”的性能和特征，准确判断、辨认“三品”机中显示的违禁物品图案，了解违禁品的化学成分、特征及特性，发现危情随时可根据特性做出应急的解救措施。正确区分易燃、易爆、有毒危险物品，对已确认的“三品”要做好收缴、劝退工作。

（2）不惧无理乘客，并巧妙应对。

进站时也常会遇到个别旅客不配合安检，有时甚至对工作人员恶语相向，这些情况下，安检员不应向旅客妥协，应耐心劝解，说明安检工作的出发点是为了保障旅客安全，即使受到旅客言语上的攻击，也不应跟旅客对骂，应巧妙应对，避免与旅客发生冲突。

如有旅客不肯把行李、包裹过安检，被安检员拦在门外而耽误了行程，旅客不理解，责骂工作人员还要求赔偿，说明这名旅客根本就不懂安检的必要性，安全意识极其薄弱。车站在进站口实行安全检查，目的是把安全隐患在进站前就排除，避免旅客把危险品带进站、带上车。倘若带进站，火车站是个相对封闭的场合，人又多，出现险情会来不及疏散；要是带上车，后果更不堪设想。很多时候旅客们都觉得自己没带危险物品，而且大包小包拿上拿下也不方便，就不屑去检查，更不屑工作人员的阻拦，但工作人员可不能就此作罢，任其不过安检。安检员应侧面进行劝解。换个角度想，作为一名旅客，因某名旅客的无知与无意带了危险品而不屑于检查，然后带进站、带上车，就在你旁边，恐惧感会不会油然而生呢？

安检员工作中一定要严格检查，认真执行作业标准，发现可疑物品时，工作人员有权会同当事人开包检查，开包检查时要从上到下，对旅客物品轻拿轻放，不得损坏、丢失旅客物品；排除可疑物品后，要安抚旅客并做好群众安全宣传工作，发现问题时立即收缴违禁品，认真做好登记工作备查；对查堵到的“三品” 做好检查、处理、上缴工作，对携带物品的旅客开具收缴暂扣单，并向旅客做好解释宣传工作，收缴暂扣的物品逐一登记在册，不得徇私情，不得将收缴物品占为己有。每月将所收物品分类汇总，月底集中统一上交安保科，由安保科交公安部门处理，做好交接签字登记备查工作。

3）候车室客运员的岗位需要及服务

在候车室里，客运员要巡视候车室，做好卫生、禁烟宣传，保持候车区域环境卫生；检查设备设施使用、饮用水供应、保洁质量等情况，发现问题及时处理；做好候车区旅客服务，对重点旅客重点照顾；解答旅客问询，听取旅客意见，接受旅客监督。客运员应营造舒适的候车环境，若列车晚点或异常时要学会换位思考，安抚旅客情绪。

（1）营造良好候车环境，严格执行作业标准。

旅客在候车的时候，由于候车心切，容易产生错觉，实际只等了五分钟，但在旅客心里感觉已经等了很久，会出现一些不耐烦的心理或焦躁的情绪。所以，候车室要提供良好的候车环境，作为候车室客运员，首先要习惯候车室氛围，做好进站验票工作，按规定执行实名制车票验证，引导旅客有序候车；杜绝无票人员（车站同意上车补票的除外）及闲杂人员进站，检查检票车次信息，做好安全宣传，通报检票车次、开车时间、列车停靠站台。组织旅客排队检票进站，按车站规定时间停止检票，及时关闭进站通道，并做好天桥（地道）和站台的呼唤应答，加强沿途防护。服务用语规范，做到“四勤”，落实“首问首诉”负责制，全面服务做到“三要四心五主动”；对重点旅客做到“三知”“三有”，尊重旅客的风俗习惯和宗教信仰；按规定时间检票，不晚检、不早停。检票做到：先重点、后团体、再一般旅客，执行“一确认、二下剪”制度。

（2）异常情况时学会换位思考，安抚旅客情绪。

列车正常运行时，旅客一般都会耐心等待，一门心思候车，而忽视其他因素，但由于天气原因或行车故障等因素可能造成列车晚点，旅客心理的主观需求与客观现实相矛盾，失去了原有的平静和平衡，随之而来的是情绪波动、心理焦虑和抱怨。若延误时间长，旅客可能无奈、失望，到着急、烦躁，甚至是情绪的失控。这时服务人员应有较强的服务意识与较强的心理承受能力，耐心真诚地向旅客致歉，采取更主动更热情的心态帮助旅客解决问题或满足旅客需要。若延误时间长，也可能出现个别旅客出现粗暴或过激的言行，工作人员切不可意气用事，被他们的反应影响自己的情绪，而应大度地不予计较，或采用冷处理，在与旅客沟通时要注意尽一切可能不要激怒对方，尤其在语言上要用温和的语调跟他们沟通，努力用良好的服务去感化他们，获得他们的理解与支持。

4）出站口客运员的岗位需要及服务

在出站口，客运员按列车预告上岗，检查列车正晚点信息显示情况，清理出站口闲杂人员及障碍物，做好检票准备工作。

（1）态度和蔼，维护秩序，实事求是。

客运员应上岗及时，确保信息准确、通道畅通，认真组织出站旅客排队，认真查验车票，将车票撕角或用“O”形票剪剪口后交还旅客。宣传到位，做好补票机及计量器管理，保证设备正常，检斤准确。控制人员一律只出不进，规范秩序，做到无误撕、误剪。

（2）严格查验，注重方式方法。

客运员应严格查验，查堵无票、减价优待条件不符及携带品超重的旅客，补收票款、运费。按照规定，对无票乘车的旅客补收自乘车站（不能判明时自始发站）起至到站的车票票价；持失效车票乘车按无票处理；持站台票上车并在开车 20 分钟后仍不声明时，按无票处理；旅客持半价票没有规定的减价凭证或不符合减价条件时，补收全价票价与半价票价的差额；应买票而未买票的儿童只补收儿童票，身高超过 1.5 米的儿童使用儿童票乘车时，应补收儿童票价与全价票价的差额。

规定如此，而旅客却不一定按照规章补票。出站口客运员经常会遇到旅客不配合补票的情况，如小孩身高超过 1.5 米却无票出站，应补收票款；或遇上无赖的乘客，无票乘车被工作人员发现，客运员要求旅客补票，旅客却借口没钱等不予配合，令工作人员感到无奈。因此工作人员应该注意说话方式，更讲究处理方法，妥当处理，使得旅客按规定补票，纠正违章，实事求是，不误收漏收、乱补乱罚，维护路收。

2. 列车客运关键岗位的需要及服务

1）列车长的岗位需要及服务

作为一车之长，列车长的责任重大，须具备较好的心理素质。列车长须认真贯彻执行有关安全生产及旅客、行包运输的规章制度、命令、指示，落实上级布置的各项工作，负责整队，布置计划并重点突出，措施具体，做到人人清楚，备品齐全，设施、设备作用良好。

（1）精神饱满，观察细致，沟通能力强，统筹安排得当。

列车长事务繁忙，诸多事宜均要提前部署检查，因此列车长一定要细心，运筹帷幄，统一安排，出发前仪容整洁，列队整齐，对列车客运安全服务设备设施、列车卫生保洁、整备质量、餐饮供应进行检查和“三乘一体”的协调，负责办理列车上的各项客运业务及与车站的交接，负责站车客运信息无线交互系统手持终端的数据接收工作，组织做好非正常情况下的应急处理，负责班组的基础管理和建设，组织班组日常业务学习和安全教育。列车长还要加强团队管理，增强团队凝聚力，提高整个班组的工作效率。

（2）遇事冷静，判断独到，决策果断。

由于各方面的因素，列车上旅客和工作人员难免会发生一些冲突，列车长应从宏观角度调配列车的安全运行，面对问题能从容解决，具有独立的判断能力和果断的决策能力。发现行为异常旅客时，应重点关注，按规定交到站或下车站妥善处理；发生旅客伤病应尽力救助，并按规定处理；发生火灾爆炸、重大疫情、食物中毒、空调失效、设备故障和列车晚点、停运等情况时，及时做好分工，启动应急预案。在紧急情况下，列车长应不慌不乱，保持沉着冷静、清醒镇定，对突发情况做出准确判断，并采取迅速行动。

2）广播员的岗位需要及服务

每次坐在列车上，有没有留意列车上的广播？广播里都播放了什么内容？是悦耳动听还是难以入耳？从清晨到夜晚，从始发到终到，对各类相关信息，广播员都及时播报，通知到位。看似只是一项简单的播报工作，实则不简单，广播员一定要有较强的心理素质和较强的服务意识。

（1）语言亲切，温馨热情，具有高度责任感。

旅客都希望听到优美动听亲切的声音，都希望听到各类消息，本着服务精神，广播员播音时要注意播报及时，介绍准确，语言亲切，音量适宜，广播用语规范、清楚、易懂；为乘客预报列车停站信息及时，饮食供应介绍准确，剩余卧铺通告及时，与车厢工作配合协调一致，广播常播内容录音化；转播新闻选台准确，监听认真；专题节目内容健康，当前重点突出，专题贴切，形式新颖，符合“四性”；严格遵守规定，具备高度的责任感，播音时室内无闲人、杂物，保证广播机械安全和播音质量，播音时插好销、拴好门链，确保开机不离人，人离做到“四关、一加锁”。

（2）宣传到位，安抚乘客，抗压能力强。

广播是直接联系旅客的最有效手段之一。乘坐列车时，临时停车、列车晚点或其他突发事件等异常情况也可能陪伴旅途，广播员应宣传到位，及时做好临时停车通告；若列车晚点30分钟及以上，应按统一宣传口径做好晚点广播通报，公告旅客，说明晚点时间、晚点原因，每次间隔不超过30分钟。列车晚点很可能导致旅客情绪波动，甚至可能产生过激言行，广播员一定要做好宣传解释、安抚工作，稳定旅客情绪。广播员在工作中也需要控制自己的情绪，若某天自己心情不好，导致广播差错或质量不佳，这样不仅影响自己的工作表现，还会影响旅客的情绪。遇上一些紧急、突发情况时，广播员应先自己保持沉着冷静，控制自身情绪，按列车长要求，做好稳定旅客情绪的广播宣传。试想自己都先乱了阵脚，还能安抚他人吗？因此，广播员也需训练有素，且抗压能力强。

2.3.3 知识拓展

高品质客运服务

1. 待客之道

旅客是：

我们日常工作最重要的人。

我们要依赖他们。

我们工作的目的。

需要尊重。

不是局外人。

不依赖我们。

不是对我们工作的干扰。

不是票款账目的数字。

2. 五核心要素（图 2-2、图 2-3）

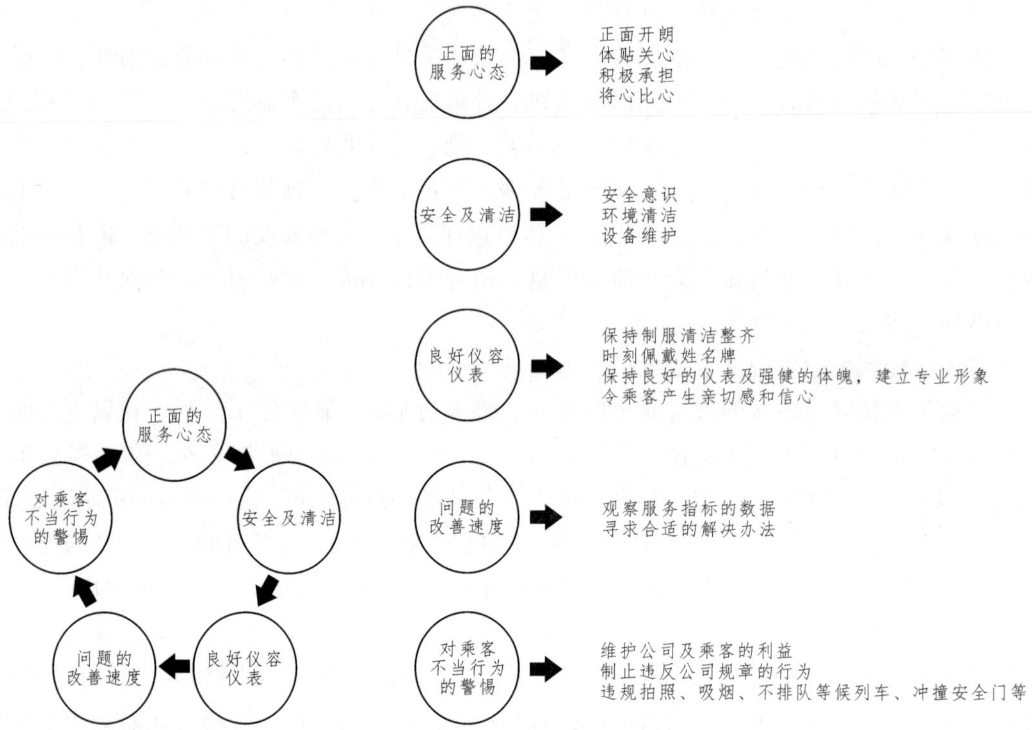

图 2-2、图 2-3　五核心要素及内涵

2.3.4　相关案例

案例 2-3　观察表情听声音　热情服务细入微

20××年 6 月 16 日，D5590 次列车宁波东站开出后。

列车长小李巡视车厢时发现餐车连接处靠着一位老人。

“大爷您好，请问您是几号车厢的，没有座位吗？”

大爷从皱巴巴的衣兜里掏出车票，票面显示宁波东到苏州，9 号车 25 号座位。

小李随即问：“大爷，您是不是不知道座位在哪儿呀，要不我领你过去好不好？”

大爷并没有要跟小李走的意思，问：“啥时到苏州？”

小李：“要 20 点 11 分才到苏州呢，您不要着急，先回到自己座位上坐好，到站前我会过去提醒您的，放心好了。”

大爷木讷地站在那里，小李心里“咯噔”一下，突然脑海中闪现出广播员培训时的情景，广播指导曾反复强调：中国好多地名发音相似，在播报站名时一定要咬字清晰发音标准，以免耽误旅客行程。大爷说的是方言，他说的苏州会不会是宿州？想到此，小李赶紧问：“大爷，您是要去江苏的苏州，还是安徽的宿州？”

大爷答道："安徽，安徽宿州呀，过淮河……在符离集南边……宿州原来叫宿县！哎，刚才买票时说了半天，可售票员给了俺这张车票，这可咋办？"

本趟列车终点站是南京站，不经过宿州。小李一边安慰大爷，一边查找中转列车时刻。还好，本次列车到达苏州站后刚巧有车路过宿州。小李连忙将中转车次、时间告知了大爷。

大爷突然哭诉说："姑娘，俺的钱全用来买这张车票了，现在身上只剩十元钱，还是用来转公交车的，俺这不是回不了家了吗？"

"车长，我们大家一起帮他筹吧，钱也不是很多。"列车员小王提议。

大家正准备筹钱，这时，一位旅客知情后掏出一百元救了大爷的急。考虑到大爷还没吃饭，列车员纷纷将自己带的泡面、饼干、牛奶拿出来送给大爷，周围旅客有的陪大爷聊天，有的帮他泡方便面……

列车到达苏州站，小李扶大爷下车，然后由站方将大爷送上中转去宿州的列车。

服务工作一定要认真细致，要通过察言观色、耐心询问，详细了解旅客的需求和困难，及时提供帮助，在帮助他人的时候，我们也能从中感受快乐。

案例 2-4　爱在人间　爱在高铁

20××年 10 月 26 日，E6431 次列车从上海虹桥站开出。

列车员小石看到 2 号车厢车门旁站着一位母亲，手中抱着一个一岁多的孩子，说要补延长票至绍兴北，小石先帮她补好车票，心想：这位年轻妈妈独自一人带小孩乘车，没有座位实在不方便。于是向列车长小王请示，列车长同意让小石将这对母子带到 3 号车服务台的座位上就座。

当小石带着这对母子来到 3 号车服务台座位旁时，座位上已经坐了一名旅客了。

小石与这名旅客商量，先是简单介绍了一下这对母子的情况，希望他能让一下座位。这位旅客看到这个情况，没有犹豫，就站起来让座了。

这位母亲坐下后，诚恳地向小石和让座的旅客说："谢谢！谢谢你们，你们太善良了！"

列车服务工作，千篇一律，很枯燥；每天和不同的人打交道，每位旅客的性格和脾气不同，服务也就要因人而异，满足所有旅客的需求又谈何容易。有时遇到不讲理的旅客，会觉得很累、很烦，可是当看到这位母亲发自内心的赞许和肯定，又会觉得再累再辛苦都是值得的。

在接下来的运行途中，母亲给孩子冲奶粉，小孩淘气，手舞足蹈，把冲好的奶粉洒了一桌，小石赶紧拿来抹布和纸巾清理，帮这位母亲哄孩子，直到接子乖乖喝完了奶粉，带着天真的微笑进入睡梦，那位母亲也会心地笑了。

大约一小时后，孩子醒了，精神更好了，拿起自己的小汽车玩，只要有旅客逗他，孩子就开心地哈哈笑，那笑声感染了整个车厢。

后来这位母亲告诉小石，他们下了火车后还要转汽车才能回家，幸好今天碰到这么多好心人，不仅给她找座位，还帮助她一起照顾小孩，看到小孩这么开心，她心里充满了感激。

旁边的旅客听她说完后，赶紧帮着查询汽车转乘时刻。

车厢内其乐融融。

项目训练

各种情境下客运服务技巧的运用。

【训练目的】

强化铁路客运人员服务意识，培养铁路客运服务人员更强的心理素质，提高客运服务人员岗位认知，了解客运关键岗位需要，提高客运服务质量。

【训练内容】

情境模拟

假如你是情境中的现场工作人员，你应具备什么样的服务心理？该怎么处理呢？

情境一：某高铁站站台一名旅客突然闯入运营轨道正线，车站工作人员该怎么做？

情境二：某次列车上，旅客买了无座票，从卧铺车厢挤上车，被卧铺列车员赶到餐车，准备在过道坐下时，列车长看过道被堵住，又让乘客去硬座车厢，结果双方发生了争执，列车长动手打了人，还用手卡旅客的脖子，而旅客也撕坏了列车长的扣子，扯掉了他的胸章。

【考核标准】

全班学生都积极参与讨论，各自选择角色扮演，允许分组讨论，再由学生单独发言，阐述个人看法，其余学生也可补充完善，积极提问，营造寓教于乐的讨论氛围，不允许批评和嘲笑。最后教师评分，评分为百分制（10 分一个等级，如 100，90，80……）。

表 2-3　项目训练评分表

序号	项目	权重/%	得分
1	观点是否正确	10	
2	理由是否充分、有说服力	40	
3	表达是否清晰、扼要	20	
4	参与是否积极主动	20	
5	学习态度是否谦逊	10	
合　计			

复习思考题

1. 铁路客运服务中主要岗位有哪些？各自体现了怎样的服务心理与策略？

2. 旅客在旅行中的共性心理有哪些？

3. 一名急躁型旅客弄丢了行李，另一名忧郁型旅客坐过了站，分析他们可能的表现方式及服务人员应采取的服务策略。

3 铁路客运服务人员心理品质及培养

客运服务心理是客运职工服务活动的产物，是构成铁路运输行业这一特大群体的特征之一，是铁路运输业风貌的表现。职工的生活条件、工作实践以及与旅客的交往活动是形成客运服务心理的基础。所以，要提高客运服务质量，不仅要研究旅客心理，也要研究客运人员活动的特殊性，使客运人员自觉发扬心理品质的积极方面，抑制、克服其消极方面，进而形成客运服务所要求的优良品质，做一个优秀的客运职工。

3.1 角色心理与服务工作

3.1.1 角色理论

3.1.1.1 角色理论简介

角色理论是阐释社会关系对人的行为具有重要影响的社会心理学理论。它强调人的行为的社会影响方面，而不是心理方面。认为人既是社会的产物，又能对社会做出贡献。是一种试图从人的社会角色属性解释社会心理和行为的产生、变化的社会心理学理论取向。

角色理论是关于人的态度与行为怎样被其在社会中的角色地位及社会角色期望所影响的社会心理学理论，是试图按照人们所处的地位或身份去解释人的行为并揭示其中规律的研究领域，属于从符号相互作用论发展出来的一个分支。

角色理论的中心概念是角色，角色一词来源于戏剧，原指规定演员行为的脚本。社会心理学家看到这个概念有助于理解人的社会行为和个性，便引入社会心理学中。他们认为，人在社会关系中的地位规定了人的社会行为，类似于脚本规定了演员的行为。人的社会角色是人在一定社会背景中所处的地位或所起的作用。

3.1.1.2 角色理论的发展

首先把角色概念引进社会心理学的是G.H.米德。但他并没有给角色下一个明确的定义，只是用作一种比喻以说明不同的人在类似情境中表现出类似行为这种现象。R.林顿（1936）认为，当个体根据他在社会中所处的地位实现自己的权利和义务时，他就扮演着相应的角色。H.H.凯利和 J.W.蒂博（1959）认为，角色是他人对相互作用中处于一定地位的个体的行为的期望系统，也是占有一定地位的个体对自身行为的期望系统。J.L.弗里德曼（1985）等人指出，社会角色是关于人们在特定类型的关系中应当如何行动的一套规则。苏联社会心理学家 Л.布耶娃（1968）认为，对角色进行社会心理学分析固然要求首先研究角色行为的主观因素，但是要真正认清这些主观因素的实质，就不应当把它们抽象化，而应当把角色行为的主观方面与客观社会关系密切联系起来，因为角色期望无非是社会实践中存在的客观社会关系的思想形式、主观反映。她认为社会角色是社会职能，是在特定社会中形成的一定类型活动和相应行为方式不可分割的统一体，归根到底取决于个体在社会关系系统中所处的地位。社会给某一社会角色的执行者提出一般的行为方式或标准，每个人具体扮演这个角色时带有一定的个人色彩。这些说法虽然有所不同，但是综合起来可以看出角色在社会心理学中的基本含义。

3.1.1.3　角色采择

角色采择指关于自己和他人角色的设想。米德是在形成其自我理论和符号相互作用论时提出角色理论的。他认为人的社会自我的发展是通过角色采择的。人们由于有了来自外界的经验，才学会把自己设想为一个客体，产生了对自己的情感和态度，从而产生了自我意识。人的自我发展程度取决于人能在多大程度上采纳别人的意见，像他人对待自己那样对待自己。他认为，设想处于他人角色，从他人角色的观点观察自己，是顺利实现人际相互作用的必要条件。这就是米德的角色采择的含义。小孩子就是通过角色采择这种心理活动学习适宜行为的，成人则依据角色采择去提高其交往效率。

3.1.1.4　角色扮演

角色扮演指按常规的期望显示出来的行为，也就是个人按照他人期望采取的实际行动。W.库图不仅区分角色采择和角色扮演，而且还区分两种不同类型的角色扮演：角色扮演（role playing）和扮演角色（playing the role）。前者指个人在生活中实际扮演的角色，后者指暂时扮演某个特定的角色，如演戏。一个演员既扮演着一个演员的专业角色，又在某时扮演某个戏剧角色。

角色扮演在社会心理学中还有另外的用法，即用作模拟研究方法。在采用这种方法时，事先把实验的目的告诉被试，取得其同意，而后要求被试在模拟情境中扮演某个角色，像在真实情境中那样在模拟情境中行动，从而取得类似真实情境中的心理效果。

人们是在社会化过程中受到角色规则的训练和教育的，偏离了社会角色规则会受到社会的排斥和制裁。人在一生中学会扮演各种角色，如孩子的角色、学生的角色、男女的角色、职工和领导的角色等。这些角色使人们在不同的情境中以适当的行为方式与他人进行交往。儿童的角色游戏是个人社会化的重要手段之一。

一个人在扮演符合他人期望的角色时会不会丧失自我呢？每个人都在一定的文化中通过训练、模仿和认同学会扮演各种角色。只要人们真正相信他们的角色，认为应当完美地扮演，他们的行为就是真实的，他们的自我和角色就是统一的。只有当人们不相信和不认为应当扮演某个角色，只是为了满足他人期望而扮演某个角色时，才会产生不真实的角色扮演，自我和角色分裂。社会心理学家 S.朱拉德认为，这种人虽然是出于获得他人承认的需要，但实际上往往既得不到他人的承认，也得不到自己的承认。

3.1.1.5 角色冲突

一个人可以同时扮演多个角色，并能保持各角色间和谐一致。但有时也会发生角色冲突。所谓角色冲突是指因不相容的期望导致的心理矛盾和行为冲突现象。例如，一个职业妇女的职业角色和她作为妈妈的角色有时会发生冲突；一个刚进大学的学生，当父母来访时，他作为一个独立大学生的角色和作为父母的孩子的角色也会发生冲突。

在角色理论中通常把角色冲突区分为两类：角色间冲突和角色内冲突。前边讲的例子是角色间冲突。角色间冲突往往与对不同角色提出不同的甚至矛盾的要求有关，个人不能同时满足所有这些角色要求。角色内冲突通常与不同群体对同一角色的体现者提出不同的要求有关。

角色期望不是一成不变的，是随着时代而变化的。如对男女角色的期望相比过去已发生了很大的变化。朱拉德认为，顺从于刻板的角色是身心失调的重要原因之一。经常考虑个人扮演不同社会角色的方式，有助于保持身心健康。

3.1.1.6 管理者角色理论

亨利·明茨伯格研究发现管理者扮演着十种角色，这十种角色可被归入三大类：人际角色、信息角色和决策角色。

1. 人际角色

人际角色归因于管理者的正式权力。管理者所扮演的三种人际角色是代表人角色、领导者角色和联络者角色。

2. 信息角色

在信息角色中，管理者负责确保和其一起工作的人能够得到足够的信息。管理职责的性质决定了管理者既是其所在单位的信息传递中心，也是别的单位的信息传递渠道。包括监督者角色、传播者角色、发言人角色。

3. 决策角色

在决策角色中，管理者处理信息并得出结论。管理者负责做出决策，并分配资源以保证决策方案的实施。包括企业家角色、冲突者角色、资源分配者角色和谈判者角色。

3.1.2 客运服务人员的角色心理与服务工作

我们先来看看下面这篇感人的文章：

妈妈，早点回家

今天我出乘。

当我穿上制服打开家门的时候，4 岁的女儿噘起了小嘴儿，依偎在爸爸怀里，泪眼模糊地说："妈妈，早点回家！"

女儿在我周而复始的出退乘中渐渐长大，而伴随她成长的是她的心事，还有太多的失望。多少次，为了留住我的脚步，女儿悄悄藏起我的制服。女儿学会了撒谎："妈妈，我发烧了。"然而，在纪律面前，我别无选择。我不敢面对女儿那双清澈的眼眸中逐渐暗淡下来的希望。无奈中，我只能带着那颗让泪珠砸碎的心准时正点地离开家门。

"妈妈，早点回家！"当我不在家时，幼儿园的老师最先知道。因为女儿笨手笨脚的爸爸从来扎不起女儿软软的头发，因为倒班的爸爸总是最后一个接走她。

"妈妈，早点回家！"当我在千里铁道上颠簸时，我把女儿的叮咛牢牢地记在心里。因为钢铁大道的另一端有我温暖的家，那里有女儿期盼的目光。"平安是福"诠释着人生中最踏实的幸福与追求。

我知道，年幼的女儿正需要母爱的滋养，但有时奢侈的给予会让她夭折在人生的风雨中。长大以后，女儿也许会理解，和她平分秋色的另一半是妈妈所热爱的客运工作。为了旅客的安全，为了千万个家庭的团圆，我把满怀的歉意融化在奔走的岁月，我把无悔的年华奉献给绿色的车厢。

"妈妈，早点回家！"当我背着乘务包疲惫地站在家门口时，"静静，妈妈回来了。"女儿欢呼着向我张开小手扑来，于是，思念化成了我心中怒放的花……

文中的妈妈在女儿的眼睛里就是妈妈，她应该尽做母亲的责任，陪伴在女儿的身边；而在旅客们的眼睛里她是一个乘务员，她应该为旅客服务；在领导们的眼里，她是一名客运员，理应遵守工作纪律，不可随意迟到早退。面对工作，她说："在纪律面前，我别无选择。"但同时她也不敢面对女儿那双清澈的眼眸中正在暗淡下来的希望。这时候，她面对的就是角色冲突。

"角色"一词，原指演员在戏剧舞台根据剧本所扮演的某一特定人物的专门术语，引进社会学，则是指每个人作为社会一分子，在社会大舞台上所扮演的人物形象。

社会组织对每个人都有行为的期待，要求每一社会成员认清自身的身份和地位，扮演自己的角色，按照社会、组织所期望的去做，保持良好的社会秩序和正常生活。

角色的概念与人的概念不同，一个角色代表不了一个完整的人，只代表一个人的某个侧面，而一个人可以具有不同的身份，扮演不同的角色，通常每个人同时扮演着几个或几十个角色，每个人都是不同的角色群。例如一个铁路工作者在单位可以是站长、党员、工会会员、业余桥牌爱好者，在家庭则是丈夫、儿子等。

服务人员与服务对象是众多社会角色关系中的一种，铁路客运职工在工作岗位上对旅客来讲是服务人员，是服务主体，对旅客承担着社会责任，而在市场或家庭中则可能是服务对象，接受他人的服务。

一个人应该有强烈的角色意识，要清楚在什么场合、什么条件下自己担当的角色是什么。如果角色意识差，就必然出现角色间的冲突和错位，影响工作和生活。但是，人们往往不能完全符合社会的角色期待，原因是：一个人同时具有多种角色，不可能只充当一个角色，只尽一个角色的义务；或因角色在“弹钢琴”时处理轻重缓急不当；或者是与期待者的观念冲突，造成与他人的目标差异和行为冲突，因没满足对方需要，致使他人失望，自己也出现心理不适，这种现象就是“角色冲突”。《妈妈，早点回家》中的“我”就面临过角色冲突，所以才会有“那颗让泪珠砸碎的心”。

角色冲突能招来情绪的困扰和人格的紊乱。

3.1.2.1 解决角色偏差的方法

任何人在人际交往中，角色自身的人格因素、文化因素，以及社会背景都可能成为角色偏差的缘由。如列车长最好是由一个性格外向的人担任，倘若由一个性格内向的人担任，该角色便可能产生困惑或不适应。为了减少角色的偏差，社会心理学向我们提供了一些避免偏差或修正偏差的方法：

1. 角色规章化

社会不断地编制和规划角色的权利和义务，形成清晰的职权划分，以使角色的矛盾减低。现代社会中，公共关系的规划是保护角色或缓和角色冲突的工具，各企业的岗位责任制等也都起到这样的作用。在客运工作中，客运服务人员应尽量注意培养一走上工作岗位就淡化自己其他角色的心理品质，以保证工作的顺利完成。

2. 角色合并法

一个人同时持有两个以上的角色而发生冲突时，应尽可能把两个不同的角色合并为一个。

某客运段某次列车第一包乘组列车长和第四包乘组列车长用的就是这种办法。他们是一对令人羡慕的幸福伴侣。由于住房不便，他们就暂时和女方的父母住在一起。按照各自的交路，他们每月仅有4天半的会面时间，其余20多天全是你来我走，奔波在西京线上，照顾孩子的重任也就自然地落在了女方父母的身上。但有一天，第四包乘组列车长在返乘的列车上接到家里的电话：由于舅舅病危，母亲正匆匆赶往老家。而不巧的是，丈夫和孩子也病得不轻，车到站后她立即回家。一进门，看见丈夫由于气管炎咳得双手抱着脑袋喘成一团；孩子的小脸烧得通红，浑身滚烫，吃什么吐什么。她抹了一把夺眶而出的泪水，立即乘车陪丈夫和孩子看病。谁知一家人看病回来，这个又小又挤的家面目全非，家中的贵重物品全部被盗，现金全部丢失，全家人被这突如其来的冷棒打蒙了。第二天，她压下满腔的苦痛，硬撑着到车队学习，领导又下达了红旗列车要接受检查的通知，她的心像是打翻了五味瓶，七上八下的不是滋味。“管它红旗不红旗，哪怕联合国来检查呢，我这趟车也要请假不走了!”该换车了，丈夫一看妻子没有要走的意思，边咳边耐心劝：“咱不光有家的责任，还有班组的责任，听话，走吧。”“我走了，这个家怎么办？你们连吃饭都有困难……”说着泪珠像开了闸的水，再也控制不住。丈夫说：“好了，好了，别哭了，我向你保证，一定照顾好爸爸和孩子，当然也照顾好自己。明天我们祖孙三代一起上医院，你放心走吧!”她才照常赶去上班。

客运段举办百题知识竞赛。她扔下正吃奶的孩子，与其他人一样夜以继日地大练基本功。丈夫回来了，夫妻二人比着练。半个月后，夫妻二人双双登上领奖台，成了夫妻状元，不到一岁的孩子从此也断了奶。丈夫多次代表其所在客运段参加路局和铁路总公司举办的业务大赛，多次被评为业务能手、先进生产者、列车长标兵等。她也不甘示弱，连年被评为先进生产者、三八红旗手。他们各自带领的班组，都成为知名度较高的先进集体。

3. 角色转换法

更改角色可以解决个人人格特性与角色运动时的心理矛盾。如浙江金华地区一个受过企业管理综合训练的硕士研究生，工作数年后被分配到某厂担任副厂长，他觉得此工作处处要与人协商，不能按自己的主张办事，引起了一些令人烦恼的角色冲突。于是，他主动改变角色，辞去副厂长职务，开始创业。从副厂长到创业者，这就是角色变换的实例。也有为了实现理想而积极转换角色的。怀化铁路总公司一位列车员就是这样。1989 年，近 40 岁的他放弃安稳的后勤工作，当上了一名列车员，他热心为旅客服务，苦练本领，把值乘实践中积累起来的经验，总结成旅客列车优质服务工作法。他被评为铁道部劳动模范、获全国“五一劳动奖章”，之后还被评为第六届全国职工职业道德“双十佳”先进个人。

社会学习也有助于我们减少角色冲突。因为，学习的结果必然会影响人们的交往观念和交往行为方式，促使人们适应各自所在的社会环境。一个人倘若以积极的态度参与社会学习，生活将充满情趣，生命将充满活力。即使碰上钉子，摔了跤也能很快总结教训，调整步伐，重新整装上阵；一个人倘若拒绝社会学习，其生存的意义就会延缓、停顿在某一个阶段上，精神和心理方面处于衰颓的状态，行为模式便会愈来愈落后，失去同他人交往的机会，更无法在主动中求发展。作为客运服务人员在工作中的角色意识一定要强，这才会有好的服务态度，如果始终对角色混淆不清，工作就不可能有进步和发展。“默默地奉献”是一种付出，“静静地服务”是一种责任，一位北京下岗女士被乘务员们的热情服务感动后，问乘务员：“你们天天干扫地伺候人的活，不觉得委屈吗？”乘务员告诉她：“社会分工不同，你乘我们的车，我们就要为你服务，等我们再去别的地方时，可能就是别人为我服务了。”结果，这个女士的思想发生了深刻变化，主动地减少了自身的角色冲突，下车前她在列车留言簿上写道：“你们对旅客热情服务的态度教育了我，让我找回了自身价值，找回了自信。我一定振作精神，积极找工作，重新开始。”

就个人的人格而言，铁路职工与旅客之间应该是平等的，但作为特定的社会角色，服务人员就不应当与服务对象争平起平坐，对旅客提出的合理要求，应尽量满足，这样，即使是在铁路运输难以满足旅客的需要而使他们不满时，他们也会因为服务人员的良好态度和文明言行，而在感情上缩小与铁路职工的距离，从而体谅服务工作的难处。相反，如果服务人员的角色心理较差，摆出一副“铁老大”的面孔，或者把工作之外的一些怨气发泄到服务对象身上，则肯定会影响铁路服务人员与旅客间的沟通，影响服务效果，也影响铁路的形象。

现在，有些铁路站段已经在利用角色理论改进服务工作。为了消除服务人员与旅客之间的沟通障碍，开展了一些有意义的活动。

为了提高客运工作人员的服务质量，广州站曾在客运服务人员中开展了“假如我是一名旅客”的活动。主要内容包括：每人携带一个装有 10 千克以上物品的行李袋，从站内步行到站前的售票大厦购票，以售票员签字为准；购票后，步行返回车站无空调的第七候车室，同旅客一道候车一小时以上，中途不得离开候车区域，在由专人登记确认候车时间后，即可随旅客一同进入站台。车站还规定，每个参加活动的人员事后都要写一篇心得体会。

平时见惯了旅客购票候车的客运服务员，在此次活动中感触颇多。一位客运值班员在活动结束后说，参加“假如我是一名旅客”活动，使其感到做旅客也很不容易，拉近了客运工作人员与旅客的距离。

韶关站也曾分三批让 200 多名职工去当一回旅客，亲自感受旅客乘车的难处。他们在暑运客流相对集中期间，分三批用汽车将客运员送到韶关市区不同地方。让他们下车并背负至少 10 千克以上的行李，徒步走到火车站，按先后顺序排队买票、检票、候车、进站、上车，分别坐到英德、广州、坪石、郴州、衡阳等地再返回，然后分班组集中讨论，综合讲评。许多客运员事后深有体会：在如此炎热的天气下旅客坐车很辛苦，出门坐车难处多，情绪很难平静，如果客运服务质量不到家，旅客有意见也合情合理。

今后，应努力提高服务质量，认真实践“没有旅客的不对，只有我们的不足”的服务宗旨和诺言，以良好的服务态度和优质的候车环境为铁路运输争光。这种在列车员中间开展的“假如我是一名乘车旅客”的活动，角色易位，使列车员亲身体会旅客的生活，从而了解旅客对列车员的角色期待，可以增强服务人员的责任感。列车员也往往会自觉自愿地从一些小事中来教育自己，从而更好地为旅客服务。

如一位列车播音员就曾经讲述过这样一个故事：前不久，列车上的一位乘务员病了，她通过列车广播询问哪位旅客随身携带着感冒药，不一会儿，一个小姑娘找到了播音室：“阿姨，听说乘务员叔叔病了，我这里有药！”孩子怯怯地伸出小手，手上有两粒胶囊。播音员欣喜地正要接过来，孩子的手却又缩了回去：“阿姨，我妈妈也病了，只剩下两粒药了，我想一粒给叔叔，一粒给妈妈，行吗？”事后，这位播音员说：“从这以后，我常常想，如果列车上有位旅客病了，我们乘务员能做到分一粒药给旅客吗？”相信她的思索会引起客运工作者的共鸣。

3.1.2.2 客运服务人员应具备的角色心理

1. 服务员角色

客运服务人员与旅客的关系是服务与被服务的关系。所以，尊重旅客、爱护旅客是客运服务人员的天职，旅客第一则是客运服务人员的信条和座右铭。所以客运服务人员应有服务员的角色意识，这样，即使是面临发火的旅客也能冷静对待，从而赢得理解和信任。

有位乘务员是省摔跤比赛冠军、全国亚军，有一天他在车厢验票，3 名无票男旅客拒绝补票，扬言道：“哥儿们几个坐车从来就没补过票，别跟我们过不去。”他压下火气，耐心地向他们讲解了规章，依然坚持请他们补票，不料这 3 人冲上前来就给他一顿乱拳，然后向车厢后部跑去。许多人冲着他喊：“揍他们！”他分开人群，走到 3 名男子身边：“还得请你们按规章补票。”望着围闹聚拢过来的旅客，3 个人终于不情愿地掏出了钱。他将票送到他们手里并说：“欢迎下次乘坐本次列车。”段里的领导听说了这件事，给这位摔跤冠军颁发了委屈奖。他说：“这奖包含着荣誉，也包含着苦涩。”

一位列车员说：“在列车上，旅客向列车员抱怨是常有的事，这种抱怨来自何处，很难说清，有的来自我们服务工作本身，有的来自旅客之间，还有的来自列车之外，有火无处发，一时借机一泄而发。不管旅客的火来自何处，我作为列车员不应抱怨旅客，也不应感到委屈，因为我是旅客的乘务员，我的责任就是为旅客服务，为旅客平息怨气，为他们带来旅途的愉快。”

是的，工作者是美丽的，铁路人不应把自我意识过强地融入工作中，而应时时处处以旅客为重。

一位旅客因不懂列车上的设备，误将列车制动阀刻度表的恒定 6 度，认作是电磁炉刻度表的 60 度，找到乘务员又吵又闹，指责乘务人员不负责任，给旅客送去的水全都不开。列车员怎么解释都不行，就只好把这位旅客领到电茶炉和制动阀跟前，一一讲解，一一辨认。这位旅客看到电茶炉的刻度表准确地指到 100 摄氏度时，不好意思了，一边道歉一边说：“我的孩子还小，最近老拉肚子，要冲奶粉真怕水不开，所以很对不起……”

2. 客运形象的代表者角色

客运的形象关系着运输的生存与发展，每一个运输职工的身上都系着一份责任和义务。现在，运输企业的领导和职工都意识到了做好客运管理工作、提高服务质量的重要性。运输的改革已由原来的“自上而下”变成了许多铁路职工的自觉行为。

客运部门是运输的门面和窗口，服务人员的语言、态度和行为，关系着铁路的声誉。何况，在运输竞争日趋激烈的今天，运输的声誉和形象直接关系着运输的发展与铁路的效益，所以客运人员一定要具有“我是运输职工形象的代表”的角色心理，自觉地为这个形象代表增光添彩。如铁路“鸡蛋专列”的事例就是依靠客运人员自身的行动改变了一些人对铁路的看法。

3. 旅客的参谋角色

俗话说：“出门难。”旅客乘车出门难免会遇到许多困难，如车晚点、乘错车、坐过站、遗失钱物、生病等。这时候，旅客往往希望车站和车上的工作人员帮助出出主意，帮助解决困难。服务人员不能认为，只有人和物的安全才是我们的工作，其余的我们管不着，而应该尽可能利用信息灵通的优势，积极为旅客出主意、想办法，当好参谋。

某晚 7:58，开往北京的某次列车正点发出，只见一名旅客拿着食物紧追着列车大喊大叫。这名漏乘的旅客姓张，当晚欲乘该次列车到北京出差，进站后张先生上车找到铺位安顿好行李，掏出手机一看，还有点时间，就下车到站台买食物。买完东西一转回身，发现列车已启动。张先生拿出手机一看，发现手机上的时间比站台上大钟的时间慢了3分钟。

正在值班的4班班长了解情况后，通过电话与列车长取得联系，请列车长将张先生的行李和车票交给广东韶关站客运值班员，并请韶关站帮助把张先生的车票改为乘当晚开往沈阳的某次列车到北京。联系好后，又带张先生找到该次列车长，说明情况。

当天晚上11:28，张先生乘上改签后的列车，在最短的时间里得以顺利北上。

还有一次，一名3岁的小女孩在火车上和亲人失散30小时后，最终顺利见到了父亲和爷爷。某天下午3:00，由重庆开往广州的某次列车到站后，乘客们纷纷下车，乘警查车时发现一个3岁的小女孩无人看管，从她的口中又问不出个所以然，便将她交给了车站客运室。

客运室工作人员安置好小女孩后，通知广州站所有工作人员，让他们留意小女孩的家人。同时不断广播，将小女孩已被留在客运室的信息发出去。可是，整整一天过去了，小女孩的亲人没有出现。第二天上午，小女孩发烧，客运工作人员急忙带她去看医生。晚上9:00左右，发出的信息终于有了结果，小女孩的父亲和爷爷从深圳赶来了。

原来，小女孩的爷爷带小女孩乘车时因为头晕中途在黎塘站下车治疗，将孙女托给一位同车老乡，谁知老乡粗心，把小女孩弄丢了。

3.1.3 知识拓展

客服人员的角色及尊严

苏联理论学家切夫斯基谈到客服人员与被服务人员之间的关系时，曾做过这样的论述："应指出服务者和被服务者的交往过程中的平等地位。劳务领域的职工与消费者的接触带有被迫性质。他必须与任何一个顾客周旋，不能以他个人的好恶为转移。消费者能按照自己的意愿选定去处，选定打交道的人，决定谈什么、谈多少、什么时候以及怎样结束交谈。服务者则没有这些权利，来自他们这方面的恢复'平等'的尝试，经常导致冲突或者直接妨碍他们完成自己的任务。"这段话有两个重点：第一，在客服人员与顾客的交往中，彼此所处的地位是"不平等"的；第二，某些客服人员做不好服务工作，甚至和顾客发生冲突，是因为他们和顾客"争平等"。

在社会交往中，人与人之间有着双重关系，一方面是人们所扮演的角色之间的关系，另一方面是扮演这些角色的那些人之间的关系。在谈到平等与不平等的同时，我们一定要把这两种关系加以区别。人们扮演着不同的社会角色，就具有不同的权利和义务，从这个意义上来讲，角色与角色之间的不平等，它绝不意味着扮演这些角色的那些人是不平等的。反过来讲，人和人应当是平等的，但这并不意味着人们总可以"平起平坐"。一旦进入"角色"，就要按照社会对这些角色的要求来行动了。

就客服人员与顾客自己的这种角色关系而言，客服人员与顾客所处的地位是不一样的，他们不可能"平起平坐"。例如在酒店、餐馆，客服人员站着，客人坐着；客服人员看着，客人吃着；客服人员干着，客人休息着，等等。如果说这是"不平等"，那是合理的，必要的不平等，是无可非议的。但这并不意味着扮演客服人员角色的人与扮演客人角色的人是不平等的。

为了处理好客我之间的关系，作为客服人员既要有“角色意识”，又要有“超角色意识”。所谓“角色意识”，就是在与客人交往中自始至终都要清楚地意识到彼此之间所扮演的角色，自己的一言一行都要与自己扮演的“提供服务者”这种角色相称。离开这种特定的角色关系而强调“你是人，我也是人”，同客人“争平等”，是不合情理的。所谓要有“超角色意识”，就是把角色和作为角色扮演者的人区别开来，不能把一个人和他所扮演的角色混为一谈，在社会各行各业的舞台上，每个人要扮演多种多样的角色。无论扮演什么样的角色，作为一个人，他还是他自己，即使在扮演“接受服务者”的角色时，并不高人一等；在扮演“提供服务者”的角色时也不低人一等。

在服务工作中要做到：少说抱怨话，多说宽容话；少说讽刺话，多说尊重话；少说拒绝话，多说关怀话。

作为客服人员，如果对客我之间的双重关系没有正确的认识，就会把“接受服务者”与“提供服务者”的关系认为是强者与弱者的关系，就会因为把自己放到弱者的位置上而产生自卑感。有了自卑感就容易在心理上变得敏感，对客我交往中的一些正常现象也觉得难以容忍。有的人为了显示自己并非弱者，就有意用粗暴的态度对待客人，强迫客人“尊重”自己。有的客服人员一有机会就想在客人面前显示一下“我比你行”甚至以嘲笑客人的“不行”为乐事。如果作为一名客服人员总想通过“气一气旅客”“冷一冷旅客”来维护自己的尊严，哪里还会有优质服务呢！所以，作为客服人员只有扮演好自己所承担的角色才是自尊、自爱的表现，才能成为一名受人尊重的优秀客服人员。

3.1.4 相关案例

案例 3-1　列车员像妈妈　笑呵呵真美丽

D3113 次列车由上海虹桥站缓缓开出。

车厢内，列车员们正在忙碌，整理行李架、核对旅客到站做安全宣传、观察旅客动态及车厢情况。

列车员小俞巡视到 3 号车时，发现 3 号房间门口放着一辆婴儿学步车，包房内传来婴儿的啼哭声，她赶紧走进去查看情况。

只见一位妇女正弯着腰整理行李，她扫视了一下房间，发现房间内就只有母女俩。

小俞微笑问：“女士，您好，请问有什么需要帮忙的吗？”

妇女愣了愣，随后说：“我行李有点多，还带着个孩子，实在没办法，只能先把孩子放一放，先理东西，我要在宁波下车，怕来不及，这孩子又习惯让人抱着，一放下就哭。要不这样吧，你帮我抱着孩子，我整理下行李，孩子有些怕生，可能会哭闹。”

小俞笑道：“行，孩子我来抱，我的孩子和你的孩子差不多大。”说完，她熟练地将孩子抱在怀中，慢慢哄着。

小俞发现，只要孩子能看到自己的妈妈，让人抱着，便不会再哭闹。于是，她抱着孩子，让妈妈的身影始终在孩子的视线内。果然，孩子不哭闹了。待妇女将行李整理完，她便将孩子交还于母亲手中。

“你老是笑，真好看，谢谢你了，不然要吵到别的旅客了。”

“您客气了，帮助旅客是我的职责，行李和小推车我先帮您放到车门口，您看着孩子就行了。”

而小孩似乎听懂了小俞的话，伸出小手挥着，叫着：“妈妈，妈妈……”

案例 3–2　你是我的旅客　我是你的眼睛

20××年 10 月 16 日，D272 次列车正在缓缓驶进南京南站。

列车长小须看到站台值班员旁边站着一位戴着墨镜的旅客，心细的小须猜想可能是盲人旅客。

车门打开后，小须快步走向值班员。经了解，这位盲人旅客只身一人回老家郑州，因无人陪同，旅途需要提供帮助。列车长小须立即接过旅客的行李，并用对讲机通知车厢列车员小陈。

“先生您好，请把手放在我的肩上，我来给您做向导。”小陈边说边将旅客的手搭在自己的肩膀上，在车厢内慢慢地带着旅客找到了他的座位，放好了行李。

“您的座位左手边是过道，右手边是隔壁的旅客，厕所在本车厢前方 10 步处……有需要帮助的请叫我。”小陈耐心地为旅客介绍道。由于盲人旅客是男性，小陈又委托邻座的男旅客在其上厕所时帮忙照顾一下，得到了这位好心旅客的支持。

几个小时的车程中，小陈时不时地过来问盲人旅客是否需要帮助，并帮助旅客倒茶添水。列车快到郑州站时，车长小须和列车员小陈早早来到盲人旅客身边，带好行李扶着旅客下车。

盲人旅客被列车员的真心打动了，对前来接他的家人不停地说：“他们一路上都在照顾我，很体贴很周到，她们就像是我的眼睛啊……”

项目训练

铁路客运服务人员角色的转换。

【训练目的】

铁路客运服务人员能在各种角色中自然转换，顺利完成每种角色所承担的工作，从而提高客运服务质量。

【训练内容】

情景 1：一小女孩在站台与妈妈走散。

情景 2：列车出发在即，而一名腿脚不便的旅客匆忙赶来。

情景 3：一位坐过站的旅客寻求帮助。

教师评分，评分为百分制（10 分一个等级，如 100，90，80……）。

表 3-1 项目训练评分表

序号	项 目	权重/%	得 分
1	表演是否清晰、准确	30	
2	表达是否清晰、扼要	30	
3	参与是否积极主动	20	
4	学生态度是否谦逊	20	
合 计			

复习思考题

1.解决角色偏差的方法有哪些？

2.铁路客运服务人员应具备的角色心理有哪些？

3.从铁路职工的角色心理来谈谈如何成为一名优秀的客运服务人员。

3.2 客运服务人员的心理品质及培养

3.2.1 积极心理品质

1. 积极心理品质概述

积极心理学倡导研究人们正面的、积极的心理品质，使研究者从多方面探讨能促进个体产生积极状态的各种心理因素。塞利格曼（Seligman）在《积极心理学导论》中认为“积极的个人品质”（positive personal trait）由主观幸福感、乐观、快乐和自决等构成。两年后他提出“积极品质”（positive character）一词，并认为美德和力量是个体积极品质的核心，具有缓冲器的作用，能成为战胜心理疾病的有力武器。在某种意义上，塞利格曼是将美德和力量与积极品质等同看待的，对美德和力量的考察也成为积极心理学兴起后研究的重点。

2000 年 7 月，在克里斯托弗·彼得森（Christopher Peterson）等人的领导下，研究者们通过拜读大量名人著作，并从中归纳出了 200 种人类拥有的美德，并在此基础上提出了普遍著作和观点都支持的 6 种美德，包括：① 智慧与知识；② 勇气；③ 爱与人性；④ 正义；⑤ 节制；⑥ 灵性与超越。

人类积极心理品质的概念就是由以上 6 种人类核心品质组成。但是这些概念都比较抽象，测量起来较困难。为此，人们开始转向研究实现这些美德的途径。比如，节制能通过自律、谦虚、谨慎等来达到；人性可通过仁爱、爱与被爱的能力、同情等属于“力量”的概念来获得。因此，“力量”是培养人类积极品质的途径。

克里斯托弗·彼得森和乔治·范伦特（George Vaillant）领导的小组通过研究发现了与这

6 种美德相对应的 24 种力量：

（1）智慧与知识包括：好奇心（curiosity）、爱学习（love of learning）、判断（judgement）、灵活性或独创性（ingenuity）、社会智力（social intelligence）、观察（perspective）；

（2）勇气包括：英勇（valor）、坚韧性（perseverance）、正直（integrity）；

（3）人性和爱包括：仁慈（kindness）、爱（loving）；

（4）正义包括：公民的职责和权力（citizenship）、公平（fairness）、领导能力（leadership）；

（5）节制包括：自控（self-control）、审慎（prudence）、谦卑（humility）；

（6）超越包括：美的欣赏（appreciation beauty）、感谢的心情（gratitude）、希望（hope）、灵性（spirituality）、宽恕（forgiveness）、幽默（humor）、风趣（zest）。

2. 积极心理品质判定标准

（1）这种积极力量是一种特质，具有跨情景的一般性和跨时间的稳定性；

（2）积极特质可以帮助自己或他人更幸福地生活；

（3）积极特质接受道德的评估，而不是结果；

（4）当个体表现出积极特质时，能激发周围的人也显露这种特质；

（5）文明为力量提供着强有力的支持；

（6）有公认的榜样的存在；

（7）每个积极特质都不能再被分解成其他优点。

3.2.2 客运服务人员的心理现状及心理品质培养

现代市场对服务质量的要求是高层次的。高素质的服务不仅要求服务主体提供良好的服务设施和服务环境，而且对人员素质的要求也很高。为了满足旅客的各种合理需要，做好客运服务工作，客运服务人员必须具备良好的心理品质。

3.2.2.1 客运服务人员职业心理现状

铁路企业在我国不仅是老企业，也是大企业，其中有相当数量的职工从事客运服务。他们的职业动机不一定都相同，除了客观方面的历史原因、家庭原因、就业机会、个人志趣等原因，主要是主观因素，即为了满足两大需要：

1. 生存的需要

生存的需要即希望得到合理的工资报酬和福利待遇。客运服务人员就业的动机首先就是为了满足生活的需要，通过劳动获得维持生活的工资。当然，工资的多少也是衡量一个人的社会价值和发展水平的尺度，具有满足人的自尊需要的意义。

2. 发展的需要

发展的需要即希望有良好的工作环境和从事自己感兴趣的工作，渴望归属一个优秀的职业群体，以充分发挥自己的才干，实现自己的价值。许多服务人员把为旅客排忧解难看成工作中不可缺少的一部分，认为在服务工作中可以充分发挥自己的聪明才智，表现出自己的道德风貌和人生价值，为社会做出贡献。

这两种需要，每一个客运服务人员都具有，只是心理上考虑的重点、组合的方式不同。但是，还有很多可能影响客运服务人员职业心理的东西。

例如，由于历史上长期存在着“服务工作就是伺候人”的偏见，社会上部分人也看不起服务工作，这就容易使客运员、列车员产生“低人一等”的职业自卑心理。有的列车员就认为，列车员就是“受气员”，旅客将车下受的气、车上与其他旅客发生口角受的气通通发泄到列车员身上，列车员则要看旅客的脸色，认为铁路服务工作没出息、没前途。旅客列车犹如一个小社会，各行各业的人都有，客运人员每天接触各种各样的人，经常会受到好的影响，也会受到五光十色的物质引诱和精神侵蚀，使得部分客运人员有重利心理，甚至有的职工利用职务之便，以票谋私。

此外，客运服务人员常常跑车在外，非常辛苦，由于分配制度存在着一些弊端，客运服务人员容易产生雇佣心理，甚至有的人采取“按酬付劳”“得过且过”“当一天和尚撞一天钟”的工作态度。

所以，客运服务人员还有很多有待改进的地方，优化职业心理，加强职业理想、职业道德、职业纪律和政治思想教育势在必行。

3.2.2.2 客运服务人员应具备的心理品质

旅客的各种需要的切实满足，取决于客运服务人员的积极性和劳动效率，而人的积极性与劳动效率的高低，与人的心理品质密切相关。因此，要满足旅客的各种合理要求，做好客运服务工作，客运服务人员必须具备优良的心理品质。

1. 情感品质

既有增力作用又有减力作用的情感品质应符合以下要求：

（1）情感倾向：正确而高尚。

情感倾向性指人的情感指向什么及为什么而引起。如“憎恨”，客运服务人员对于危害国家和旅客利益的行为憎恨，是鼓舞客运服务人员勇敢与之斗争的崇高情感；但若是对于批评自己错误、缺点的旅客产生憎恨，那就是可能引起口角，导致不良行为的消极情感。

对运输事业的热爱，对旅客的关心爱护，既是客运服务人员高尚情感的重要方面，又是作为一个优秀职工的必备条件。热爱本职工作是责任感和荣誉感的具体体现，这种高尚情感驱使客运服务人员刻苦钻研业务与技术，是提高服务质量的内在动力。只有将这种情感倾注进本职工作，客运服务人员才能在实际行动中自觉维护旅客利益，维护运输形象。“火车头奖章”获得者吕玉霜正是因为具有正确而高尚的情感倾向，才能几十年如一日地为旅客排忧解难，为他人奉献爱心。

1985 年，吕玉霜从客运服务员岗位走上问事处岗位。当她看到自己面前旅客那一张张充满企盼神情的面孔时，她的血沸腾了。她暗下决心：不能让一个旅客在我这个窗口听到一句

“不知道”或不明确的回答。为此，她苦练基本功，一有时间就写就背。每天晚上在家里，她把孩子和丈夫当成旅客，任凭他们父子俩考问。很快，她把全国的主要干线，停车站，软、硬卧及普通票价，列车到开时间等倒背如流，熟记在心。不仅如此，她还将大连市内及郊区的主要企事业单位、高等院校、医院、部队、酒店及风景区的地址、行走路线牢记心中，保证旅客高兴而来、满意而去。

吕玉霜常说的一句话是：“平凡不等于平庸，为旅客排忧解难，为他人奉献爱心，是我最大的快慰。”一次，一位农村妇女乘车到大连看望她正在坐月子的女儿。因人地两生加之天色已晚，这位妇女抱着试试看的心情来到问事窗口寻求帮助。正要下班的吕玉霜听说后，立即打消了回家的念头，帮助这位妇女拎着包裹踏上了寻亲的路。4 个小时后，她终于帮助这位妇女在远离市区的郊外找到了她的女儿，母女相见，喜极而泣，而吕玉霜却累得腰酸背疼。

面对旅客的赞誉和感激，她心静如水。仿佛一切都理所当然。面对无端的挑剔，她也笑容可掬，不平的泪水全往肚子里咽。1999 年夏季，一位从锦州来的老人到问事处递给吕玉霜一张条子，要她按条子上的电话号码找他儿子接站，尽管这不是她工作职责范围内的事，但吕玉霜还是爽快地答应了。不料，电话接通后，对方回答没有此人。得知情况后，老人竟毫无道理地指着吕玉霜的鼻子说：“肯定是你把电话弄错了，真是个窝囊废。”面对老人的无理指责，吕玉霜仍耐心地问，还有没有其他亲人的地址、电话？火气冲天的老人气哼哼地说出了他女儿的电话号码。吕玉霜迅速地拨通了电话，半个小时后，老人的女儿来到车站，毫无谢意地接走了父亲。一位目睹此事全过程的旅客事后在留言簿上写道：“2 号问事员（吕玉霜的服务号码）的修养和耐心，是我这么多年来走南闯北从未见过的。”

吕玉霜说，问事处好比旅客旅行的指南针，这个指南针能不能真正“指南”，关键看客务员是不是尽职尽责，真诚为旅客服务。2000 年春运前，大连第十中学准备在放假期间到各地旅游，由于对行走路线、票价、订票方式等不明确，李校长一下午打了 5 个电话询问。在百忙中，吕玉霜做到了百问不厌。她细心地查找资料，详细地告诉了李校长，感动得这位老校长当即打电话给客运支部书记，表示要找时间带十中教师到大连车站来向吕玉霜学习。

每年冬夏两季，每逢风雪或洪涝灾害之时，铁路运输秩序常被打乱，大连站有时一天最多要滞留几万名旅客。此时，问事处也就成了矛盾的集中点。旅客的焦躁、责骂、怨气，一齐向问事处倾泻。有时有人还指着吕玉霜的鼻子大声指责：“列车为什么晚点？”“为什么还不通车？”面对各种责怪，吕玉霜保持耐心，一边和颜悦色地回答旅客的提问，一边了解前方的情况，及时向旅客通报。她坚信，只要不给铁路抹黑，自己再苦、再累也值！

（2）情感品质：深厚、持久而积极。

“有的列车员刚来班组时，身穿制服，头戴大檐帽，手拎乘务包，感觉挺神气。但是几趟车下来，新鲜劲一过，作业程序简化了，工作标准降低了……”原因何在？因为情感在人的心理活动和行为表现中的反映程度有深有浅，有的稳定而持久，有的则反复多变，涉及人生活重要方面的，同理想、信念、志趣密切相连的，并反映到整个精神生活中的情感，是一种深厚的情感。客运服务人员的深厚情感，可渗透到客运工作的各个方面，起到积极的增力作用，所以，客运服务人员应将自己培养成具有深厚情感的人。吕玉霜之所以能被广大旅客赞誉为“问不倒的旅客贴心人”，就是因为她几十年如一日地任劳任怨、真诚待客、热情服务。

情感的稳定程度和变化状态，对工作也有直接影响，倘若在与旅客打交道的过程中，客运服务人员的情感容易受主体或客体因素的影响而变化无常，那就难以真心实意、稳定持久地满足旅客的需求。

（3）情感效能：促进行动。

情感效能是指情感在人的实际行动中发生作用的程度。客运服务人员应善于把积极而深厚的情感与服务工作结合起来，而不能仅仅停留在对情感的体验上却不付诸实际行动。

旅客希望有舒适的乘车环境，而列车上有一种现象，就是随车叫卖。一些随车叫卖者，寄生虫一般寄生于旅客列车上，少则五六人，多则数十人，一般是以某站为中心，分段向两端活动，有的还固定车次、固定叫卖品种。对于这些人，车站和列车工作人员奈何不得，有的人和列车员熟悉，得到姑息纵容。他们在本已超员的旅客列车中挤来挤去，有的还粗暴对待旅客，扰乱旅客列车治安秩序。有的旅客发现这些随车叫卖者之所以能够上车，是因为有的列车员图省事，与叫卖者做了交易：我让你上车叫卖，你帮我打扫卫生。问那些失职的列车员，他可能也会说“我喜欢这个工作”，但他并没有将情感倾注在本职工作上以促进本该属于自己的行动。

2. 意志品质

人的意志发展相对晚于认识与情感。早期的意志水平，表现为自制力与纪律性，继而向坚持性、果断性发展。科学地培养与发展客运人员的意志素质，将推动客运服务质量的不断提高。

（1）明确行动的自觉性。

意志的自觉性指一个人有明确的行动目的，使自己的行动服从于社会的目的和要求。

一位26岁的大学生，毕业于某大学企业管理专业，分配到某客运段不到两年，就成为车队唯一的大学生列车长。他利用自己所学的管理知识在工作中下功夫，既带领车班优质服务，提出了“旅客的需求就是我们的服务，旅客的满意就是我们的标准”，并摸索出“卧铺车厢无干扰工作法”，又注意团结车班每一个人，工作做得有声有色。他之所以能在平凡的岗位上踏实工作，就在于他有明确的行动目的，能深刻地认识到行动的社会意义，因而在行动中以自觉完成任务作为自己的行动目标。

（2）决定行动的果断性。

意志的果断性指一个人能迅速地做出决策，毫不犹豫地采取行动。它是客运服务工作对客运服务人员提出的基本要求，是做好服务工作、提高工作效率的必要条件。

客运工作任务艰巨而又复杂，随时可能遇到紧急情况或发生人际冲突，唯有具备意志的果断性，才会在紧急情况下迅速做出应对紧急情况的决定。否则，当断不断，犹豫不决，可能酿成灾祸。特别是列车长和值班员等，由于工作的特殊性，更需要这种决断。

7月2日上午8时左右，和往常一样，来自广州周边各地的接车人员来到广州站，准备接由上海开往广州东的99次列车的旅客。这时候，他们被站方告知，99次列车因故改变径路，不走京广线而改走京九线，不经过广州站，请接车的同志到广州东站接车。近20名接车人员急匆匆地赶往广州东站。

当他们来到广州东站后，又被告知正点在9时17分到达广州东站的99次列车将晚点到达，时间尚不能确定。到了14时许，接车人员的情绪开始激动，其中二十几名深圳、珠海等地的人员自发组织在一起，涌上二楼客运值班室。值班站长和客运车间主任接待了他们，并向他们解释列车晚点的原因。这些人提出要铁路赔偿他们的时间损失，并从办公桌上查到站长的手机号码，向站长投诉。接到电话后，站长立即指示客运车间把这部分人员安排到贵宾室休息，做好解释工作，取得他们的谅解。

来到贵宾室后，工作人员为他们端上热腾腾的茶水，耐心解释晚点原因。在热情接待中得知了列车晚点的原委后，这部分接车人员慢慢打消了怒气。下午5时，工作人员又带他们到四楼食堂，以低于市场的价格，为他们供应晚餐。

这二十几位接车人员吃过饭后，在舒适宜人的贵宾室里一边品茶一边看书看报，还不时围着广州东站的建筑模型观看议论，先前的怨气和不满都消失了。他们说，由于对铁路工作不了解，对列车晚点一事有误解。

为善始善终做好接待这批接车人员的工作，原本值晚班的车站工会主席得知情况后，提前一小时来到车站，来到接车人员中间，做细致的工作，并诚恳地希望他们对铁路工作多提宝贵意见。

20时左右，99次列车有了信息，车站又安排他们到站台上接人。20时23分，一道明亮的光束刺破夜幕，99次列车在晚点11小时6分钟后，载着旅客似箭的归心，迎着接车人员翘首企盼的目光，终于到达了广州东站，一时间，问候声、呼唤声此起彼伏。

这时，有10位要回布吉等广深沿线的旅客，因此时广深线上的普速列车已经没有了，只能赶20时55分的73次列车到达深圳后再转乘汽车，东站工作人员又把他们一一送上车，安排在列车上补票。

随着一声长笛鸣响，车站工作人员与旅客挥手告别。这起晚点风波，终于圆满解决。

（3）执行行动的自制力。

意志的自制力指一个人善于控制和支配自己的情绪和行动的能力。具有自制力的人，情绪较稳定，组织纪律性强，而缺乏自制力的人则情绪易冲动，组织纪律性差。

从南方大都市开往西南重镇的某次列车，硬座车厢里垃圾遍地让人无法下脚，油腻腻的地板踩上去黏黏糊糊的。5号车厢堆着大堆呕吐物，周围旅客都掩鼻而坐。但是事情在10分钟内起了戏剧性变化：在某站开车前，车厢里成串的小贩突然消失了。列车员全体出动清扫垃圾，用洗过的拖把拖地，清洗厕所。到下一个停车站，列车已是焕然一新。原因是暗访的记者，暴露了身份，于是记者走到哪节车厢，都受到列车员“欢迎检查”的恭候。来到硬卧车，那里同样打扫得干净整洁。直到终点站，也不见列车员提前收卧具打扰旅客。

作为客运服务人员，除了应付检查，该做的事情都不做，不能以铁路的职业道德、职业纪律约束自己，实在叫人痛心。有一些列车员却可以用高度的自制力来约束自己的行为，维护铁路的形象。

（4）保持行动的坚韧性。

意志的坚韧性是指一个人能够长时间地保持充沛的精力和顽强的毅力，坚持不懈地行动，达到预定目的。

在与旅客的交往中，客运服务人员受误解甚至被无理刁难的情况时有发生，有了坚韧性的品质，才能在任何情况下都能保持冷静、耐心，不会有非“战胜”对方不可的表现。前面我们所讲的那些优秀客运工作者就具有这种品质。某服务员在餐车上饭时，遇到一位喝醉酒的旅客，嫌饭菜上得慢，嘴里骂骂咧咧。她怎么解释对方都不听，于是采取了在心里默数 1、2、3、4、5……的方法，把自己的情绪稳定好，含笑走到跟前给他上菜端饭。当该旅客快要吃完的时候，她又问："您还需要什么？"对方慌忙回答："不不……谢谢……"不好意思地走开了。

3. 能力品质

能力是直接影响工作效率的个性心理特征。一个有作为的、优秀的客运服务人员，必须具备较强的能力品质，既要有一般能力，又要有特殊能力。

（1）具有良好的观察能力。

在这竞争不断加剧、观念亟待变革的年代，往日"杯中水不干，地如明镜般"的单一服务水准，早已不能满足旅客日益提高的乘车需求。

怎样才能独树一帜呢？某客运段某次列车发现自列车改为夕发朝至以来，旅客表扬信、锦旗、新闻媒体表扬等在原来的基础上大幅度增加，尤其是表扬拾金不昧的内容占比最大。细心调查分析后，他们又发现一个新问题：由于列车改点后，两头终到的时间都比较早，特别是冬天，旅客刚从睡梦中醒来，就匆匆忙忙下车，容易将手机、钱包、随身听、眼镜等物品忘在车上。特别是在春运高峰期，有时一趟车下来光手机就能拾到两三个，别的小物品就更多了。车队决定从拾金不昧的表扬背后查找自身存在的不足，并向大家提出：一要保证旅客休息，不能提前收卧具；二要提醒旅客安全下车，不能在车上遗失东西。他们要求终到前每个乘务员都必须提前 10 分钟逐格、逐铺提醒旅客带好行李物品。特别有针对性地对老人的眼镜、学生的手机、女士的首饰化妆包、婴儿的奶瓶玩具等进行提示，从而有效地减少了旅客物品遗失率。卧铺车每个车厢的 1、2 号下铺和 21、22 号下铺离端门较近，门扇不时发出撞击声，旅客休息受到很大影响。他们就特意制作了许多布条，将门包严，这样既降低了撞击声，又能更好地保持车厢温度。一位旅客说："真跟回到家一样，我家门上也是这样包的布条。"

在客运服务中，客运服务人员只有具备这样体察入微、善于从细小事情做起的本领，才能为旅客提供优质服务，才能及时发现各种意外情况，有效防止各种事故的发生。

（2）具有良好的注意力。

这是客运服务人员顺利开展工作，提高服务质量的前提，在这个前提下，客运服务人员在服务中就可以做到：

① 始终把注意力集中在主要问题上；

② 适当地分配注意，使工作没有疏漏；

③ 迅速而准确地转移注意，能发现新情况；

④ 灵活交替有意注意和无意注意，使整个工作过程既专心致志又轻松愉快。

（3）具有良好的记忆力。

有了良好的记忆力，才能牢记业务技术理论和实际操作技能，并灵活运用。否则，拿东忘西，对旅客的询问一问二不知，不仅工作吃力，效率不高，也无法赢得旅客的尊敬、爱戴与支持。

（4）具有较强的表达能力。

一个表达能力较强的客运服务人员，在回答旅客的询问、进行宣传鼓动、与旅客交流时，会因其语言明快，表情自然而又富有感染力而收到较好的效果。

除了上述能力外，客运服务人员还需要其他一些能力，如抗挫折能力等，这些能力综合起来，会使客运服务人员工作起来更为得心应手。

3.2.2.3　客运服务人员的个性修养

个性修养包括的内容很多，但对铁路客运服务人员来讲，应着重在道德修养、能力修养和性格修养方面下功夫。

1. 道德修养

铁路客运服务人员的道德修养，第一要牢记铁路职工职业道德的基本规范；第二要了解道德修养的基本发展阶段。

（1）铁路职工的职业道德规范。

铁路总公司为全路职工提出的职业道德规范是：注重质量，讲究信誉；尊客爱货，热情周到；遵章守纪，保证安全；团结协作，顾全大局；艰苦奋斗，勇于奉献；廉洁自律，秉公办事；爱路护路，尽职尽责；率先垂范，甘当公仆。记住了上述规范，客运服务人员在职业道德的修养过程中才有明确的目标与方向。

（2）道德修养的过程。

一般来讲，道德修养要经历如下五个实践阶段：

第一阶段，道德行为阶段。在这个阶段中，客运服务人员不管本人愿不愿意，都必须用职业道德规范束约束自己的道德行为，做到尊重旅客，包括尊重他们的民族习惯、宗教信仰及其他生理、心理的需求。

第二阶段，道德情感阶段。经过不断的道德实践，客运服务人员会从情感上完全接受职业道德规范，从而自觉地在工作中贯彻执行这些规范。

第三阶段，道德信仰阶段。到了这一阶段，客运服务人员对铁路职业道德规范有了理性的认识，能把这些规范作为自身工作的信念。

第四阶段，道德义务阶段。在这一阶段，客运服务人员能把执行铁路职业道德规范看作是自身对社会的义务，不但能成为遵守规范的楷模，还能以此熏陶与带动旅客共同提高执行社会公德的意识。

2000年6月的一天，某次列车开车后，一些旅客排队想补卧铺，为争空出来的一张卧铺，旅客秩序有些乱。补票员耐心地说："尊老爱幼是中华民族的美德，我建议这张铺让给你们当中年龄最大的一位，不知大家有没有意见？"大家都不说话了，接着，有人举起了同意的手。当大家一致同意把铺让给排在后面的一位老人时，补票员一再致谢，就像是给自己找到一个铺位。老人激动地说："我以为自己没希望了，没想到大家把温暖给了我。"其他没有买到卧铺的旅客临下车时还热诚地对补票员说："你们树立了社会新风！"

第五阶段，道德需要阶段。这是道德境界的最高升华阶段，一旦道德成为每个社会成员的第一需要，我们的地球将变得多么美好！道德就由他律的约束进入了自律的境界。

道德修养指的是人们依据一定的道德原则和规范，进行自我教育、自我反省、自我完善，并在社会实践中自觉改造自己，提高个人的精神境界的道德实践活动。为了提升道德修养，应着重做到下列三点：

第一，强化客运部门是铁路的窗口意识，珍惜铁路的声誉，做到尊重旅客，实现优质服务。

尊重旅客即：① 尊重旅客的人格；② 尊重旅客的劳动；③ 尊重旅客的风俗习惯；④ 尊重旅客的宗教信仰；⑤ 尊重旅客的隐私。

第二，秉公办事，自觉抵制行业不正之风。

秉公办事即严格按规章制度办事，不因个人的私利而做违反规章制度的事，如客运服务人员该补票的必须按规定补票，该罚款的则应按规定罚款，不因是亲朋好友而让其无票乘车，该罚款的也任之放过；也不因旅客给自己提过意见或曾与自己有过争吵而给人“小鞋”穿，不该罚款却罚款，该轻罚的却重罚，更不能为了谋私利而自己拿钱，放过补票，损害集体的利益。

第三，文明礼貌，仪表端庄。

铁路客运服务礼仪，是指铁路车站、列车服务工作中向旅客表示敬意的仪式和礼节，是客运服务人员必须遵循的服务规范。掌握服务礼仪，做到礼貌待客，是做好铁路客运服务工作的先决条件。塑造现代铁路礼仪礼貌，不单是服务人员的工作需要，而且是一个人道德文化修养的直接表现。所以，为创建铁路客运的优质服务，提高铁路员工的综合素质，学习服务礼仪礼貌有着十分重要的意义。

① 客运服务工作的特点是直接为旅客提供服务，良好的服务礼仪可以弥补某些客运设施条件的不足，会产生积极的社会效果，可以满足旅客的心理需求。

② 客运服务礼仪体现铁路企业的管理水平和服务水平。服务是铁路企业精神文明的“窗口”，员工的礼仪规范不单是个人形象问题，更重要的是反映出铁路的企业形象，同时也反映出国家和民族的道德水准、文明程度和精神面貌。

③ 客运服务礼仪可以塑造铁路职工爱岗敬业的完美自我形象。每一位客运服务人员在工作中以良好的礼仪行为体现对旅客的尊重和友好，展示自己的风度和内在美，既是自尊自爱的表现，也是为人民服务的事业心和责任感、自豪感的具体反映。

2. 能力修养

虽然对客运服务人员的技术要求比对车辆、机务、电务部门相对低一些，但生产力的发展、科技的进步，也要求客运服务人员一方面在工作中熟练掌握职业技能，另一方面不断学习各种科学知识，发挥出自己的创造能力，优质服务。

“全国服务标兵”“五一劳动奖章”获得者——太原客运段某列车员自学哲学、语言学、逻辑学、心理学等方面的知识，通过自己在工作中的观察分析，总结出旅客10种不同的心理要求，并针对这些要求采取不同的服务方法，避免单一服务造成的夹缝，让每位旅客高兴而来，满意而去。她还写出《列车文明用语对话七十例》和《各种旅客心理分析及服务对策》，将列车员的服务水平推向新的高度。

3. 性格修养

性格是一个人相对固定的对人、对事的态度和行为方式，这种重复出现的态度和行为方式虽然以先天的气质为基础，但主要是后天发展起来的，是社会的产物。因此，培养良好的性格品质，对铁路运输行业来说是十分重要的。

客运服务人员可以从多方面培养优良性格：

在工作态度方面，要注意培养对铁路客运服务工作的责任感，对工作勤奋、踏实、认真，对旅客满腔热情。

在自己的行为方面，养成严格的组织性、纪律性，培养勇敢、坚忍不拔的奋斗精神。

在情绪状态方面，客运服务人员要注意精神饱满、活泼开朗，注意培养革命乐观主义精神，善于克制自己，不被消极悲观情绪所感染。要增强心理的承受能力，提高情绪的自我控制力。自我控制是提升精神生活的力量，也是维护自尊、增强适应社会的根本。自控能力也是情商五种能力中重要的一种。那么，我们怎样才能提高自我控制的能力呢？美国前总统罗斯福的顾问希尔博士指出："对事物认识越正确，越深刻，自制力就越强。"又说："你越文明、越有修养，你就越能控制好自己的情绪和感情。"也就是说，自控能力的高低固然离不开我们的学识、见识，但起决定作用的是自我心性的修养和辩证的思维。需要的是思想的开通、胸怀的开阔、心境的开朗。而要达此境界，就得更多地从知识的海洋中汲取人生的智慧。读书是很有价值的。有时一个观点、一个事例，就如清风朗月般使人心灵舒展，使人顿悟。当我们明白了更多人生世事的道理，心里自然由阴转晴。对当今社会一些不如人意或困惑的状况，如果我们纵观历史，便会疑团冰释。历史的发展总是循环演进，万物都自有起伏的规律，明白这点，我们才能去接受人生的种种逆境、挫折和苦楚。

先贤孟子提倡的内观自省，也是减少不必要的心理刺激的良方。有些事情尽管不遂人意，但只要自己尽心力，就应坦然以对，不要整天耿耿于怀，陷入患得患失的自我折磨之中；如自己未尽心，那是咎由自取，需要的是赶紧找出补过的办法，此"过"并非一定是错误，还包括我们的思维方法、工作方法和适应能力等。有了这种善于察己自省的修养，并能全面地、历史地、联系地看待自己、看待别人、看待社会，我们便会通达从容些，减少紧张、焦虑、愤恨、沮丧、憎恨、忧伤、不满等负向情绪，保持情绪相对稳定和缓变化，并冷静地、乐观地寻找排忧解难的办法。

3.2.2.4 客运服务人员心理品质的培养

职工优秀心理品质的培养，主要靠自我修养，但也离不开组织培养。客运领导者和管理者应该从职工的心理规律出发，遵循因势利导和循序渐进的原则，创造良好的外部条件，对主体施加影响，充分调动职工的内在动力。

1. 分析心理需求

心理需求在人的心理品质的形成和发展中具有重要作用。故要培养客运服务人员优秀心理品质，应正确分析和引导其心理需求。人的心理需求是多方面多层次的，但总有处在支配地位的主导需求，我们应引导客运服务人员把物质需求和精神需求、个人利益的需求和集体利益的需求结合起来，正确处理各种需求之间的关系和矛盾，提高追求的层次。某客运段注重素质领先，他们先后开展爱国主义教育、职业道德教育、市场形势教育等系列活动，并注重把课堂系列讲座同社会实践活动紧密结合起来，不断增强职工的市场意识、服务意识和奉献意识。他们投资 3 万元建成荣誉室，通过图片、实物让职工了解客运段的辉煌历程，激发新一代人的光荣责任感和使命感；还对全队干部职工工作进行革命传统教育，教育大家爱国爱路、爱岗敬业。

为提高职工的服务技能，要狠抓业务知识的学习和训练、把集中学习与自学、路内学习与路外学习、书中学与干中学结合起来，引导鼓励职工干一行爱一行。要建立健全一系列学习制度，如：日常学习“一趟十题、一月一考、一季一赛”的“三个一”制度，参观学习制度，业务学习考核制度及奖励业务学习标兵制度等。同时，采取“请进来、走出去”的办法，请客运专家、礼仪学校和聋哑学校老师、大学教授以及英语教员，走上强化培训班的讲台。

这样一系列的教育活动，可以引导我们的职工将远大的理想与本职工作相结合，立足岗位，敬业奉献，提高职工队伍的素质和服务技能。

2. 把握个性特征

“我的车厢卫生不比邻车厢差，凭啥把红旗给他？”6 号车厢的乘务员噘着嘴一脸的不高兴。列车长耐心地解释：“6 号车厢的卫生的确不比 7 号差，可评比红旗车厢的条件不仅仅是搞卫生，给旅客一个好的旅行环境，还要为旅客热情服务。你想，若不是邻车厢列车员小赵为旅客做了大量的服务，评比时旅客们能争着夸小赵的工作好吗？”一席话说得 6 号车厢的乘务员惭愧地低下头。一看她气顺了，列车长拍了拍她的肩头，热情地说：“争红旗是好事，这说明你有上进心，认识到差距，我们努力赶上。”乘务员点了点头：“下次评比我一定要扛红旗！”

自我意识包括自我评价、自我观点、自爱心、自卑感、自信心、自制力、独立性等。自我意识能力的增强，能使人主动根据社会的要求，发扬自己个性中的优点，抑制个性中的缺点，强烈关心自己品德素养、情感素养的提高。帮助客运服务人员从个体品德方面提高自我意识的能力，可以采取以下方法：

（1）建立正确的社会评价和集体舆论，提高客运服务人员对职业道德的认识，促进是非观念和名誉心理的健康发展。

（2）通过宣扬先进人物扩大榜样的影响力。

（3）通过多种途径宣传铁路的发展机遇和挑战，使客运服务人员明确自己的使命，进而增强热爱本职工作的情感。

列车长就是把握了那位乘务员的个性特征，用事实来提醒、教育了她。

3. 创造良好环境

某次列车运行在徐州至枣庄间，班组长注意到自己对班的列车员小伙子神情恍惚，回答旅客提问心不在焉。原来他是因为妻子临产在即，家中无人照顾而忧心忡忡。于是安慰道：“你放心，你的困难就是咱大家的困难，要相信集体的力量，车队会想办法妥善安排的。”班组长立即向列车长做了汇报，并利用车载电话与车队取得联系。不久，小伙子接班时，办公席的车载电话响了，是找他的。小伙子忐忑不安地接过电话，电话中传出了队长的声音："小伙子，恭喜你添了一个健康的儿子，你媳妇让我嘱咐你在车上集中精力工作，家里由我们来照顾，工作可不要分心了。"

心境影响人的劳动态度和工作效率，而心境的形成又同人所处的环境密切相关，所以，我们应以人为本，为客运服务人员创造舒心的工作和生活环境。同时，应注重企业文化建设，努力形成"个个创品牌，人人讲品牌，处处树品牌"的浓厚氛围。

（1）合理组织劳动。

一方面根据职工的兴趣、爱好、性格、能力和需要安排适宜的工作，另一方面则要注意防止过度疲劳，这会有利于职工积极心境的形成。

（2）协调人际关系。

要处理好职工间的利益关系和心理关系，造成和谐而欢乐的劳动气氛，使人人都能感到劳动的喜悦和集体的温暖。

广东铁路青年旅行社乘务员考核制度、列车长竞争上岗制度很严格，但列车员间人际关系、敬业精神很好。一位刚由列车员竞争为列车长的小伙子，本来当天不用上车，但他还是要随九江车组跑最后一次，因为舍不得离开大伙，大伙也舍不得他，纷纷向他表示祝贺，并为他点歌。在交班会议上，两位列车长都说，希望"我们的车班能出更多的人才"。全体人员都站起来鼓掌，在这样的氛围中工作，肯定是越干越有劲。

（3）改善生活条件。

客运服务人员很多长年在外奔波劳碌，管理者要关心、爱护他们，尽量帮助他们解决物质生活中的实际困难。心理上没有了负担与顾虑，工作起来才能放开手脚。

（4）加强教育培训。

要深入开展职业道德和"两纪"教育，提高客运服务人员思想政治素质。要强化客运系统干部职工的质量观念，牢固树立质量意识，使提高客运服务质量成为全员的自觉行动。在培训内容上要从实际出发，以岗位应知应会、基本作业技能和突发事件的处理能力为基础，加强礼仪知识、服务技巧、服务心理学、公共关系学等方面的知识培训，从而切实提高客运队伍的整体素质。

（5）干部以身作则。

广铁集团从2000年起宣布：凡查出私带无票旅客者，就地下岗并清除出客运队，同时撤销列车长的职务；凡连续发生3次作业问题的客运、乘警和列检的单位，站段长写出检查，并视其情节轻重给予处分，情节严重的坚决撤销客运段长、乘警长和车辆段长的职务，甚至追究法律责任。

领导的基本功能是组织功能和激励功能，前者主要是指科学地、合理地组织生产过程；后者主要是指了解并采取适当措施满足下属的需要，从而影响和改变下属的认识、态度、兴趣和行为。客运部门的干部如果要有影响力，就必定要有良好的心理品质，特别要以身作则，如要求下属不以权谋私，自己应首先做到；要求下属勤学习，提高服务质量，自己应该肯学肯动脑，在岗位上成为表率。

3.2.3 知识拓展

心理测验——意志品质自测量表

1. 意志品质自测量表

不管是在学习还是在工作中，我们有时的行为会使我们为自己是有“志”者还是无“志”者而困惑。其实，所谓有志无志，并不是单一地从哪一方面去评定，而是对其自觉性、果断性、坚毅性、自制力等意志品质的综合考查。当然，“有志者事竟成”。早在两千多年以前的荀子就曾说过：“锲而舍之，朽木不折；锲而不舍，金石可镂。”古往今来，无数事实也证明：智力优秀但缺乏意志的人是难以成就的，而智力平平但意志坚强的人终有作为。那么，你的意志品质如何呢？

请阅读下列各题，在每题的五个答案中选择一个。

（1）我很喜欢长跑、远途旅行、爬山等体育运动，但并不是因为我的身体条件适合这些项目，而是因为它们能使我更有毅力。

A. 很同意　B. 比较同意　C. 无所谓　D. 不大同意　E. 反对

（2）我给自己订的计划常常因为主观原因不能如期完成。

A. 这种情况很多　B. 较多　C. 不多不少　D. 较少　E. 没有

（3）如没有特殊原因，我能每天按时起床，不睡懒觉。

A. 很同意　B. 较同意　C. 无所谓　D. 不大同意　E. 反对

（4）订的计划应有一定的灵活性，如果完成计划有困难，随时可以改变或撤销它。

A. 很同意　B. 较同意　C. 无所谓　D. 不大同意　E. 反对

（5）在学习和娱乐发生冲突的时候，哪怕这种娱乐很有吸引力，我也会马上决定去学习。

A. 经常如此　B. 较常如此　C. 时有时无　D. 较少如此　E. 非如此

（6）在学习和工作中遇到困难的时候，最好的办法是立即向师长、同学或其他同志求援。

A. 很同意　B. 较同意　C. 无所谓　D. 不大同意　E. 反对

（7）在练长跑中遇到生理反应，觉得跑不动，我常常咬紧牙关，坚持到底。

A. 经常如此　B. 较常如此　C. 时有时无　D. 较少如此　E. 非如此

（8）我常因读一本引人入胜的小说而不能按时入睡。

A. 经常有　B. 较多　C. 时有时无　D. 较少　E. 没有

（9）我在做一件应该做的事之前，常能想到做与不做的好坏结果而有目的地去做。

A. 经常如此　B. 较常如此　C. 时有时无　D. 较少如此　E. 非如此

（10）如果对一件事不感兴趣，那么不管它是什么事，我的积极性都不高。

A. 经常如此　B. 较常如此　C. 时有时无　D. 较少如此　E. 非如此

（11）当我同时面临一件该做的事和一件不该做却吸引着我的事时，我常常经过激烈斗争，使前者占上风。

A. 是　B. 有时是　C. 是与非之间　D. 很少这样　E. 不是

（12）有时我躺在床上，下决心第二天要干件重要事情（如学习外语），但到第二天，这种劲头又消失了。

A. 常有　　B. 较常有　　C. 时有时无　　D. 较少　　E. 没有

（13）我能长时间做一件重要但枯燥无味的事情。

A. 是　　B. 有时是　　C. 是与非之间　　D. 很少这样　　E. 不是

（14）生活中遇到复杂问题时，我常优柔寡断，举棋不定。

A. 常有　　B. 有时有　　C. 时有时无　　D. 很少有　　E. 没有

（15）做一件事之前，我首先想的是它的重要性，其次才是它是否使我感兴趣。

A. 是　　B. 有时是　　C. 是与非之间　　D. 很少是　　E. 不是

（16）我遇到困难情况时，常常希望别人帮我拿主意。

A. 是　　B. 有时是　　C. 是与非之间　　D. 很少是　　E. 不是

（17）我决定做一件事情时，常说干就干，决不拖延或让它落空。

A. 是　　B. 有时是　　C. 是与非之间　　D. 很少是　　E. 不是

（18）在和别人争吵时，虽然明知不对，我却忍不住说些过头话，甚至骂他几句。

A. 时常有　　B. 有时有　　C. 时有时无　　D. 很少有　　E. 没有

（19）我希望做一个坚强的有毅力的人，因为我深信“有志者事竟成”。

A. 是　　B. 有时是　　C. 是与非之间　　D. 很少是　　E. 不是

（20）我相信机遇，好多事实证明，机遇的作用有时大大超过人的努力。

A. 是　　B. 有时是　　C. 是与非之间　　D. 很少是　　E. 不是

2. 耐挫折性测验量表

每个人在学习、生活和工作中，都会遇到不同程度的挫折。同样面对挫折，有的人弹性十足，有的人一蹶不振，而大多数人则介于两者之间。那么你呢？请用“同意”或“不同意”回答下列问题。回答越坦率，越能准确测出你的受挫弹性。

（1）胜利就是一切。

（2）我基本是个幸运儿。

（3）白天工作不顺利，会影响我整晚的心境。

（4）一个连续两年都名列最后的球队，应退出比赛。

（5）我喜欢雨天，因为雨后常是阳光普照。

（6）如果某人擅自动用我的东西，我会气上一段时间。

（7）汽车经过时溅了我一身泥水，我生一会儿气便算了。

（8）只要我继续努力，我便会得到应有的回报。

（9）如果有感冒流行，我常是第一个被感染的人。

（10）如果不是因几次霉运，我一定比现在更有成就。

（11）失败并不可耻。

（12）我是有自信心的人。

（13）落在最后，常叫人提不起竞争心。

（14）我喜欢冒险。

（15）假期过后，我需要舒缓一天才能恢复常态。
（16）遭遇的每一次否定都使我更进一步接近肯定。
（17）我想我一定受不了被解雇的羞辱。
（18）如果向我所爱的人求婚被拒绝，我一定会精神崩溃。
（19）我总不忘过去的错误。
（20）我的生活中，常有些令人沮丧气馁的日子。
（21）负债累累的光景叫我寒心。
（22）我觉得要建立新的人际关系相当容易。
（23）如果周末不愉快，星期一便很难集中精力工作。
（24）在我生命中，我已有过失败的教训。
（25）我对侮辱很在意。
（26）如果聘任职务失败，我会愿意再尝试。
（27）遗失了钥匙会叫我整星期不安。
（28）我已达到能够不介意大多数事情的地步。
（29）想到可能无法完成某项重要事情，会使我不寒而栗。
（30）我很少为昨天发生的事情烦心。
（31）我不易心灰意冷。
（32）必须要有百分之五十以上的把握，我才会冒险把时间投资在某件事上。
（33）命运对我不公平。
（34）对他人的恨维持很久。
（35）聪明的人知道什么时候该放弃。
（36）偶尔做个败北者，我也能坦然接受。
（37）新闻报道中的大灾难，使我无法专心工作。
（38）任何一件事遭到否决，我都会寻求报复的机会。

3. 参考答案

（1）意志品质的自测量表。

凡单序号题（1、3、5……），每题后面的五种回答，从第一到第五种依次记 5、4、3、2、1 分；凡双序号题（2、4、6……），题后五种回答依次记 1、2、3、4、5 分。然后将各题得分相加，总分为：

① 81 ~ 100 分：意志很坚强。

② 61 ~ 80 分：意志较坚强。

③ 41 ~ 60 分：意志品质一般。

④ 21 ~ 40 分：意志较薄弱。

⑤ 0 ~ 20 分：意志很薄弱。

（2）耐挫折性测验量表。

上列问题，列入“不同意”者为：1、3、4、6、9、10、15、17、18、19、20、21、23、

24、25、27、28、29、32、33、34、35、36、37，其余题为“同意”。

依上述答案，相符者给 1 分，相反为 0 分，如果你只得到 10 分或者更少，那么你就是那种易被逆境、失望或挫折所左右的人，你把逆境看得太严重，一旦跌倒，要很久才能站起。你不相信“胜利在望”，只承认“见风使舵”。总分在 11~25 分之间者，遇到某些灾祸或逆境的时候，往往需要相当时间才能振作起来。不过这类人却能找到很多的技巧和策略来获取个人的利益。如果你的总分高于 25 分，则显示你应付逆境的弹性极佳。不理想的境遇对你虽然会造成伤害，但不会持久。这类人在感情上通常相当成熟，对生活也充满热爱。他们不承认有失败，纵然一时失败，仍坚信有东山再起的一天。

3.2.4 相关案例

案例 3-3 以情动人 以理服人

20××年 7 月 9 日，G7042 次列车途中临时停车。

“服务员，服务员……”突然的停车让车厢里的乘客炸开了锅，气氛变得紧张起来。听到声音，保洁员小殷赶紧跑上前。

“您好，先生，前方线路故障，为了保证大家的安全，列车暂时停车。”

“这是什么高铁啊，尽吹牛！还临时停车呢，我有急事！”

其他旅客也耐不住了，情绪急躁起来……

小殷镇定下来，微笑着说：“诸位旅客，请不要着急，列车晚点也不是我们希望的，临时停车是为了大家的生命安全，安全大于一切。我会把车厢打扫干净，让大家在一个干净舒适的环境中等候。我会负责给需要的旅客倒水，有哪位旅客需要水，我给您倒去。”

听到这些话，车厢里的气氛慢慢缓和了。15 分钟过后，列车缓缓移动了，小殷终于松了一口气，走到 4 号车厢连接处时，一位焦急的大爷正站在车窗前。

“大爷，您怎么了，有什么需要帮助的吗？”小殷问道。

“我等着要赶去杭州的车，怕是赶不上了，哎……”

“大爷，您不要着急，我带您去找列车长，帮您联系其他车子，保证您顺利到达杭州。”

在小殷的带领下，大爷找到了列车长，并联系上了去杭州的高铁。

案例 3-4 用情动人 以“礼”服人

北京至珠海的某次列车上，头等车厢是满客，还有 5 名 VIP 旅客。列车组自然是不敢掉以轻心。头等车厢 15 号座位是一位外籍旅客，入座后对列车员还很友善，并不时和列车员做鬼脸儿开开玩笑。列车开行后这名外籍客人一直在睡觉，列车员忙碌着为 VIP 一行和其他客人提供餐饮服务。然而两个小时后，这名外籍旅客忽然怒气冲冲地走到服务区，大发雷霆，用英语对列车员说道：“两个小时的时间里，你们竟然不为我提供任何服务，甚至连一杯水都没有！”说完就返回座位了。旅客突如其来的愤怒使列车员们很吃惊。头等车厢列车员 A 很委屈地说：“列车长，他一直在睡觉，我不便打扰他呀！”说完立即端了杯水送过去，被这位旅客拒绝；接着她又送去一盘点心，旅客仍然不予理睬。如果是你，怎样处理？

眼看着将进入停车靠站阶段，不能让旅客带着怒气下列车。A 灵机一动用水果制作了一个委屈脸型的水果盘，端到客人的面前，慢慢蹲下来轻声说道："先生，我非常难过！"旅客看到水果拼盘制成的脸谱很吃惊："真的？为什么难过呀？""其实在行车过程中我们一直都有关注您，列车开行后，您就睡觉了，我们为您盖上了毛毯，关闭了通风孔，后来我发现您把毛毯拿开了，继续在闭目休息。"旅客情绪开始缓和，并微笑着说道："是的！你们如此真诚，我误解你们了，或许你们也很难意识到我到底是睡着了还是闭目休息，我为我的粗鲁向你们道歉，请原谅！"说完他把那片表示难过的西红柿片 360 度旋转，变成一个开心的笑容果盘。

项目训练

注意力、观察力及记忆力的训练。

【训练目的】

提高客运服务人员的注意力，观察力及记忆力，以便为旅客提供更优质的服务。

【训练内容】

1. 注意力的训练

舒尔特训练法：在一张有 25 个小方格的表中，将 1 ~ 25 的数字打乱顺序，填写在里面（见下表），然后以最快的速度从 1 数到 25，要边读边指出，同时计时。研究表明：正常成年人看一张图表的时间大约是 25 ~ 30 秒，有些人可以缩短到十几秒。你可以自己多制作几张这样的训练表，每天训练一遍，相信你的注意力水平一定会逐步提高！

6	12	19	3	10
9	23	14	17	20
16	21	1	5	13
4	15	22	24	8
18	7	11	25	2

图 3-1　注意力训练图

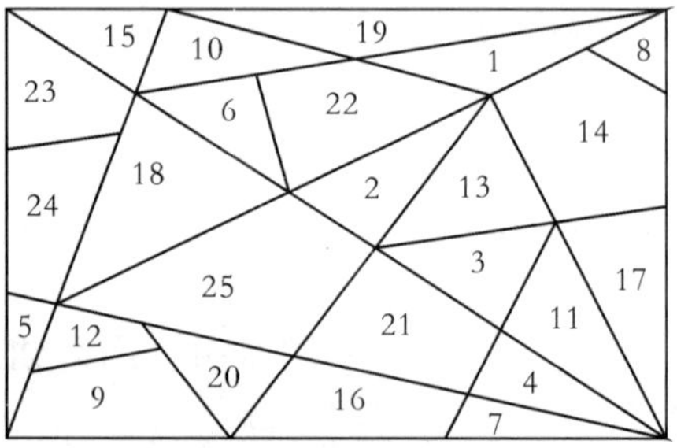

图 3-2　注意力训练图

2. 观察力与记忆力的训练

方法 1：

取 25 块到 30 块大小适中的彩色圆球，或积木、跳棋子，其中红色、黄色、白色或其他颜色的各占 1/3。将它们完全混合在一起，放在盆里。用两手迅速抓起两把，然后放手，让它们同时从手中滚落到沙发上，或床上、桌面上、地上。当它们全部落下后，迅速看一眼这些落下的物体，然后转过身去，将每种颜色的数目凭记忆而不是猜测写下来。检查是否正确。重复这一练习 10 天，在第 10 天看看你的进步。

方法 2：

取 50 张 7 厘米见方的纸片，每一张纸片上面都写上一个汉字或字母，字迹应清晰、工整，将有字的一面朝下。也可用扑克牌。取出 10 张，闭着眼使它们面朝上，尽量分散放在桌面上。现在睁眼，用极短的时间仔细看它们一眼。然后转过身，凭着你的记忆把所看到的字写下来。紧接着，用另外 10 张纸片重复这一练习。每天这样练习 3 次，重复 10 天。在第 10 天注意一下你取得了多大进步。

【考核标准】

教师评分，评分为百分制（10 分一个等级，如 100，90，80……）。

表 3-2　项目训练评分表

序号	项　目	权重/%	得　分
1	参与是否认真	30	
2	理解力、反应力是否迅速	30	
3	参与是否积极主动	20	
4	学生态度是否谦逊	20	
合　计			

复习思考题

1. 客运服务人员应具备哪些心理品质？
2. 客运服务人员提高自我意识的方法有哪些？
3. 客运服务人员心理品质该如何培养？
4. 结合自己的岗位谈谈情感品质的重要性。

3.3　客运服务人员的心理健康与压力管理

3.3.1　心理压力

3.3.1.1　心理压力产生的原因

在工作生活中，人们总有睡不好、心情不好的时候。此时，人们往往想吃点什么、喝点什么，来调适和放松自己。研究表明，有些食物的确能够改变人们的心理压力，影响睡眠，从而使人产生愉悦或者烦躁两种截然不同的效果。我们分别把它们称为“低压力食品”和“高压力食品”。生于都市，是一种幸运，也是一种不幸。压力与忙碌同步攀升，现代生活节奏越来越快，我们要顾及的事情太多，家庭、工作赋予我们太多的责任和义务。各方面的压力有时候会压得我们喘不过气来。比如，常听“办公室一族”抱怨，每天趴在办公室做事，十有八九都有颈椎、腰肌劳损的问题。

3.3.1.2 心理减压

心理减压是指对自己的心理进行缓解宣泄的一种方式，心理减压对我们的心理健康是非常重要的，因为每一个人在生活中都会存在着心理压力，当心理压力过大时，我们就要进行心理减压。

3.3.1.3 心理减压的常见方法

1. 面对现实

现实生活是极其复杂的，每个人都有自己的理想和抱负，对自己有所要求。但是这种要求应该建立在实际的、力所能及的基础上。人们之所以感到工作、生活受到挫折，往往是因为自我目标难以实现，就感到自卑失望，过高的期望只会使人误以为自己总是倒运而终日忧郁。有些人是“完美主义者”，对任何事都希望十全十美。而世界上的一切事情都不可能尽善尽美。所以，应该调整自己的生活目标，客观地评价事情、评价自己，得意淡然，失意泰然，在积极向上努力进取的同时，拥有一颗坦然面对成功与失败的平常心，才能使自己心情舒畅。并且，每个人又都有各自的性情、品格和所长所短，别人不会都迎合你的意思，就像你自己也未必符合别人的要求一样。对别人的要求越高，自己的不满情绪会越大。如果对别人的要求较低的话，那么稍微符合你的愿望，你就容易得到满足。所以，既不要苛求自己，也不要苛求别人。

2. 情感宣泄

宣泄法是一种将内心的压力排泄出去，以促使身心免受打击和破坏的方法，通过宣泄内心的郁闷、愤怒和悲痛，可以减轻或消除心理压力，避免引起精神崩溃，恢复心理平衡。“喜怒不形于色”不仅会加重不良情绪的困扰，还会导致某些身心疾病。因此，对不良情绪的疏导与宣泄是自我调节的一种好办法。一位运动员受到教练训斥后很沮丧，不久引发了胃病，药物治疗也不见效。心理学家建议他在训练中把球当教练员的脸狠狠地打，采用此法后他的胃病果然好多了。这种不损害他人，又有利于排解不良情绪的自我宣泄法，可以借鉴。

我们需要宣泄，不过这种宣泄应该是合理的。简单的打打砸砸，吼吼叫叫，迁怒于人，找替罪羊（丈夫、妻子、孩子、同事），或发牢骚、说怪话等都是不可取的。宣泄应是文明、高雅、富有人情味的交流。有人说：“一份快乐由两个人分享会变成两份快乐；一份痛苦由两个人分担就只有半份痛苦。”如果把自己的烦恼、痛苦埋藏在心底里，只会加剧自己的苦恼，而如果把心中的忧愁、烦恼、痛苦、悲哀等，向你的亲朋好友倾诉出来，即使他无法替你解决，但是得到朋友的同情或安慰，你的烦恼或痛苦似乎就只有半个了，这时你的心情就会感到舒畅，该哭的时候就痛痛快快地哭一场，释放积聚的能量，调整机体的平衡，大雨过后有晴空，心中的不良情绪会一扫而光。

3. 转移注意

转移注意其原理是在大脑皮层产生一个新的兴奋中心，通过相互诱导、抵消或冲淡原来的优势兴奋中心（即原来的不良情绪中心）。当与人发生争吵时，马上离开这个环境，去打球或看电视；当悲伤、忧愁情绪发生时，先避开某种对象，不去想或遗忘掉，可以消忧解愁；在余怒未消时，可以通过运动、娱乐、散步等活动，使紧张情绪松弛下来；有意识地转移话题或做点别的事情来分散注意力，可使情绪得到缓解。例如，司马迁惨受宫刑而著“史家之绝唱，无韵之离骚”的《史记》，歌德因遭遇失恋才写出世界名著《少年维特之烦恼》。我们应该多接触令人愉快、使人欢笑的事物。避免和忘却一些不愉快的事。与其“不懈奋斗、孜孜以求”，最后“衣带渐宽”，面容憔悴，不如潇洒一些，干点快乐的事。

4. 良好睡眠

压力往往来源于精神疲惫，而良好的睡眠才能从根本上有效解决压力的问题。然而目前社会生存压力大，都市节奏快，大学生、上班族等群体夜间睡眠环境较差，致使此类脑力劳动人群的压力过大，失眠常发，严重者会出现精神崩溃等亚健康精神问题。因此减压必须首先关注睡眠质量，拥有良好的睡眠环境才能获得好的睡眠质量。一般来说，睡前喝杯牛奶、听听放松的音乐、温水泡脚、添置舒适的床上用品、睡前一小时不上网不看电视等方法已能解决失眠者的自身问题。而通过佩戴睡眠耳塞则可以保证睡眠环境不受噪音打扰，且在睡眠的过程中享受零噪的深度睡眠。双管齐下，方能获得良好的睡眠。此外，还可以通过一些非处方类保健品来提高睡眠质量。

5. 音乐减压

音乐是一定频率的声波振动，携带有不同的物理能量。音乐对人体的作用应该包括心理和物理两大方面。压力大时应听些旋律优美、曲调悠扬的乐曲，可以转移和化解心理焦虑，产生愉悦的感觉。音乐还能通过神经内分泌系统，进一步对人体机能进行调节，比如，促进血液循环，促进胃肠蠕动及唾液分泌，加强新陈代谢等作用，从而使人精力充沛。水晶钵疗法采用高纯度矽砂制成，并被用于缓解考试紧张。水晶钵使用时应根据不同个体的生命属性，如采用四元系统，据此选定不同频率的钵体，并编制配套的使用方法，对于减压具有良好的帮助作用。

6. 动作减压

当感觉到心里的压力开始加速增长时，第一时间抬起头来慢慢偏转，同时配以缓缓的深呼吸，并且尽量做到目光向上，向远方散漫地飘移。

7. 活动减压

现代社会，许多压力往往来自人际交往，因此很多时候，压力的疏解需要回避人群，独处时的个体活动更加符合缓解压力的环境要求，这时，挑选一些自己的拿手菜，潜心烹制，在纾解压力的同时还能款待家人，对于减轻压力会有很大的帮助（做自己拿手而家人也很喜欢的手工也有异曲同工之妙）。

8. 芳香减压

芳香减压的原理和大脑边缘系统有关。在精油领域，薰衣草和依兰精油等被认为具有镇静和催眠的效果。新出现的采用发酵技术制备的新型情绪香水有更高的活性以及吸收度，有助于促进深度放松和睡眠，艾考露的设计在于整体自律神经系统的平衡，达到 “心身和谐”，在缓解焦虑的同时，可有助于提高记忆力和大脑反应性，从而提高关键时刻，如考试，比赛的整体表现。

9. 运动减压

运动能够增强血流量，包括脑血流量，并且运动本身倡导了一种积极向上的精神，尤其是团队合作性的运动项目，这些都有助于缓解紧张和压力。但是，运动量应该要掌握适宜的原则。研究表明，轻度的运动有助于减压，但是过量的运动事实上可能使情况更糟糕。瑜伽被认为是比较好的选择。

10. 办公室减压

工作压力可以说是现代都市人最大的心理压力之一。对于现代都市人来说，上班就像是打仗，从上班到下班，永远都有忙不完的工作。在中午休息的一两个小时中，如果能适当地午睡一下，那么对缓解工作压力是有很大帮助的。同时，也可以用下面的方式来进行减压。

（1）吃点零食。

可能很多都市白领都有一边工作，一边吃零食的习惯，这在紧张的工作状态中，对缓解压力是很有效果的。适当的泡杯咖啡，泡杯绿茶，不但在生理上能缓解疲劳，在心理上也可以进行放松。

（2）挤压小球。

很多职场人都会有一些不良情绪，但是又无法进行宣泄，所以可以买一些舒缓压力的小软球，当心理压力大时，可以拿出来挤一挤、压一压，对缓解压力会有不错的效果，毕竟在上班时，拍打桌子、摔文件会给上司留下不好的印象。

（3）写下烦恼。

我们在工作中，总会有很多烦恼，建议你将这些烦恼写出来，从而达到缓解烦恼与压力的目的。不要小看了这个方法，一支笔、一张纸，它们可以神奇地将你心中的烦恼、压力与心理体验都释放出来。

3.3.2 客运服务人员的心理保健和压力管理

3.3.2.1 客运服务人员心理保健

2012 年，通过发放问卷、召开座谈会、个别谈话、跟车写实等形式，有学者对沈阳客运段下辖十个车队的客运乘务员，每个车队随机抽取30人（最小样本量），共发放问卷300份，回收217份，回收率72%，问卷有效。根据心理统计方法，通过对问卷结果的分析，目前客运乘务员队伍中有68%的人群处于心理健康或比较健康的状态；30%的人群的心理状态处于亚健康水平；2%的人群处于心理不健康状态：少数乘务员处于心理亚健康状态以及心理不健康状态，其情绪和情绪的自控能力下降，工作和生活开始受到影响。这一问题主要表现在：一是焦虑情绪，工作中容易与旅客发生冲突；二是抑郁情绪，不愿和同事沟通交流，易产生矛盾；三是因心理倦怠，对工作不感兴趣，干起活来无精打采；四是因身心疲乏导致注意力分散，工作能力下降，出现“两违”行为；五是因抵触情绪，不能正确对待上级领导对工作的检查监督。

1. 健康与心理健康

世界卫生组织对健康的定义：“健康不仅仅是没有疾病，而且是身体上、心理上和社会适应的完好状态。”即人的健康包括身体健康、精神健康和社会适应能力等三个方面。

1946年，第三届国际心理卫生大会为“心理健康”所下定义为：“所谓心理健康是指在身体、智能以及情感上与他人心理健康不相矛盾的范围内，将个人心境发展成最佳的状态。”

2. 健康的标准

世界卫生组织提出了人的身心健康的新标准——“五快三良好”：

（1）食得快：快食并不是狼吞虎咽，不辨滋味，而是吃饭时不挑食，不偏食，进食时有很好的胃口，没有过饱或不饱的不满足感，这证明内脏功能正常。

（2）便得快：一旦有便意时，能很快排泄大小便，且感觉轻松自如，在精神上有一种良好的感觉，说明胃肠功能良好。

（3）睡得快：快眠就是睡得舒畅，一觉睡到天亮。醒后头脑清醒，精神饱满。睡得快重要的是质量，如睡的时间过多，且睡后仍感乏力不爽，则是心理生理的病态表现。快眠说明神经系统的兴奋、抑制功能协调，且内脏无病理信息干扰。

（4）说得快：语言表达正确，说话流利。表示头脑清楚，思维敏捷，中气充足，心、肺功能正常。

（5）走得快：行动自如、协调，转体敏捷，反应迅速，动作流畅。证明躯体和四肢状况良好，精力充沛旺盛。

（6）良好的个性：性格温和，意志坚强，没有经常性的压抑感和冲动感。感情丰富，具有坦荡胸怀与达观心境。

（7）良好的处世能力：看问题客观现实，具有自我控制能力，适应复杂的社会环境，对事物的变迁能始终保持良好的情绪，能保持对社会外环境与机体内环境的平衡。

（8）良好的人际关系：尊重他人人格，待人接物能大度和善，不过分计较，善待自己，自爱、自信，又能助人为乐，与人为善。

3. 健康生活方式

1992年，世界卫生组织总结了当前世界预防医学的最新成果提出的“维多利亚宣言”——健康四大基石：合理膳食、适量运动、戒烟限酒、心理平衡。国内外流行病学研究指出，按照这健康四大基石指导生活方式，可以使高血压发病率减少55%，脑卒中减少75%，糖尿病减少50%，肿瘤减少1/3，一句话，这可以使严重危害中老年人健康的主要慢性病减少一半，并且还能延长预期寿命10年，而所需费用不足医疗费的1/10。

（1）合理膳食。指能提供全面、均衡营养的膳食。各种食物所含的营养成分不完全相同，任何一种天然食物都不能提供人体所需的全部营养，食物多样方能满足人体各种营养需求，达到营养平衡、促进健康的目的。

一日三餐要合理安排，定时定量。早饭吃好，午饭吃饱，晚饭吃少。早饭要天天吃，并且应营养充足，午饭要吃好，晚饭要适量。不暴饮暴食，不经常在外就餐，零食作为一日三餐之外的营养补充，可以合理选用。要少吃油脂高、过甜、过咸的食物。

水是一切生命必需的物质。饮水不足或过多都会对人体健康带来危害。成年人每日最少要喝1 200毫升水（约6杯）。饮水应少量多次，不能等到口渴时才喝水。饮水最好选择白开水。

（2）适量运动。建议成年人每天进行累计相当于步行6 000步以上的身体活动，如果身体条件允许，最好进行30分钟中等强度的运动。

大量研究证实，缺乏体力活动的人群，高血压、冠心病、脑卒中、糖尿病患病率显著高于经常锻炼人群。若每周进行2小时以上的体力活动，发生心血管疾病死亡的危险在男性可下降64%，女性可下降72%，同时体力活动可以减少糖尿病的发生，还可对一些肿瘤的发生，如肺癌、乳腺癌具有预防性作用。尽管体育锻炼对人体十分有益，但必须遵循科学锻炼的原则，否则不仅起不到应有的效果，还会给身体和心理带来伤害。体育锻炼应遵循以下几个原则：

第一，长期坚持；

第二，循序渐进；

第三，能量均衡。

成年人健康体重取决于体内的能量平衡，即能量摄入与消耗的平衡。锻炼的方式因人而异，可以选择方便、适宜的锻炼方式如：步行、慢跑、健身操、游泳等。

（3）戒烟限酒。众所周知，吸烟对健康有百害而无一利，烟草中含有二甲基亚硝胺、多环芳香烃、苯并芘等致癌物质40余种，其中尼古丁毒性极大，成人致死量为50毫克，一支烟含尼古丁1.3毫克，而且极易被吸收，连续吸60支烟就可能造成死亡，吸烟者患肺癌的危险性是不吸烟的10.8倍。

酒是一把“双刃剑”，对健康有伤害的作用，也有保护的作用，适量饮酒可以降低许多疾病的危险性和降低死亡率，中国居民膳食指南建议成年男性一天饮用酒的酒精量不超过25克，成年女性一天饮用酒的酒精量不超过15克。

（4）心理平衡。20世纪70年代中期以来，人类死亡率最高的三大疾病都是心因性疾病，即脑血管病（22.56%）、心血管病（21.13%）、癌症（21.11%）。有乐观、开朗、豁达的生活态度，将目标定在自己能力所及的范围内，建立良好的人际关系，积极参加社会活动等都有助于个体保持自身的心理平衡状态。

3.3.2.2　压　力

1. 压力的相关知识

根据美国国家职业安全健康机构目前的一项研究表明，美国超过半数的劳动者将职业压力看成是他们生活中面临的主要问题。据英国有关专家研究显示，每年由于压力造成的健康问题通过直接的医疗费用和间接的工作缺勤等形式造成的损失竟达该国 GDP 的 10%。

（1）压力的定义及机制。

从心理学角度看，压力是心理压力源和心理压力反应共同构成的一种认知和行为体验过程。压力是身心对加诸其上的需求的唤醒（见图 3-3）。压力包括三种类型：中性压力（无所谓有利或有害）、不良压力（唤醒过高或过低，会严重威胁健康，影响工作效率、满意度及人际关系）和积极压力（适度的、偶尔的焦虑上升，有利于人们避开危险，突破极限实现个体自我成长）。

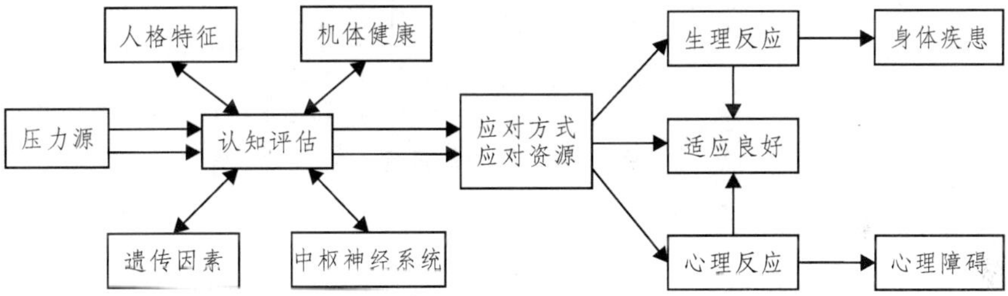

图 3–3　压力反应机制

（2）压力源。

铁路客运服务人员的压力源主要来自以下几方面：

① 个人发展的局限性。由于客运服务人员对自身角色定位不准，对工作责任、工作范围不清楚，服务意识不强，或不能准确理解服务的意义，导致职业的倦怠；个人期望得不到充分满足，如薪资水平不高，培训不足，晋升空间不够等也会造成客运服务人员的压力。

② 工作和家庭难以平衡。服务行业的从业人员越是在节假日工作越繁重；客运服务人员长期离家，难以处理好工作和家庭的平衡，对家庭、子女照顾难以兼顾，受恋爱难、失恋、失婚、子女教育、父母赡养等生活压力的困扰。

③ 工作环境的不良影响。长期生活在运行的列车上，难有脚踏实地的心理感受；常年倒班制造成的生活作息无规律、睡眠剥夺；担心工作环境对身体造成的危害等压力。

④ 企业和社会环境的竞争加剧。近年来，随着服务行业的迅猛发展，为了确保竞争优势，追求卓越服务，各企业提出了更为严格的服务要求。但是由于铁路服务链条长，岗位多，任

何一个环节的问题都会导致旅客将不满发泄到一线员工身上，造成一线员工的劳累和心理压力加剧。

（3）压力的危害。

在20世纪末,压力在疾病和死亡率中扮演什么角色？虽然发现所有可能的联系会比较困难，但我们能合理地识别出在压力和死亡的具体原因之间一系列似乎真实的中间通路（mediating pathways），如图3-4所示。

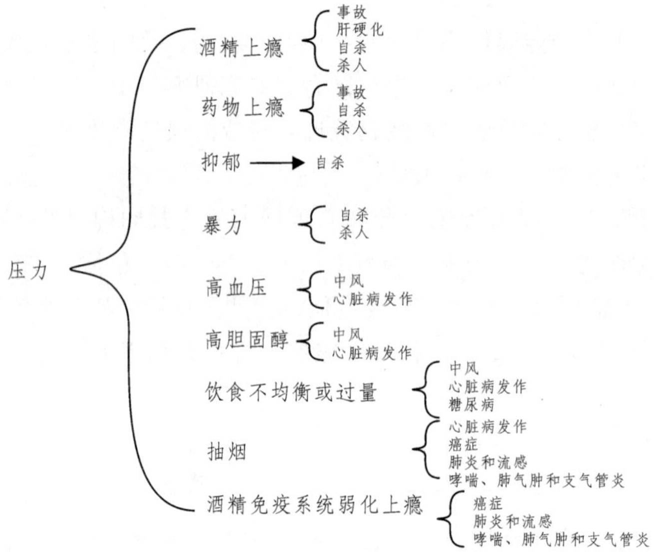

图3-4 压力的危害

2. 不良压力的症状——早期预警信号

（1）不良压力的情绪症状。

最常见的不良压力情绪有焦虑、抑郁、愤怒、恐惧、悲伤、挫折感、内疚和羞耻感。而有研究表明，高达40%的男性否认其有消极情绪。

（2）不良压力的认知症状。

压力情境有时候让你注意力难以集中、记忆力变差、思路模糊不清、不合逻辑或意识混乱，如经过长年累月的工作之后经常感觉自己烦躁、迟钝、智力水平受到遏制。

（3）不良压力的行为症状。

直接的不良压力的行为症状有：讲话语速比平常快，磨牙，很难长时间从事某一活动，易受惊吓，不能静坐，显著的人际冲突，退缩不前，抨击某人或某事，易发脾气，哭泣，等等。

间接的不良压力的行为症状有：抽烟增多，对咖啡、茶、可乐、巧克力（咖啡因）消费增加，喝酒增多，对有助睡眠或放松的非医嘱辅助工具的使用频率增多；为紧张导致的健康问题看医生；使用非法药品等。

（4）不良压力的生理症状。

颤抖或神经抽搐；便秘；心脏剧烈跳动；腹泻；悲痛；心悸；食欲大增；性欲下降；普

遍的疲倦或沉重感；嘴巴或喉咙发干；尿频；反胃；没胃口；头昏眼花；全身紧张；胸痛。有时这些症状成串发生，有时也单独发生。

偶尔的不良压力在所难免，但是无限放大自己有限的不良压力有时会使人很痛苦。因此，我们提议人们不要把上述不良压力症状的信息极端化。我们提倡在你与周围世界协调相处的同时，要学会自我监控，并且据此调节自己的生活，这样有助于你保持健康、满足，并使你变得富有创造力。

3. 客运服务人员的压力管理

有数百种应对方式可供个体选择用来处理压力性事件及其环境，这些应对方式被许多专家确认是非常有用的。下面为大家介绍几种客运服务人员使用率较高、效果较好的应对方式。

（1）有氧锻炼。任何方式的锻炼都比不锻炼好。但就压力管理而言，最有效的活动类型是有氧锻炼，有氧锻炼的意思是“活动时充分地吸入氧气”。有氧活动包括但不限于下列形式：

跑步、游泳、骑自行车、有氧健身操、跳绳、爬楼梯、小型蹦床、轻快的循环锻炼。

（2）兴趣爱好。工余时间从事或参加你所喜爱的娱乐活动——音乐、书法、绘画、园艺、木工、高尔夫球、登山、摄影、钓鱼、打猎、收藏等，这些可以从多方面帮助人们防止或减少不良压力。

（3）独处。你上一次 24 小时独自一个人是什么时候？48 小时呢？一周呢？你曾经有过独处吗？客运服务人员常年身处人群中，这是我们的工作，也是我们情感的需要，然而我们也同样可以不时地从独处那里获得好处。

（4）深度放松。冥想、瑜伽、自我催眠还有其他办法能使人深度放松，深度放松最好经常练习使用，成为生活中例行的事。深度放松可以储存能量，产生解决问题的创造力，并让你在面对困难时身心保持冷静。

（5）寻求专业人士的协助。如果你在自己和周围人帮助下仍没感觉到舒适，那么你可以寻求专业（职业）人士的协助。

3.3.4 知识拓展

表 3-3 压力管理 26 式

A	Appreciation（欣赏）	接纳自己接纳人，避免挑剔伤精神
B	Balance（平衡）	学习娱乐巧安排，身心平衡两相宜
C	Cry（哭泣）	伤心之际放声哭，释放抑郁抒愁怀
D	Detour（变通）	碰壁时候要变通，无须南墙撞破头
E	Entertainment（消遣）	看看电影听听歌，松弛神经选择多

续表

F	Fear Not（不害怕）	正直无畏莫退缩，何惧小人背后戳
G	Give（给予）	自我中心自局限，关心他人展胸怀
H	Humor（幽默）	戴副“默”镜瞧一瞧，苦中寻乐自有福
I	Imperfect（瑕疵）	世上难觅完美人，尽力而为心坦然
J	Jogging（慢跑）	跑跑步来爬爬山，畅快赛过食仙丹
K	Knowledge（学识）	知多识多头脑清，无谓担心自减轻
L	Laugh（笑）	每天都会笑哈哈，压力面前不会垮
M	Management（管理）	不怕多却只怕乱，时间管理很重要
N	NO（不）	适当时候要讲“不”，不是样样你都行
O	Optimistic（乐观）	凡事要向好处看，无须吓得一头汗
P	Priority（优先排序）	轻重缓急细掂量，取舍就会有方向
Q	Quiet（安静）	心乱如麻自然慌，心静如水自然安
R	Reward（犒劳）	日忙夜忙身心倦，爱惜自己要牢记
S	Slow Down（放慢速度）	做下停下喘口气，不必做到脑麻痹
T	Talk（诉说）	找人聊聊有人听，被人理解好开心
U	Unique（独特的）	人比人会气死人，自我突破最要紧
V	Vacation（休假）	放放假或充充电，精力充沛展笑脸
W	Wear（打扮）	穿着打扮用点心，精神焕发好心情
X	X-ray（找源头）	探寻压力的源头，对症下药有计谋
Y	Yes，I can（是的，我可以）	相信自己有潜能，勇往直前步青云
Z	Zero（从 0 开始）	从零开始向前看，每日都是新起点

3.3.5 相关案例

案例 3-5 咀嚼压力

通过咀嚼口香糖这样简便易行的方式，就可以帮助舒缓日常生活中的紧张情绪。在我们兴致勃勃地观看体育比赛的时候，细心的观众也会发现，许多运动员在比赛前或者比赛中会有咀嚼口香糖的习惯。这不仅仅因为习惯或者嗜好，现代科学研究也已经证实了咀嚼口香糖能够帮助舒缓压力的相关科学机理。

北大、北体大运动员竞技焦虑联合研究组公布的一项大学生运动员的压力情况调研显示，七成运动员在咀嚼口香糖时体验到压力的舒缓或平静、放松的感受。针对这一结果，心理学专家陶思璇解析说，不只运动员可以通过咀嚼口香糖来舒缓压力；实际上，常人和运动员一样，都需要正视自己的压力和紧张情绪，要学会调适心情，生活才能轻松而游刃有余。对于如今面对高房价等多重压力的都市白领群体来说，其实面临的多是“生活中的小压力”，而咀嚼是很有效的辅助减压方法，在感觉压力无法释放时不妨嚼嚼口香糖，舒缓情绪。

2010 年初，由北京师范大学心理学系博士生导师刘翔平教授主持的最新心理学研究表明，“咀嚼”能够缓解低、中特质考试焦虑。

该研究以高中三年级理科生 288 人为对象，分两组进行测试。在数学考试前，一组学生须咀嚼 10 分钟口香糖，而另一组无须咀嚼口香糖。

测试结果显示，总体上咀嚼口香糖的考生比没有咀嚼口香糖的考生其焦虑感低 20%。特别是对于低焦虑状态的学生群体，咀嚼组比未咀嚼组的焦虑感低 36%，而对于中焦虑状态的考生，咀嚼口香糖比不咀嚼口香糖的焦虑感低 16%。

国外专家也早已在探索“咀嚼”与“减压”的相关课题。英国诺森比亚大学 Andrew Scholey 在 2009 年发表的最新研究显示，通过使用实验程序，在同时完成多个认知任务而诱发轻、中度两种水平的急性心理压力的情况下，与不咀嚼口香糖时相比，被试咀嚼口香糖时的自评警觉度均显著提高，状态焦虑、压力感的自我评分以唾液中反映机体压力状况的指标皮质醇的水平则显著降低。同时，咀嚼口香糖时，被试完成认知任务的整体表现显著提高。

另外，研究还发现咀嚼能提高大脑海马部位的信号活跃性，而海马区与情绪调节密切相关，它可以通过调控血液中与压力相关的激素水平，从而使情绪得到放松。所以，许多人无意间咀嚼口香糖时，在不知不觉中舒缓了紧张情绪。

此外，在东京“第十届国际行为医学学术大会”上发布的最新心理学研究表明，咀嚼口香糖能减轻焦虑情绪达 16.5%；提高警觉度达 18.7%，并减轻压力感达 13.3%；特别是同时进行多项工作任务时，咀嚼口香糖能帮助人们提高工作整体表现高达 109%，效果十分显著在美国，就有不少学校在考试前向学生派发口香糖，帮助考生舒缓紧张情绪，集中注意力。

“嚼吧”是在白领与大学生群体中引领与推广“咀嚼减压”的重要阵地。它的设置非常灵活，办公楼、街头、酒吧甚至大学校园都有“嚼吧”的踪影，通过全方位的休闲减压服务满足不同人群的减压需求。“嚼吧”不仅在游戏设置上体现潮流，更以不同的主题与模式深入到高压人群中间。随着 Web2.0 时代的到来，“嚼吧”也逐渐倾向于全民性的互动，通过丰富多彩的线上活动影响更多的人放下日常生活中的小压力，随时随地“嚼掉压力”，以最佳的状态迎接挑战。

项目训练

心理减压游戏。

【训练目的】

缓解铁路员工的压力，促进他们的心理健康，从而减少安全事故的发生。

【训练内容】

准备一张纸，把这张纸竖着折成 6 个部分。过程如下：

1. 在第一格里写上你的名字，然后很认真地看着它，把它想象成另一个自己，想着他的外貌、衣着、性格、爱好等。

2. 在剩下的 5 个竖格里分别写上，拥有哪 5 样人、事或者物，对你来说会很幸福。

3. 现在看看这 5 样事物，是真实的多还是虚幻的多？（阳光就是虚幻的，摸不着，房子、钱就是看得见摸得着的）。虚幻的东西可以写，但不要是一些不切实际的。

4. 在每一项人、事或者物后面打上“:”。

5. 对每一项人、事或者物后面加上你对它的定义，你怎么理解它，用一个字或者词语，或者一句话。

下面游戏正式开始，我们将面临选择：

1. 地球快毁灭了，你必须舍弃一样东西才能存活。你会选……选好之后把它涂掉，直到看不见为止，不用涂掉对它的定义。

2. 现在你剩下 4 样对你来说很幸福的人、事或者物，你逃离地球到其他星球，现在你必须再用剩下的 4 样事物的其中一样换取你到其他星球的通行证。你会选……选好之后把它涂掉，直到看不见为止，不用涂掉对它的定义。

3. 好啦，你带着剩下的 3 样来到新的星球，现在你很饿也很渴，你得再拿出一样事物来交换食物以填饱肚子，不然就会被饿死。你会选……选好之后把它涂掉，直到看不见为止，不用涂掉对它的定义。

4. 现在你就剩下 2 样能使你幸福的事物了，如果现在再让你舍去 1 样是不是很难做决定？但是下面的问题来了，这个问题很重要，将决定你的结果。那么：“剩下这 2 样事物，如果要用你的生命来换取它的生命，你会选择哪一个呢？”记住，是用你的生命来换取它在这个星球上的存活，你会选哪个？

好了，剩下的就是你所要的。有很多人在没做这个游戏的时候，你问他，你的幸福是什么，大部分都会说钱、房子、事业、健康等。但是做完这个游戏后，他们最终剩下的大部分都是家庭，比如，儿子、妈妈、爱人等。

我们需要钱、房子、事业，但要这些是为了什么呢？我们再仔细想想，是不是为了自己？不是，我们是为了家人，为了让他们过得更好，所以我们选择了努力。

【考核标准】

教师评分，评分为百分制（10 分一个等级，如 100，90，80……）。

表 3–4 项目训练评分表

序号	项　目	权重/%	得　分
1	参与是否认真	30	
2	理解力、反应力是否迅速	30	
3	参与是否积极主动	20	
4	学生态度是否谦逊	20	
合　计			

复习思考题

1. 世界卫生组织提出的健康标准有哪些？
2. 什么样的生活方式才是健康的？
3. 铁路员工的压力主要来源于哪里？
4. 解决压力的方式有哪些？

4 铁路客运营销心理

客运营销心理侧重研究旅客的个性心理特征、影响旅客消费心理的因素，以及客运和营销人员与旅客心理沟通过程的相互关系。面对激烈的客运市场竞争，研究客运营销心理，有助于促进铁路客运产品的生产和营销，有助于观察和判断旅客的心理发展变化，提高铁路客运营销艺术，更有助于提高铁道客运产品的市场竞争力。

4.1 客运产品组合心理

4.1.1 产品组合

4.1.1.1 产品组合概述

产品好比人一样，都有其由成长到衰退的过程。因此，企业不能仅仅经营单一的产品，世界上很多企业经营的产品往往种类繁多，如美国光学公司生产的产品超过 3 万种，美国通用电气公司经营的产品多达 25 万种。当然，并不是经营的产品越多越好，一个企业应该生产和经营哪些产品才是有利的？这些产品之间应该有些什么配合关系？这就是产品组合问题。例如美国宝洁公司的众多产品线中，有一条牙膏产品线，生产格利、克雷丝、登奎尔三种品牌的牙膏，所以该产品线有三个产品项目。其中克雷丝牙膏有三种规格和两种配方，则克雷丝牙膏的深度就是 6。如果我们能计算每一产品项目的品种数目，就可以计算出该产品组合的平均深度。

企业在进行产品组合时，涉及三个层次的问题需要做出抉择，即：

（1）是否增加、修改或剔除产品项目；

（2）是否扩展、填充和删除产品线；

（3）哪些产品线需要增设、加强、简化或淘汰（以此来确定最佳的产品组合）。

4.1.1.2 产品组合的四个要素

产品组合包括四个要素：产品系列的宽度、长度、产品系列的深度和产品系列的关联性。

这四个要素的不同，构成了不同的产品组合。

1. 宽　度

宽度指企业的产品线总数。产品线也称产品大类、产品系列，是指一组密切相关的产品项目。这里的密切相关可以是使用相同的生产技术，产品有类似的功能，同类的顾客群，或同属于一个价格幅度。对于一个家电生产企业来说，可以有电视机生产线、电冰箱生产线。产品组合的宽度说明了企业的经营范围大小、跨行业经营，甚至实行多角化经营程度。增加产品组合的宽度，可以充分发挥企业的特长，使企业的资源得到充分利用，提高经营效益。此外，多角化经营还可以降低风险。

2. 长　度

长度指一个企业的产品项目总数。产品项目指列入企业产品线中具有不同规格、型号、式样或价格的最基本产品单位。通常，每一产品线中包括多个产品项目，企业各产品线的产品项目总数就是企业产品组合长度。

3. 深　度

深度指产品线中每一产品有多少品种。如，M 牙膏产品线下的产品项目有三种，a 牙膏是其中一种，而 a 牙膏有三种规格和两种配方，则 a 牙膏的深度是 6。产品组合的长度和深度反映了企业满足各个不同细分子市场的程度。增加产品项目，增加产品的规格、型号、式样、花色。可以迎合不同细分市场消费者的不同需要和爱好，招徕、吸引更多顾客。

4. 关联性

关联性指一个企业的各产品线在最终用途、生产条件、分销渠道等方面的相关联程度。较高的产品的关联性能带来企业的规模效益和企业的范围效益，提高企业在某一地区、行业的声誉。

4.1.1.3　产品组合的策略

根据以上产品线分析，针对市场的变化，调整现有产品结构，从而寻求和保持产品结构最优化，这就是产品组合策略，其中包括如下策略：

（1）产品线扩散策略：包括向下策略、向上策略、双向策略和产品线填补策略。

（2）产品线削减策略。

（3）产品线现代化策略：在迅速变化的高技术时代，产品现代化是必不可少的。

企业在调整产品组合时，可以针对具体情况选用以下产品组合策略：

1. 扩大组合

扩大产品组合策略是开拓产品组合的宽度和加强产品组合的深度。开拓产品组合宽度是指增添一条或几条产品线，扩展产品经营范围；加强产品组合深度是指在原有的产品线内增加新的产品项目。具体方式有：

（1）在维持原产品品质和价格的前提下，增加同一产品的规格、型号和款式。
（2）增加不同品质和不同价格的同一种产品。
（3）增加与原产品相类似的产品。
（4）增加与原产品毫不相关的产品。
扩大产品组合的优点是：
（1）满足不同偏好的消费者多方面需求，提高产品的市场占有率。
（2）充分利用企业信誉和商标知名度，完善产品系列，扩大经营规模。
（3）充分利用企业资源和剩余生产能力，提高经济效益。
（4）减小市场需求变动性的影响，分散市场风险，降低损失程度。

2. 缩减组合

缩减产品组合策略是削减产品线或产品项目，特别是要取消那些获利小的产品，以便集中力量经营获利大的产品线和产品项目。缩减产品组合有以下几种方式：
（1）减少产品线数量，实现专业化生产经营。
（2）保留原产品线削减产品项目，停止生产某类产品，外购同类产品继续销售。
缩减产品组合具有以下优点：
（1）集中资源和技术力量改进保留产品的品质，提高产品商标的知名度。
（2）生产经营专业化，提高生产效率，降低生产成本。
（3）有利于企业向市场的纵深发展，寻求合适的目标市场。
（4）减少资金占用，加速资金周转。

3. 高档产品

高档产品策略，就是在原有的产品线内增加高档次、高价格的产品项目。实行高档产品策略主要有这样一些益处：
（1）高档产品的生产经营容易为企业带来丰厚的利润。
（2）可以提高企业现有产品声望，提高企业产品的市场地位。
（3）有利于带动企业生产技术水平和管理水平的提高。
采用这一策略的企业也要承担一定风险。因为，企业惯以生产廉价产品的形象在消费者心目中不可能立即转变，使得高档产品不容易很快打开销路，从而影响新产品项目研制费用的迅速收回。

4. 低档产品

低档产品策略，就是在原有的产品线中增加低档次、低价格的产品项目。实行低档产品策略具有以下好处：
（1）借高档名牌产品的声誉，吸引消费水平较低的顾客慕名购买该产品线中的低档廉价产品。
（2）充分利用企业现有生产能力，补充产品项目空白，形成产品系列。
（3）增加销售总额，扩大市场占有率。
与高档产品策略一样，低档产品策略的实行能够迅速为企业寻求新的市场机会，同时也会带来一定的风险。如果处理不当，可能会影响企业原有产品的市场声誉和名牌产品的市场形象。此外，这一策略的实施需要有一套相应的营销系统和促销手段与之配合，这些必然会加大企业营销费用的支出。

4.1.2 铁路客运产品

铁路运输企业提供的客运产品，不仅具有有形的、物质的属性，能为旅客提供基本效用——空间位移，而且具有无形的、心理上的属性，能满足旅客的心理需要。铁路客运整体产品会对旅客产生各种心理影响。

从营销的角度来定义，铁路客运产品实际上包含了三个层次，即核心部分、形式部分和附加部分，组成了铁路客运产品的整体概念。

现代铁路客运产品是指能充分反映现代社会经济发展和铁路科技进步水平，有较强的时代特色的铁路客运产品。从整体产品角度分析，现代铁路客运产品的核心部分是旅客的位移；形式部分是运送旅客的各种旅客列车及线路设备等；附加部分是旅客在位移全过程中所得到的附加（或延伸）服务和利益，如：列车服务、上车前服务、到达服务、预售票服务、行包托运等。

旅客运输是铁路运输的一个组成部分。客运产品应包括一切能满足旅客需求和利益的有形实体和无形部分。现代铁路客运产品具有以下特点：

（1）客运的主体对象是旅客，其次是行李、包裹和邮件，客运产品主要以提供劳务的形式为旅客服务。通过售票工作，把旅客组织起来纳入运输过程，并满足他们在旅途中的需求。

（2）客运产品的生产过程同时也是产品的消费过程。客运产品的位移不是任意的位移，而是有具体条件和质量特性的，不同层次的旅客有不同层次的旅行需求，如日期、车次、发到站、席别等。这些需求条件，可看成是客运产品的不同品种和规格。客票则是旅客购买客运产品的票据和合同。

（3）旅客运输在时间上有较大的波动性。季、月、周、日甚至一日内各小时之间常会出现急剧的变化。同时，客运产品不可储备，要求客运部门有不定期的技术和设备作为后备力量，在不同客运条件下都能满足需求。

（4）旅客运输不同于货物运输，旅客在旅途中有不同的物质文化生活需求，如饮食、洗漱、通风、通明、温度、休息等，客运部门不仅应满足这些需求，而且应积极改善，创造良好的旅行环境并提供优质服务，使旅客心情愉悦。

客运产品还应具有安全、准确、迅速、便捷和舒适等质量特征，旅客根据这些属性来判断客运产品的优劣。

4.1.3 客运产品品牌

4.1.3.1 什么是品牌

所谓品牌，是指生产企业给自己的产品规定的商业名称，是一个名字、术语、符号、标记、图案或它们的组合，用以区别本企业与其他企业的产品或劳务，以突出品牌品质的地位。品牌应有名称、标志和商标三部分内容。名称是品牌中可以用语言称呼的部分，例如旅游列车的“北戴河号”“三峡号”，动车组的“和谐号”“子弹头”等；标志是品牌中可以识别，但不能用语言称呼的部分，多以图案来表示；商标是一个法律名词，一个品牌经政府有关部门注册登记后，称为商标。商标受法律的保护，是企业的无形资产。

4.1.3.2 品牌的作用与意义

品牌是整体产品的重要组成部分，是企业竞争的强有力的武器。创出叫得响的品牌具有十分重要的作用与意义。

（1）提高铁路客运服务质量，必须创立名优品牌。品牌是企业形象的集中体现，是企业产品质量的代表，没有叫得响的品牌，就没有企业的知名度。在铁路客运产品系列中，夕发朝至列车、快速列车、城际列车、动车（朝发夕归）等拳头产品，经过不断完善，已经成为铁路客运的重要品牌。尤其夕发朝至、朝发夕归列车，既体现了提速成果，又有比较好的到发时刻；既适应了旅客的消费水平，又能满足旅客的乘车习惯和对运输快捷的要求，深受广大旅客欢迎。可以说，没有夕发朝至列车和快速列车等品牌的成功，铁路客运在社会中的影响就不会有现在这样大。

（2）提高铁路客运服务质量，必须重视发挥品牌作用。创立和发展品牌，是企业长久不衰和保持旺盛生命力最有效的手段。当前，铁路一些列车，牌子虽然打出去了，但服务质量跟不上，品牌作用没有充分发挥出来。我们要进一步深化对品牌作用的认识，精心培育，不断完善，解决存在问题，保持品牌的高质量，巩固和发展品牌地位。

（3）提高铁路客运服务质量必须培养品牌特色。铁路要想适应现代社会的需求，就必须对品牌形象进行精心设计，以特色取胜。各路应借鉴北京铁路局的经验，大力培育品牌特色，实现一流的形象、一流的设备、一流的服务。一流的形象就是能够体现铁路客运的时代风貌，能够给旅客带来愉悦和享受。一流的设备就是能够代表我国铁路客运装备的最高水平，功能良好，使用方便。一流的服务就是要有良好的卫生环境，热情周到的服务，高素质的服务人员，能够满足旅客的需求。

（4）提高铁路客运服务质量，必须实现品牌的不断创新；品牌要保持久的生命力和活力，就必须不断发展创新，铁路客运品牌也是如此。实现品牌创新，就是要进行服务创新，及时调整服务内容，更好地满足旅客要求；就是要进行技术创新，积极采用新技术装备，提高服务的科技含量；就是要进行管理创新，优化生产管理和服务过程，改进管理方式，增强管理的科学性。

（5）品牌有助于市场的细分和定位，企业可按不同细分市场的要求，建立不同品牌，分别进入不同的细分市场。例如，在细分市场时发现，北京至北戴河间的旅客流既有较富裕的阶层，也有工薪阶层，因此开行了两趟旅游列车，一趟使用新型空调，车内设备先进，票价较高，取名为“北戴河号”，在夏季上座率极好；另一趟使用普通车底（绿皮车），票价只有“北戴河号”的 1/3，取名为“百姓号”，这趟列车在双休日时，几乎趟趟满员。通过这个例子可以看出，品牌不等于优价，但品牌一定是最有销路的，是在顾客中有较高的信誉的产品的名称。

产品是否使用品牌，应视产品的特点而定。近些年来，越来越多的传统上不用品牌的产品纷纷品牌化，在市场上取得了较大的信誉和效益。铁路运输企业的产品也可以在品牌化方面做一些尝试。最近，一些铁路运输企业在创品牌上做了许多工作，如许多高速、双优旅游列车采用一些名胜、名人作为自己的列车品牌名称，对其产品的促销很有意义。

4.1.3.3　客运产品命名的心理影响

客运产品命名是指给某种客运产品一个商品名称。一个具有现代营销观的铁路经营者，会给客运产品冠上一个既能帮助记忆，又能激发情感的美妙名称。客运产品的名称如何，对旅客的心理影响是很大的。客运产品的命名不能随心所欲，必须研究如何能直接地、概括地反映或描述客运产品的特点。好的名称会给旅客一种良好的心理感受，例如，广东铁道青年旅行社将其豪华旅游列车命名为“南方快车”，既反映该豪华列车的特点，同时又富有南方风情和特色，给旅客一种轻松愉悦的感觉。

过去，旅客似乎并不关心铁路客运产品的名称，但随着人们的物质文化生活水平的提高，旅客的消费观不断提高，越来越多的旅客对铁路客运产品的名称产生浓厚的兴趣，这些兴趣甚至对他们的消费心理产生深远的影响。铁路客运产品的名称一般会使旅客产生联想、信赖、美感和方便等心理作用。

（1）联想心理：联想心理是人们普遍存在的一种心理。一个好的客运产品名称，新颖脱俗、寓意深刻、风趣幽默、情调动人，能引发旅客对美好事物的联想和追求，因而产生乘坐欲望。

（2）信赖心理：好的客运产品名称体现了产品好的质量、好的服务，使消费者产生信赖的心理。例如，豪华旅游列车“南方快车”以其优质的服务、较高的文化和精神品位，使旅客产生了信赖心理，许多旅客说：“坐‘南方快车’是慕名而来，是对‘南方快车’的信赖。”

（3）美感心理：“爱美之心，人皆有之”。好的客运产品名称能引发旅客对该产品产生美的心理。当他们一听到该名称，就会觉得是种美的享受，从而产生想要乘坐的心理需要。

（4）方便心理：一个好的客运产品名称应该是易记、易懂，使旅客记起来容易，讲起来顺口，听起来顺耳，感到方便。如许多快速、双优旅游列车采用一些名胜名人的名字作为自己的列车品牌名称，大大方便了旅客的识记。

4.1.3.4　客运产品命名应考虑的几个问题

为了使客运产品名称能在旅客心中产生良好的心理效能，在客运产品命名时，必须研究消费者对客运产品的心理需求，以使其名称产生良好的营销效果。

（1）名副其实：要求客运产品名称与其实体的主要性能特点相符，提高旅客对所提供的客运产品的接受程度。

（2）雅俗共赏：客运产品的名称是根据其性质与用途以及旅客对象、地理环境、人情风俗等设定，或文雅别致，或朴素大方，或素雅柔和，或刚柔结合，这样能较好地适应各种年龄、性别、职业、文化、教养的旅客的不同心理个性需要。

（3）激发兴趣：客运产品命名应具有科学性、艺术性和趣味性，避免名称的一般化或雷同化，以满足旅客的求名、实惠和审美等心理需要。

4.1.4 相关案例

案例 4-1 成都铁路局打造系列客运服务品牌

“成都铁路局抓品牌创建，带动服务水平提升是2012年春运的最大亮点。无论是成都站的‘戚军导购台’‘荣英窗口’，重庆北站的‘马廉服务台’‘蒋萍工作室’，还是重庆客运段的‘罗静动车组’‘红岩列车’等品牌，这些各具特色的客运服务之花争奇斗艳，花香袭人，给旅客带来春天般的温暖，给人们留下了极为深刻的印象。”

2月1日，记者随中央媒体采访团深入成都局站车一线采风。采访结束即将离开时，一位中央媒体记者同行发出这样的感慨。

2011年10月份以来，成都局紧紧围绕让人民群众满意的服务标准，开展系列客运服务品牌建设活动，以树立典型创建品牌，以品牌引路带动团队建设，以团队建设全面提升客运服务水平。他们精心打造的近20个客运服务品牌在今年春运中大放异彩。姹紫嫣红的特色服务之花绽放在千里铁道线，赢得广大旅客的连连赞誉。

1. 打造服务旅客系统工程，奏响品牌建设交响乐章

1月31日至2月1日，记者随中央媒体采访团在成都局站车一线采风中，看到成都东站“游佳服务台”导购延伸服务细致入微，领略到成都站“荣英快捷窗口”的标准化服务风采，了解到“罗静动车组”品牌引路全面提升服务水平的联动效应……成都局客运处一位负责人说：“从去年10月份开始，成都局全方位打造服务旅客系统工程，确定了以创建优质客运品牌引领带动客运服务水平全面提升的品牌建设战略。在今年春运中，这些客运品牌效应凸显。”

记者在采访中进一步了解到，成都局以旅客需求和感知为主线，分析铁路客运服务中存在的薄弱环节，围绕旅客出行全过程进行整体设计，重点在信息服务、购票服务、车站服务、列车服务4个环节上创建服务品牌，打造服务旅客系统工程，为旅客提供便捷、舒适、全新的出行服务。

2011年10月份以来，成都局按照“开展一项工作、树立一批典型、创建一批品牌”以及“老品牌做活，新品牌做亮”的思路，全力打造客运服务品牌集群，带动全局标准化服务窗口和规范化服务流程建设。活动中，这个局初步选树15个优质服务先进集体和个人，大力推广他们的方法经验，弘扬他们的敬业精神，形成了“学先进有样板，创品牌有思路”的良好格局。

重庆客运段在着力打造客运精品品牌上狠下功夫。他们首先推出了“最美列车长”罗静个人服务品牌，随后命名了成渝 “和谐号”动车组一个班组为“罗静动车组”，紧接着制定

了“罗静动车组”考核命名办法并挂牌命名了4个班组为“罗静动车组”。“罗静动车组”这一服务品牌不仅在成渝动车的服务工作中起到了模范带头作用，还带动了重庆客运段各次列车整体服务质量的提升。

品牌引路已成为成都局提升客运服务水平的重要手段。近4个月来，他们全面奏响了创建各具特色客运服务品牌的交响乐章。成都局以“12306 客服中心”为平台，创建了“黄琴热线”业务咨询、投诉受理服务品牌；围绕导购服务，创建了“戚军导购服务台”等旅客行程规划品牌；围绕购票服务，创建了“荣英快捷窗口”等标准化售票窗口品牌；围绕重点旅客服务，创建了“蒋萍工作室”“微笑小屋”等重点旅客服务品牌；通过创建“红岩列车”“川之味”列车服务品牌，让旅客感受到浓浓的乡情蜀韵。

这些服务品牌诠释着“服务旅客追求细节至上”的全新理念，体现着成都局千方百计、想方设法满足旅客在旅行中不同需求的拳拳之心。在今年春运中，他们精心培育的各种客运服务“品牌之花”争奇斗艳，呈现出百花齐放、万紫千红的绚烂美景。

2. 导购明星饮誉出行“规划师”，品牌候车室被赞“温馨驿站”

在2012年春运中，成都局分布在各客运窗口单位的服务品牌充分发挥示范带头作用，客运服务人员向社会亮标准、亮身份、亮承诺。无论是信息服务、导购售票、进站候车，还是旅途过程中，该局全力打造的服务品牌都发挥了很好的引领作用，成为今年春运西南铁路的亮点。

2月1日一大早，重庆北站再次迎来客流高峰，位于售票大厅内的“马廉服务台”前热闹非凡。“网上订票在哪里取？”“去海口的票怎么买？”面对旅客提出的各种问题，被誉为“导购明星”的咨询台工作人员马廉面带笑容一一回答。准备去海口的旅客张明听了马廉的解答后，称赞道：“‘马廉服务台’真是旅客出行的‘规划师’!”

“如何在短暂的候车时间里为旅客营造温馨的候车氛围，让旅客感受这一连接购票和乘车的中间环节就像在家一样”是成都局打造服务品牌的一个重点。

尽管2004年成立的“蒋萍工作室”命名人——蒋萍已因身体原因调到客服中心工作，但重庆站一直将该工作室作为车站服务旅客的品牌传承下来。2009年成立的动车服务组被命名为“蒋萍工作室”班组，由重庆市“三八红旗手”、成都局优秀共产党员王雅俐担任主任值班员。

“干了这么多年服务工作，有时我看看旅客的表情、动作，就基本能猜到他要问什么。”在动车候车厅，王雅俐对记者说，“我和同事们经常走到旅客中间，眼观六路、耳听八方，极力捕捉每一丝需要帮助的声音、每一个无助的眼神，为他们送上一声问候、递上一杯热水，无论我们嗓子多么嘶哑、手臂多么酸疼，也无怨无悔。”

“在这里候车像在家一样舒适，这里是旅客的‘温馨驿站’，谢谢铁路人!”在重庆北站动车候车厅“蒋萍工作室”的旅客留言簿上，有旅客这样留言称赞。

2012年春运是成都东站投入使用后迎来的第一个春运。该站设立了“游佳服务岗”，配备了轮椅、拐杖、医药包、便民箱等，除为旅客提供引导候车、投诉受理、寻人、失物招领等常规服务外，还为老、弱、病、残、孕旅客提供从买票、候车、检票到进站、上车的全过程精细服务。“游佳服务岗”留言簿上有旅客这样一段留言：亲切、耐心、细致，用爱心驱散旅途困惑，真心感谢你，服务明星游佳！

3. 品牌列车担当“形象大使”，“川之味”口碑相传乡情浓

在车站树起品牌形象的同时，列车品牌建设也在加快速度，成都局精心打造系列列车服务品牌，积极为旅客创造温馨、舒适的旅途环境。

富有民族特色的便民服务袋、具有浓郁贵州风情的图片等，都是贵阳客运段打造的“醉美黔程”T87/88次进京品牌列车的车厢配置，每一样都吸引着旅客的眼球，使列车成为展示沿途风光的一张名片。

“醉美黔程”品牌列车倾力推介贵州风光、传播贵州文化、展示贵州魅力、弘扬贵州美德的系列服务，赢得了广大旅客好评，被贵州省委誉为“贵州精神文明建设的形象大使”。

“川之味”这一成都客运段和成都生活管理段共同打造的列车餐饮品牌，让川籍旅客感受到浓郁的乡情蜀韵。“川之味”列车餐饮也逐渐融合了川、渝、黔三地餐饮文化，不断加以创新，让三地旅客都能吃出那一份浓浓的“乡思”来。

“我喜欢坐火车，一上去后就可以品尝到正宗的川菜。”过年前，网友“可乐”在自己的微博上发表感言后，获得了川籍旅客近千次的转发和评论。不少川籍旅客表示，吃着地道家乡菜，看着车上表演的民族特色节目，不知不觉已经到达各自的目的地，坐火车回家真好！

4. 品牌出新一花引来百花香，东风劲吹万紫千红春满园

2012年春运，成都局把品牌建设不断引向深入，各铁路站车沿线因地制宜地根据旅客不同需求，打造了各具特色的客运服务品牌，使服务品牌创建之花次第绽放。

重庆、涪陵、遂宁、达州、成都、峨眉、西昌、广元、遵义、六盘水、凯里等车务段均制定了重点旅客服务标准，许多站还成立了重点旅客服务小分队。都匀站设立了“党员服务台”、贵州站设立了“微笑小屋”，及时、准确了解重点旅客需求，做到“知座席、知到站、知困难，有登记、有服务、有交接”。

内江车务段开展了“春运十名最美售票员”“十个最感人瞬间”等竞赛活动，把选票交给旅客，让旅客自己评选拥有最美微笑的铁路“金花”；成都客运段开展了用心、暖情、无干扰服务，推广品牌列车服务方法，用优质、热情、周到的服务实现春运“服务无投诉、服务无瑕疵、服务无止境”的目标。

一枝独秀不是春，百花齐放春满园。目前，成都局客运服务品牌创建的东风劲吹，品牌建设活动正在向纵深推进，在西南铁路站车沿线，一场以“让人民群众满意”为主旋律，围绕品牌建设全面创新客运服务的变革正在悄然发生，一个个以旅客为中心的服务品牌正在推动着春运服务质量明显提升，全面开启了广大旅客的幸福之旅。铁路人正用实际行动温暖着广大旅客的心，践行着“以服务为宗旨，待旅客如亲人”的庄严承诺。

（资料来源：原中国铁道部网站）

项目训练

品牌列车的标准化服务。

【训练目的】

通过情景模拟，让学生了解品牌列车的各项标准化服务措施，从而有针对性地满足旅客的个性化需求，提高自身的服务水平。

【训练内容】

分小组运用该任务相关知识进行角色扮演，模拟品牌列车服务的各情景进行训练，落实现场处理主要环节，各小组派代表进行总结汇报。

【考核标准】

教师评分，评分为百分制（10 分一个等级，如 100，90，80……）。

表 4-1　项目训练评分表

序号	项　目	权重/%	得　分
1	表演是否清晰、准确	30	
2	表达是否清晰、扼要	30	
3	参与是否积极主动	20	
4	学生态度是否谦逊	20	
合　计			

复习思考题

1. 铁路客运产品包含哪几个层次？请举例说明。
2. 铁路客运产品的特点有哪些？
3. 客运品牌有哪些作用？
4. 结合自己的亲身经历谈谈如何打造客运服务品牌。

4.2　客运促销心理

4.2.1　促　销

客运促销是铁路运输企业市场营销组合的一个重要内容。本节主要研究如何将铁路运输企业客运产品信息，以及客运服务活动给旅客带来的整体利益的其他信息，迅速传递给消费者，对消费者心理产生影响，从而增强消费者对客运产品的需求强度。

4.2.1.1 促销的含义

促销即促进销售，是企业将其产品和企业的相关信息，通过各种方式传递给消费者和用户，激发顾客的购买欲望，影响并促成顾客购买行为，以达到扩大销售目的的全部活动的总称。在现代市场日益广阔、供求关系日益复杂的社会主义市场经济环境下，促销活动体现了企业外托市场、扩大销售、满足消费的主动精神、进取精神和创新精神。

4.2.1.2 促销方式

（1）人员推销：人员推销是一种既传统又现代的促销方式。它是指企业派出人员或委托推销人员，亲自对商品进行介绍、推广宣传和销售。

（2）广告宣传：广告宣传是指企业通过一定的媒介物，公开而广泛地向社会介绍企业的营销形式和产品品种、规格、质量、性能、特点、使用方法和劳务信息的一种宣传方式。

（3）营业推广：营业推广是指企业在比较大的目标市场中，为刺激早期需求采取的能迅速产生鼓励作用的一种促销措施。

（4）公共关系：公共关系是指企业通过各种活动使社会各界公众了解本企业，以取得他们的信赖和好感，从而为企业创造一种良好的舆论环境和社会环境。公共关系的核心是交流信息，促进相互了解，宣传企业的经营方针、经营宗旨、经营项目、产品特点、服务内容等，提高企业的知名度、社会声誉，为企业争取一个良好的外部环境，以推动企业不断向前发展。

（5）企业赞助：企业赞助是指企业通过无偿地提供资金或物质对各种社会公益事业做出贡献，以提高社会声誉，树立良好社会形象的活动。出于人们闲暇时间增多和通信技术的日益发达，企业赞助从 20 世纪 80 年代以来逐步风行起来，成为世界各国展开促销活动的一个重要工具。

（6）合作营销：随着产品生命周期的日益缩短，研究与开发新产品的费用不断上升，国际贸易保护主义的抬头，企业与企业之间的合作已涉及越来越多的产品领域。由此，合作营销作为一种全新的促销观念和促销手段，已经逐渐成为目前企业开援国际营销的基本战略。所谓合作营销，简单地说，就是两个或两个以上的企业（其他机构）联合开发一个营销机会。

目前在我国运输市场上，铁路客运面临公路（特别是高速公路）、航空、水运的激烈竞争。为此，铁路运输企业必须争取人员推销、广告、营业推广和公共关系等多种促销手段来传递铁路客运安全、准时、舒适、便利、长途、经济等信息，树立良好的铁路企业形象，以取得旅客的了解和信任，促进铁路客运产品的销售，吸引客流，提高铁路客运市场占有率。

4.2.2 客运促销心理概述

4.2.2.1 客运促销心理的含义

从促销的含义看，铁路客运促销是指铁路运输企业将客运产品和企业的有关信息，通过各种方式传递给旅客，从而激发旅客的购买欲望，影响旅客的购买行为，以达到扩大销售目的的全部活动。铁路客运促销心理，是从营销心理的角度考察铁路客运信息传播，是深层意义上的客运信息的心理分析，即传播心理分析。根据促销方式的分类，铁路客运促销心理包括人员推销的心理影响、广告的心理影响、营业推广的心理影响、公共关系的心理影响等。

4.2.2.2 客运促销心理功能

铁路客运促销心理功能是指通过旅客的认识功能、情感功能、诱导功能、美育功能、行为功能等心理功能来诱发旅客消费的需求，推动旅客的购买行为，达到提高铁路客运产品销售的功能。

（1）认识功能：客运各种促销方式最先作用于认识功能，通过各种促销方式和手段，首先传达给旅客的信息是有关铁路客运产品的内容，包括产品的品牌、价格、服务质量、安全、准时、舒适和便利程度，以及在何地购买、如何购买、联系方法等，还有运输企业的内容，包括企业环境、企业信誉形象、企业文化等。只有在旅客对促销所传达的信息有所认识和了解之后，促销的其他心理功能才能发挥作用。例如，某铁路局以市场为导向，以高立意、高起点的市场营销宣传“大手笔”，争先手、占市场、收失地，先后在重庆到宜昌的长江各轮船码头安装铁路大型营销宣传灯牌，形成了“广告一条江”；在枣阳市等铁路周围城镇的主要街道架设广告，形成了“广告一条街”，把营销触角伸向千家万户，展示了铁路市场形象。春运期间，宜昌、十堰、随州等车站将春运宣传手册和民工远程卡发到旅客手中，吸引了一拨又一拨客流。两年来，该局成功开行了“襄轴号”“火电号”“襄棉号”、新疆“采棉专列”、哈尔滨“民工专利”和“港澳旅游专列”等旅客专列，取得了可观的经济效益和良好的社会效益。

（2）情感功能：旅客在认识铁路运输企业所传播的客运信息的同时，会有一种情绪流露出来，如：喜欢、满意、厌恶、烦恼等。不同的情绪体验可以激发旅客形成不同的情感，产生愉悦感或憎恨感。促销的情感功能，就是要通过铁路运输企业各种促销方式使所宣传的客运产品唤起旅客喜欢、满意的愉快感，从而激发其购买欲望。

（3）诱导功能：旅客接受客运信息过程中，一般都是从对铁路运输企业各种促销方式感兴趣开始，进而对铁路客运产品感兴趣，这种作用是促销的诱导功能。例如，一个值得旅客信赖、有良好形象的客运业务和公关人员，首先能够以自身的魅力吸引旅客，进而旅客对其所代表的产品和企业产生认可。一则，令旅客愉快、信赖的客运广告更能引发旅客对该广告的兴趣，进而诱发旅客强烈的购买欲望。二则，优秀的客运广告甚至还能诱导潜伏在旅客内心深处的需要。

（4）美育功能：美育功能主要是针对客运广告促销来说的。客运广告不仅能真实地、具体地向旅客介绍客运信息，而且能够通过对具有艺术性的广告的观摩、欣赏，引起美好的联想，得到美的享受。“爱美之心，人皆有之。”人们追求美，创造美，正是为了欣赏美，从而获得心理上的满足。

（5）行为功能：客运促销的最终目的是促进消费者产生购买行为。如果说促销的认识功能、情感功能、诱导功能和美育功能还只能作用于人的内心世界，使旅客对运输企业及其提供的客运产品充分认识与了解，从而产生好感，并激发其对客运产品消费的欲望和需要。那么，正是因为促销具有行为功能，能使旅客产生购买行为，使得促销成为运输企业促进客运产品销售的重要手段。

4.2.3 知识拓展

销售心理测试

请回答以下的问题：

如果答案是非常同意，请给自己打 5 分；

如果是比较同意，则打 4 分；

如果是差不多，打 3 分；

如果只是有一点同意，请打 2 分；

如果答案是不同意，就打 1 分。

提醒你注意一点——回答问题时不是依据别人眼中的你来判断，而是你认为你本质上是不是这样的，看看问题吧：

1. 你做事是一个值得信赖的人吗？

非常同意　　比较同意　　差不多　　一点同意　　不同意

2. 你个性温和吗？

非常同意　　比较同意　　差不多　　一点同意　　不同意

3. 你有活力吗？

非常同意　　比较同意　　差不多　　一点同意　　不同意

4. 你善解人意吗？

非常同意　　比较同意　　差不多　　一点同意　　不同意

5. 你独立吗？

非常同意　　比较同意　　差不多　　一点同意　　不同意

6. 你受人爱戴吗？

非常同意　　比较同意　　差不多　　一点同意　　不同意

7. 你做事认真且正直吗？

非常同意　　比较同意　　差不多　　一点同意　　不同意

8. 你富有同情心吗？

非常同意　　比较同意　　差不多　　一点同意　　不同意

9. 你有说服力吗？

非常同意　　比较同意　　差不多　　一点同意　　不同意

10. 你大胆吗？

非常同意　　比较同意　　差不多　　一点同意　　不同意

11. 你精确吗？

非常同意　　比较同意　　差不多　　一点同意　　不同意

12. 你适应能力强吗?

非常同意　　比较同意　　差不多　　一点同意　　不同意

13. 你组织能力好吗?

非常同意　　比较同意　　差不多　　一点同意　　不同意

14. 你积极主动吗?

非常同意　　比较同意　　差不多　　一点同意　　不同意

15. 你害羞吗?

非常同意　　比较同意　　差不多　　一点同意　　不同意

16. 你强势吗?

非常同意　　比较同意　　差不多　　一点同意　　不同意

17. 你镇定吗?

非常同意　　比较同意　　差不多　　一点同意　　不同意

18. 你勇于学习吗?

非常同意　　比较同意　　差不多　　一点同意　　不同意

19. 你反应快吗?

非常同意　　比较同意　　差不多　　一点同意　　不同意

20. 你外向吗?

非常同意　　比较同意　　差不多　　一点同意　　不同意

21. 你注意细节吗?

非常同意　　比较同意　　差不多　　一点同意　　不同意

22. 你爱说话吗?

非常同意　　比较同意　　差不多　　一点同意　　不同意

23. 你的协调能力好吗?

非常同意　　比较同意　　差不多　　一点同意　　不同意

24. 你勤劳吗?

非常同意　　比较同意　　差不多　　一点同意　　不同意

25. 你慷慨吗?

非常同意　　比较同意　　差不多　　一点同意　　不同意

26. 你小心翼翼吗?

非常同意　　比较同意　　差不多　　一点同意　　不同意

27. 你令人愉快吗?

非常同意　　比较同意　　差不多　　一点同意　　不同意

28. 你传统吗?

非常同意　　比较同意　　差不多　　一点同意　　不同意

29. 你亲切吗?

非常同意　　比较同意　　差不多　　一点同意　　不同意

30. 你工作足够有效率吗?

非常同意　　比较同意　　差不多　　一点同意　　不同意

把第 3、6、13、20、22、29 题的分加起来就是你的“孔雀”分数；

把第 5、10、14、18、24、30 题的分加起来就是你的“老虎”分数；

把第 2、8、15、17、25、28 题的分加起来就是你的“考拉”分数；

把第 1、7、11、16、21、26 题的分加起来就是你的“猫头鹰”分数；

把第 4、9、12、19、23、27 题的分加起来就是你的“变色龙”分数。

假如你有某一项分远远高于其他四项，你就是典型的这种属性，假如你有某两项分大大超过其他三项，你是这两种动物的综合；假如你各项分数都比较接近，恭喜你，你是一个面面俱到近似完美性格的人；假如你有某一项分数特别偏低的话，想提高自己就需要在那一种动物属性的加强上下功夫了。

首先是孔雀。孔雀型的人热心，乐观，口才流畅，好交朋友，风度翩翩，表现欲强；喜欢运用快速的手势，面部表情特别丰富；优点：此类型的人生性活泼，能够使人兴奋，他们很适合需要当众表现、引人注目、态度公开的工作。缺点：因其跳跃性的思考模式，常无法顾及细节，而且普遍缺乏耐心，做事不够执着。

孔雀往往是关系型销售，他乐于交际，更喜欢用自己的生活方式而不是所销售的产品来影响客户，让客户首先接受他这个人，然后再接受他卖的东西。

如果你的孔雀分数很低，就说明你缺乏足够的表现欲望，为人比较低调。如果你选择的工作类型恰恰是销售这种需要表达的工作，可能你需要提醒自己多锻炼表现能力了。怎么锻炼？对着镜子演讲，是个不错的提高方式。

老虎型的人自信，权威，竞争意识强，胸怀大志，企图心明显，有对抗性，交谈时习惯进行直接的目光接触；优点：善于控制局面并能果断地做出决定；用这一类型工作方式的人一般成就非凡。缺点：当感到压力时，这类人就会太重视迅速地完成工作，容易忽视细节，他们可能不顾自己和别人的情感。由于他们要求过高，加之好胜的天性，有时会成为工作狂。

老虎型是天生的领导者。如果一个老虎型的人选择做基层销售，那么他会适合做大品牌的强势销售，更多时候，是由他来“教导”客户该怎么做。这种销售，适合谈战略合作（抓大放小）。

如果你的老虎分数很低，说明你做事目的性不够，侵略性也不够，当所承担的责任过大时，会出现退缩。如果你有做高层领导的雄心壮志，那么建议你务必要面对这些弱点，从现在开始，让自己更强势一些。

猫头鹰型的人传统，保守，注重细节，条理分明，责任感强，重视纪律，分析力比较强，喜欢把细节条例化，个性拘谨含蓄，很少有面部表情。优点：做事认真值得信赖，天生就有爱找出事情真相的习性，有耐心，总能想出合乎逻辑的解决办法。缺点：太谨慎小心，往往错失良机；在压力下，有时为了避免做出错误结论，他们会分析过度。

猫头鹰型的人做销售，往往能够成为优秀的顾问型销售，因为他总能帮客户想在前面。猫头鹰型的人也适合做领导，因为他往往细致观察，面面俱到。

如果你的猫头鹰分数很低，说明你做事谨慎度不够，往往容易冲动。解决办法很简单，在做任何决定之前，先提醒自己冷静三秒钟，也许就是这三秒钟，就能做出一个更让客户满意的决定。

考拉型的人稳定，温和，不好冲突，行事稳健，强调平实，有过人的耐力，性格善良，面部表情和蔼可亲；优点：他们对其他人的感情很敏感，这使他们在集体环境中人缘颇好。缺点：很难坚持自己的观点和迅速做出决定。一般说来，他们不喜欢面对与同事意见不合的局面，他们不愿处理争执。

考拉型的人做销售，有非常先天的优势，就是亲和力强，也有非常先天的劣势，就是战斗力弱（对内对外）。他们往往非常容易上手，但是却比较难成为管理发展方面的培养对象。如果你的考拉分数很低，那么你需要考虑一下你的处世风格是否太不圆滑了。中国人中，考拉型的人占比例最高，这是传统儒家文化的产物。在你尚未功成名就之前，你需要像考拉一样低调平和，太标新立异了，也许不好。

变色龙型，不用过多解释了，以上四种性格类型他们都有。他们具有高度的应变能力，性格善变，处事极具弹性，能为了适应环境的要求而调整其决定甚至信念。从别人眼中看变色龙族群，会觉得他们较无个性及原则。但没有强烈的个人意识形态，恰恰就是他们处事的价值观。

很少有人是天生的变色龙。这种个性是需要时间积累、事件磨炼的。个人认为，做销售还是要有个性的，如果太早进入变色龙状态，也许会让你得到了优秀的工作评价，失去了真正的朋友。

4.2.4 相关案例

案例 4-2 “都匀毛尖号”动车，毛尖茶香伴“亲行”

2014 年 12 月 26 日，备受社会关注的贵阳至广州的高速铁路动车组正式开行，每天往返于黔粤间，乘客只要坐上“都匀毛尖号”动车，就可以品尝到芳香的都匀毛尖茶，看到动车穿越黔南的原生态自然山水风光。

据了解，2014 年 12 月 10 日，都匀市茶产业发展局与贵州铁路电视网络有限责任公司、成都铁路局贵阳客运段三方签订了一份“贵阳北站—广州南站”动车组列车冠名广告发布协议，都匀市茶产业发展局获得贵阳北至广州南一列动车的冠名权和广告发布权。该列动车冠名为“都匀毛尖号”，每日一组，往返于贵阳北到广州南。贵阳北到广州南的“都匀毛尖号”动车正式开行后，实现了 100 年前靠南方丝绸之路肩挑背驮数月到沿海，如今仅 4 个小时就到沿海直通世界飞越。

在“都匀毛尖号”动车专列上，记者发现，乘客一上车就能感受到浓浓的都匀毛尖茶文化氛围。LED 显示屏、列车海报、广播等都出现了“都匀毛尖”欢迎词、宣传语。“都匀毛尖号”就是这样从图、像、声、字等方面来向广大旅客展现都匀毛尖茶的魅力。

“都匀市没去过，但是知道那边的毛尖茶很有名，我们也经常喝毛尖茶，列车上的毛尖茶广告，像广州那边的人过来看到都有可能去品尝一下这个茶叶，这样的宣传氛围非常好。”当天，乘坐“都匀毛尖号”动车的熊女士激动地说。

（资料来源：黔南热线）

案例 4-3　昆明客运段：全员营销赢在“积极性”

“老李，请客！你一个人一趟车就销售 2 662 元，太牛了，简直是我们 K146 次列车上的神话！”9 月 7 日，昆明客运段九车队学习室里列车长王昆巧正在夸奖“盒饭销售”达人李志刚。

自 9 月开始，客流进入淡季，九车队推出“全员营销，人人参与”的销售方式。列车上，全体乘务员都加入自制品、商品的代销中，按销售的金额进行奖励提成，既调动了职工的积极性，又能扩大销售量，增加餐营收入。

除了利用班组出乘学习会上对班组人员进行经营培训外，车队干部还会在添乘时积极参与餐车的服务工作，了解经营中遇到的困难并进行指导。各车厢列车员会在特定的时间点在车厢内宣传菜品，根据不同地域旅客的需求，添减调味包，积极向旅客征求意见，针对旅客提出的意见，增加免费自助早点“调味小菜”，提前为旅客订餐，满足旅客需求，同时在每节车厢都配备充足的零食、矿泉水，24 小时不间断供应。

晚上供餐结束后，班组还会对一天的工作进行总结，不断改进经营中存在的不足，合理计划次日的经营工作。

据了解，自 9 月 1 号起，K146 次列车共完成餐营 57 273 元，自制品完成 29 437.6 元，总餐营收入同比去年同时段增长了 11%。

（资料来源：中国网中国视窗）

项目训练

高铁旅游线路的推介。

【训练目的】

锻炼学生与旅客交往时的胆量、语言表达能力以及产品的促销能力。

【训练内容】

选择生态之旅——贵广线；清新之旅——杭深线；最美之旅——合福线；吃货之旅——宁蓉线；追风之旅——沪昆线；高寒之旅——哈大线；繁忙之旅——京沪线；西域之旅——兰新线等 8 条特色旅游线路中的任意一条进行推介。

【考核标准】

教师评分，评分为百分制（10 分一个等级，如 100，90，80……）。

表 4-3 项目训练评分表

序号	项　目	权重/%	得　分
1	推销方案是否合理、全面	30	
2	表达是否清晰、扼要	30	
3	参与是否积极主动	20	
4	学生态度是否谦逊	20	
合　计			

复习思考题

1. 促销的方式有哪些？
2. 铁路客运促销心理功能有哪些？
3. 结合自己的岗位谈谈如何进行客运产品的促销。

4.3 客运环境的心理影响

4.3.1 环境心理

4.3.1.1 环境心理学相关概述

环境心理学是研究环境与人的心理和行为之间关系的一个应用社会心理学领域，又称人类生态学或生态心理学。环境心理学之所以成为社会心理学的一个应用研究领域，是因为社会心理学研究社会环境中的人的行为，而从系统论的观点看，自然环境和社会环境是统一的，二者都对行为发生重要影响。虽然有关环境的研究很早就引起人们的重视，但环境心理学作为一门学科还是 20 世纪 60 年代以后的事情。

这里所说的环境虽然也包括社会环境，但主要是指物理环境，包括噪声、拥挤、空气质量、温度、建筑设计、个人空间等。环境心理学是从工程心理学或工效学发展而来的。工程心理学是研究人与工作、人与工具之间的关系，把这种关系推而广之即成为人与环境之间的关系。

4.3.1.2 环境心理影响因素

1. 噪　声

噪音是许多学科研究的课题。心理学主要研究噪声与心理和行为的关系问题。从心理学观点看，噪声是使人感到不愉快的声音。对噪声的体验往往因人而异。有些声音被某些人体验为音乐，却被另外一些人体验为噪声。研究表明，与强噪声有关的生理唤起会干扰工作，但是人们也能很快适应不致引起身体损害的噪声。一旦适应了，噪声就不再干扰工作。噪声是否可控，是噪声影响的一个因素，如果人们认为噪声是他们所能控制的，那么噪声对其工作的破坏性影响就较小；反之，就较大。人们习惯于噪声工作条件，并不意味着噪声对他们不起作用了。适应于噪声的儿童可能丧失其某些辨别声音的能力，从而导致阅读能力受损。适应于噪声环境也可能使人的注意力狭窄，对他人需要不敏感。噪声被消除后的较长时间内仍对认识功能发生不良影响，尤其是不可控制的噪声，影响更明显。

2. 拥　挤

从心理学角度看，拥挤与密度既有联系，又有区别。拥挤是主观体验，密度则是指一定空间内的客观人数。密度大并非总是不愉快的，而拥挤却总是令人不快的。社会心理学家对拥挤提出各种解释。感觉超负荷理论认为：人们处于过多刺激下会体验到感觉超负荷，人的感觉负荷量有个别差异。密度—强化理论认为：高密度可强化社会行为，不管行为是积极的还是消极的，如观众观看幽默电影，在高密度下比在低密度下鼓掌的人数多。失控理论认为：高密度使人感到对其行为失去控制，从而引起拥挤感。处于同样密度条件下的人，如果使他感到他能对环境加以控制，则他的拥挤感会下降。一般说来，拥挤不一定造成消极结果，这与一系列其他条件有关。社会心理学家还研究诸如城市人口密度以及家庭、学校、监狱等种种拥挤带来的影响和社会问题。

3. 住房建筑方式

建筑结构和布局不仅影响生活和工作在其中的人，也影响外来访问的人。不同的住房设计引起不同的交往和友谊模式。高层公寓式建筑和四合院布局产生了不同的人际关系，这已引起人们的注意。国外关于居住距离对于友谊模式的影响已有过不少的研究。通常居住近的人交往频率高，容易建立友谊。房间内部的安排和布置也影响人们的知觉和行为。颜色可使人产生冷暖的感觉，家具安排可使人产生开阔或挤压的感觉。家具的安排也影响人际交往。社会心理学家把家具安排区分为两类：一类称为亲社会空间，另一类称为远社会空间。在前者的情况下，家具成行排列，如车站，因为在那里人们不希望进行亲密交往；在后者的情况下，家具成组安排，如家庭，因为在那里人们都希望进行亲密交往。

4. 个人空间

个人空间指个人在与他人交往中自己身体与他人身体保持的距离。1959 年，E.霍尔把人际交往的距离划分为 4 种：

（1）亲昵距离，0～18 英寸（1 英寸 = 2.54 厘米），如爱人之间的距离；

（2）个人距离，18 英寸～4 英尺（1 英尺 = 30.48 厘米），如朋友之间的距离；

（3）社会距离，4～7 英尺，如开会时人们之间的距离；

（4）公众距离，15～25 英尺，如讲演者和听众之间的距离。

人们虽然通常并不明确意识到这一点，但在行为上却往往遵循这些不成文的规则。破坏这些规则，往往引起反感。

5. 温　度

一些研究表明，温度与暴力行为有关，夏日的高温可引起暴力行为增加。但是当温度达到一定点时，再升高则不导致暴力行为而导致嗜睡。温度也与人际吸引有关，在高温室内的被试比在常温室内的被试易于对他人做出不友好的评价。

4.3.2 客运环境的心理影响概述

客运环境是指客运营销者向旅客所展示的站、场、车和线路等运输环境。它对激发旅客的消费心理、满足旅客的消费需求和提高营销工作效率存在重要的影响。本节重点介绍站场环境、列车环境的心理影响及加强铁路客运环境建设。

4.3.2.1 站场环境的心理影响

站场环境包括站场内售票厅、候车厅、站台、站场线路等建筑物的布局安排和内部装饰，站场内的绿化、色彩、照明、音响、空气、温度等环境条件以及站车秩序等。符合审美要求、安全便利、有利于人体健康的站场环境，对促进旅客的购买行为和提高客运营销效率，其心理功能是显而易见的。一方面，良好的站场环境，使旅客产生舒适感和愉悦感，有利于旅客产生和保持积极的情绪。另一方面，良好的站场环境也能使客运工作人员心情舒畅、精神饱满，从而提高工作效率和服务质量，促进客运工作产生一种“良性循环”。

1987 年 12 月投入营运的上海新客站，在功能上尚能适应客运需求，但随着周围高楼大厦的拔地而起，上海站相比之下显得有点“矮、暗、乱”，与大都市的地位不相适应。改建后的上海站有了翻天覆地的变化，以“高”“亮”的特点成为上海市地标性建筑。该车站由华东建筑设计院负责总设计，其南立面采用新式钢结构中空透明玻璃幕墙，将阳光充分引入室内，增加通透视觉效果。上海站的功能区域划分也更为合理，旅客候车、进出的活动空间增加了 2 200 多平方米。东部将集中安排售票点，西部突出商务功能。南广场正中是喷水池，四周经过绿化后，形成一个花园式人行广场。广场上设有机动车升降机，将出租车和社会车辆全部送入地下车库。南北广场间将修建一条地下通道，两个广场的步行时间缩短至 10 分钟。

4.3.2.2 车内环境的心理影响

车内环境是指车内部装饰和色彩、照明、音响、温度等环境条件以及车内秩序等。列车环境一方面为旅客消费客运产品提供了物质基础，另一方面直接、持久地影响旅客的行车心情，其心理功能是最直接最切身的。因此，良好的车内环境，不仅能使旅客消除焦虑、烦躁、不安，产生舒适感和愉悦感，有利于旅客产生和保持积极的情绪和愉悦的心情，而且能使车内工作人员心情舒畅，精神饱满，从而提高其工作效率和客运服务质量，更好地协调与旅客的关系，消除与旅客的隔阂和障碍，使旅客轻松愉快，和谐融洽。

我国第一列快速度、大容量“子弹头”内燃动车组于 1999 年 10 月 10 日起在沪宁、沪杭线正式运营。这列被命名为“新曙光”的新型内燃动车组是根据我国铁路客流量大、乘车时点集中的特点，为满足旅客舒适、快捷的出行需要而研制的，具有功率大、速度快、载客多、技术新的特点。列车采用“二动九拖”动力集中式，动车为交—直流电传动，试验速度最高达每小时 180 千米。9 节拖车为双层客车，载客量 1 140 人。车内设有小卖部、洗漱室、电火炉、播音室等功能齐全的服务设施和全新的空调装置，具有集中监控功能。电控气动塞拉门、感应式内端门、真空集便装置、密集式车钩等新技术的应用，使该动车组更加方便、舒适。

4.3.2.3 加强铁路客运环境建设

1. 建筑物科学安排，合理布局

售票厅、候车厅、出站口、站台等建筑物的布局安排既应符合方便旅客购票、候车、乘车、出入站和保证旅客安全舒适等要求，又要保证客运工作人员工作方便，利于提高作业效率和服务质量。

2. 装饰要有美感

墙壁美化可用仿瓷涂料、油漆粉刷、墙纸、壁画、镜子等；售票厅、候车厅、出站入站口可挂上山水画或字画；地板美化可用磨光水泥地面、瓷砖、拼花木板等；天花板美化可用普通粉刷、扎天棚，再用吸顶、吊灯、吊扇等加以点缀；立柱美化可装上玻璃或张贴字画、广告画等。此外，还可以在通道、门厅、楼梯等处安装盆景、常绿树或小型喷泉，创造一种清雅、恬静的氛围。

3. 合理选用色彩

站场、车子内部墙壁、顶棚、地面、灯光等方面的色彩是否调配得当，对创造幽雅、舒适、和谐的客运环境，调节旅客和客运工作人员的情绪有重要的心理影响。色彩装饰应考虑建筑物的结构、用途和客运工作特点及季节变化等因素。在现实生活中，人们对不同的色彩会产生不同的感觉。因此，应根据客运环境气氛的需要进行色彩调配。如当旅客看到金属的颜色常会产生冰凉的感觉；当看到淡蓝色时，常会产生凉爽的感觉；看到橘红色，则产生温暖的感觉；看到嫩绿色，则产生清新、湿润的感觉；采用灰暗色等素淡色调能给人以扩大空间的感觉；采用红色等鲜艳色调，能给人以缩小空间的感觉。还有色彩的对比也会对感觉产生调节作用，白色物体在黑色、褐色背景下显得更加光洁夺目，嫩绿色物体在米黄色、玫瑰色背景下显得鲜嫩。总之，色彩作用下产生的这些心理现象，能加深旅客对客运信息的心理作用。

4. 科学配置照明

站场、列车等内部除靠自然采光外，还应采用人工照明和装饰照明。人工照明通常是在天花板上配置日光灯等光源照明，亮度的大小应视情况而定。特殊照明是为了增加客运环境亮度而配置的，它既方便旅客候车、坐车，又引起旅客的特殊注意。装饰照明大多采用彩灯、壁灯、闪烁灯和霓虹灯等照明设备，其主要作用在美化客运环境，烘托环境气氛。多用于售票厅、候车厅，尤其站外广场装饰和广告装饰。但这种照明不可滥用，尤其是站台和线路禁止使用射灯和闪烁灯等装饰照明。否则，会干扰客车进出站信号，容易造成客运事故的发生。

5. 声响、空气、温度要适宜

嘈杂的声响、浑浊的空气、闷湿的环境都将抑制旅客和客运工作人员的积极情绪，使旅客产生心理上的讨厌情绪，使客运工作人员的工作效率和服务质量降低。铁路站场、列车噪声大，空气混浊，因此，选择插放一些轻松柔和、优美悠扬的乐曲，一方面可以冲淡喧闹的噪声，另一方面可以给旅客增加一些知识和情趣。另外，站场、列车是人员较集中的公共场所，必须具备良好的通风条件，以保持空气清新宜人，如在站场建筑物内和列车车厢内适当放置花盆、绿化盆景等，会使旅客轻松愉快。在炎热的夏季、寒冷的冬季，站场、列车内一般要运行空调设备；在潮湿的阴雨季节，则应保持售票厅、候车厅等室内干燥清洁。另外，还可以在站场内和周围增设旅客休息室、茶座、雅座、银行分理处等辅助设施，给旅客提供方便、舒适、和谐的乘车和候车环境。

6. 建立良好的站车秩序

良好的站车秩序是旅客进出站方便、顺畅，乘降安全的重要保证，也是促进铁路客运营销的一个关键。综合治理站车秩序是一项复杂的系统工程。例如，某站两年前，抢劫、盗窃分子猖獗；围车叫卖劣质矿泉水及其他不卫生食物的现象严重；拉客人员堵住进出站口，使站车秩序混乱，造成旅客进站难、出站难、坐车难。而经过客运站全力整治以后，整个站车秩序面貌大为改观，旅客们也可以放心地在此乘降车。

4.3.3 高铁车站设备设施要求

4.3.3.1 基础设施设备符合设计规范，定期维护，作用良好，无违规改造和改变用途

（1）有售票处、公安制证处、候车室、补票处、高铁快件营业场所、天桥或地道、站台、风雨棚、围墙（栅栏）等基础设施，地面硬化平整，房屋、风雨棚、天桥、地道无渗漏，墙面、天花板无开裂翘起脱落，扶手、护栏、隔断、门窗牢固完好，楼梯踏步无缺损，独立进出站楼梯有行李坡道。

（2）有通风、照明、广播、供水、排水、防寒、防暑、空调等设备设施。

4.3.3.2 图形标志符合标准，齐全醒目，位置恰当，安装牢固，内容规范，信息准确

（1）有位置标志、导向标志、平面示意图、信息板等引导标志，指引准确。站台两端各设有一个站名牌，进出站地道围栏、无障碍电梯、广告牌、垃圾箱（桶）、基本站台栅栏等站台设备设施便于列车内旅客以正常视角快速识别站台标志。各站台设有出站方向标志。

（2）根据各服务处所和服务设备设施的功能、用途设置揭示揭挂，采取电子显示屏、公告栏等方式公布规章文电摘抄、旅客乘车安全须知、客运杂费收费标准、客运服务质量规范摘要、高铁快件办理范围等服务信息。

（3）电子显示引导系统信息显示及时，每屏信息的显示时间适当，便于旅客阅读。

（4）售票处、候车区（室）、出站检票处和补票处设有儿童票标高线。

（5）售票窗口、自动售（取）票机、自动检票机前设置黄色“一米线”，宽度 10 厘米。

（6）采用中、英文；少数民族自治地区车站可按规定增加当地通用的民族语言文字。

（7）办理动车组列车旅客乘降业务的普速车站，设有动车组旅客专用的售票窗口、候车室，相关标志含有“和谐号”“CRH”图标、图形符号内容三个基本元素，“和谐号”的字体为隶书、加粗，字号大于标志中的其他文字；高铁快件营业场所相关标志有“高铁快递”“CRH”图标和高铁图形符号内容三个基本元素。

4.3.3.3 旅服系统运行稳定可靠，自动检票、导向、广播、时钟、查询、求助、监控等旅客服务设备设施齐全，状态良好

（1）有管理平台，采用“铁路局集中控制、大站集中控制、车站独立控制”模式，有用户管理和安全保密制度。

（2）售票处、候车区、站台有时钟，显示时间准确。

（3）广播覆盖各服务处所，具备无线小区广播和分区广播功能；音响（喇叭）设备设置合理，音响效果清晰。

（4）有电子显示引导系统，满足温度环境使用要求，室外显示屏具有防雨、防湿、防寒、防晒、防尘等性能。

① 特大、大型车站进站大厅（集散厅）设置进站显示屏，显示车次、始发站、终到站、开车时刻、候车区（检票口）、状态等发车信息。

② 候车区内设置候车引导屏，显示车次、始发站、终到站、开车时刻、检票口、状态等信息。

③ 检票口处设置进站检票屏，显示车次、终到站、开车时刻、站台、状态等信息。

④ 天桥、地道内设置进、出站通道屏，显示当前到发列车车次、始发站、终到站、站台、到开时刻、编组前后顺位等信息。

⑤ 站台设置站台屏，显示当前车次、始发站、终到站、实际开点（终到站为到点）、列车前后顺位编组、引导提示等信息。

⑥ 出站口外侧设置出站屏，显示到达车次、始发站、到达时刻、站台、状态等信息。

⑦ 待机状态显示站名、安全提示、欢迎词等信息。

4.3.3.4 视频监控系统

视频监控系统覆盖车站各服务处所，具备自动录像功能。录像资料留存时间不少于 15 天，涉及旅客人身伤害、扰乱车站公共秩序等重要的视频资料为 1 年。

4.3.3.5 特大、大型车站候车等场所能为旅客提供无线互联网接入服务

（1）售票设施设备满足生产需要，作用良好。

① 售票窗口配备桌椅、计算机、制票机、居民身份证阅读器、双向对讲器、窗口屏、保险柜、验钞机等售票设备及具有录像、拾音、录音功能的监控设备，发售学生票、残疾军人票的窗口配备学生优惠卡、残疾军人证的识读器，退票、改签窗口配备二维码扫描仪，电子支付窗口配备 POS 机。

② 在窗口正上方设置窗口屏，显示窗口号，窗口功能、工作时间或状态信息。

③ 有对外显示屏，同步显示售票员操作的售票信息。

④ 设置工号牌或采用电子显示屏，显示售票人员姓名、工号、本人正面二寸工作服彩色白底照片等信息。

⑤ 有剩余票额信息显示屏，及时、正确显示日期、车次、始发站、终到站、开车时刻、各席别剩余票额等售票信息。

⑥ 配备自动售、取票机，自动售票机具备现金或银行卡支付功能。

⑦ 补票处邻近出站检票闸机，配备桌椅、计算机、制票机、保险柜、验钞机、学生优惠卡识读器等售票设备和衡器，有防盗、报警设施。

⑧ 有存放票据、现金的处所和设备，具备防潮、防鼠、防盗、监控和报警功能。

（2）候车区布局合理，方便旅客。

① 配备适量座椅，摆放整齐，不影响旅客通行。

② 设有问讯处（服务台、遗失物品招领处）。位置适当，标志醒目，配备信息终端和存放服务资料、备品的设备。

③ 设有饮水处，配备电开水器，有加热、保温标志，水质符合国家标准要求。可开启式箱盖的电开水器加锁，箱盖与箱体无间隙。

④ 设有卫生间，厕位适量。有通风换气和洗手池、干手器等盥洗设备，正常使用，作用良好。厕位间设置挂钩。

⑤ 电梯正常启用，运作良好。安全标志醒目，遇故障、维修时有停止使用等提示，操作人员持证上岗（仅操作停止、启动、调整方向的除外）。

⑥ 省会城市所在地、高铁、特大型、大型车站为商务座旅客设置独立的贵宾候车区，其他车站提供候车区域。

⑦ 检票口设自动检票通道和人工检票通道，配备自动检票机，已检票区域与候车区有围栏，封闭良好。

⑧ 实施车站全封闭实名制验证的，设有相对独立的验证口、验证区域、验证通道和复位口，并配备验证设备。

⑨ 高铁快件营业场所外有机动车作业场地和停车位。办理窗口有桌椅、计算机、制票机、扫描枪，使用行包信息系统，配有电子衡器和装卸搬运机具，电子支付窗口配备 POS 机。有施封钳等包装工具；有专用箱、集装袋、锁等包装材料。高铁快件作业场地分区合理，有防火、防爆、防盗、防水、防鼠设备。

⑩ 站台设有响铃设备，作用良好；地面标示站台安全线或安装安全门（屏蔽门），内侧铺设提示盲道；安全线内侧或安全门（屏蔽门）左侧设置上下车指示线标志，位置准确，醒目易识；设置的座椅、垃圾箱（桶）、广告灯箱等设施设备安装牢固，不影响旅客通行。

⑪ 给水站按规定设置水井、水栓，给水系统作用良好，水源保护、水质符合国家标准。按规定办理吸污作业的车站有吸污设备。

⑫ 客运人员每人配置手持电台，其他岗位按需配备，作用良好，具备录音功能。站台客运人员手持电台具备与司机通话功能。

⑬ 有设备管理制度和设备登记台账。有巡视检查、维护保养记录。发生故障立即报告，及时维修，影响旅客使用时设有提示。

4.3.4 相关案例

案例 4-4　临时停车，我有妙招

4 月 2 日，重庆开往广州的列车由于躲避过往列车，在中途停车等待。由于天气闷热，列车内立即变得非常憋闷，有些旅客按捺不住着急的心情，开始抱怨起来，甚至有的乘客骂骂咧咧。如果遇到这种情况，怎样处理？

经验丰富的列车长××见此情况预计等待的时间不会很短，如果让旅客单调无聊地等下去，可能会因情绪不佳引发矛盾。她灵机一动，立即召集所有列车员开会，希望通过和旅客良好的沟通化解矛盾，列车员们积极响应号召，为这个列车的特殊服务出谋划策。随后，列车长带领组员们尝试着用更人性化、更互动的方式与旅客们进行沟通，真诚主动地关注旅客的感受和需求。

首先，列车组真诚面对旅客，如实地传递给旅客列车临时停车的原因及等待时间，回答每位旅客的问题。××特意打破常规，没有用严谨格式的语言广播信息，而是用平实、通俗的语言如拉家常一样地向旅客及时地通报最近的信息，解释延误原因。此举立刻拉近了列车组和旅客之间的距离，更赢得旅客的理解。而后列车组即兴在列车开展了一个小活动，请旅客品尝列车员调制的“自助饮料”，并猜出是由哪几种果汁混合而成的。旅客表现出极大的兴趣和参与的热情，枯燥无聊的等待立刻变得精彩纷呈，有单独品尝的，也有和朋友、家人一起喝一起猜的，获得奖品的旅客还兴致勃勃地表演了小节目。漫长的等待时间就在一片欢声笑语中悄悄溜走了。当列车长广播还有 5 分钟列车就重新开动时，旅客才意识到他们在列车上等了近 3 小时了。当列车组向旅客们表达真诚的谢意时，列车里早已是掌声一片！

案例 4-5　设备故障，服务弥补

20××年 12 月 10 日，宁波至南京站的 77628 次列车。

到达绍兴北站前，列车员小王提前站在 3 号车厢门口立岗。不料列车停稳后，车门并没有像平常一样打开，

“糟糕，可能是车门坏了。”小王心想。

因为 3 号车没有旅客下车，小王赶忙去邻近车厢的车门处查看。

其他车厢的车门都是正常打开的，小王的判断被验证了。

小王立刻用对讲机将这一情况向列车长小陈做了汇报。

列车长通知机械师过来查看后确认为车门故障。

列车长叮嘱小王，要提前组织好车门门口乘降，做好对旅客的宣传解释和服务工作，弥补因设备故障给旅客带来的不便。

3 号车是商务车，小王用贴心细致的服务，周到的语言，把弥补工作做在前面。

每到站前 10 分钟，小王便微笑着去征求下车旅客意见。

“女士，是否需要帮助提拿行李？3 号车门有故障，请从 4 号车门下车。”

“先生，真对不起，这边车门出现了故障，我带您从 4 号车厢门口下车吧。”

虽然要比平时多费许多口活，但旅客感受到了小王的真诚，纷纷点头微笑，表示谅解。

每次到站前，列车长积极与站方联系，说明情况，经站方有序组织，上车旅客都顺利地从 4 号车门上了车，旅客的疑惑也在列车员的笑脸中融化了。

每次乘务工作，都有可能遇到这样或那样的突发事件，所以出乘前，一定要提前做好应急预案，遇到紧急情况，要快速、冷静地做好应对，将不利影响降至最低。

案例 4-6　南航开设广州至长沙空中快线对抗高铁冲击

“我们已经开了一条空中快线，接下来肯定还要开。”中国南方航空公司（下称“南航”）董事长司献民接受 CBN 记者采访时说，公司未来还将在国内多个城市开通空中快线，以对抗高铁冲击。

据南航有关负责人介绍，他们已经开通“广州—长沙”空中快线，每天整点从长沙起飞，一小时一班，每天 12 班，还为旅客设有专属值机柜台、专用安检通道、专属行李提取区域等一条龙特色服务，更加快捷便利，“一个多月以来运行很好，上座率也可以，所以我们近期还将开通‘广州—武汉’空中快线。”

总投资超过 1 000 亿元的武广客运专线，经过四年多建设，将于 12 月 20 日正式通车。专线全长 1 000 多千米，始于武汉新武汉站，经过咸宁、赤壁、岳阳、长沙、株洲、衡阳、郴州、韶关、花都，到达广州的新广州站，设计速度每小时 350 千米，最高速度可达每小时 380 千米。届时从武汉至广州将由现在的 10.5 小时缩短至 3 小时左右。

“开通空中快线是未来对抗高铁冲击的出路之一。”上述南航人士告诉 CBN 记者，航程在

2 个小时以上的线路肯定是飞机有优势，目前航空公司与高铁竞争最激烈的都在航程介于 1 小时和 1.5 小时之间的路程上，比如从长沙到广州需要 1 个小时航程，从武汉至广州需要 1.5 小时航程。

CBN 查询南航官方售票网站发现，从武汉至广州提前一个月预订机票，票价最低为每张 280 元。据上述人士介绍，“开通空中快线其实没有大幅降价，只是增加了航班密度，以吸引客流。”

上个月底，司献民在北京 2009 年第五届亚洲航空展望峰会上，做了一篇题为“应对高铁挑战，促进行业发展”的演讲，谈及南航作为国内航线最密集的航空公司，受高铁冲击最严重，如上海—武汉高铁开通后，南航在这条航线上的周承运量锐减；北京—太原高铁开通后，南航的周承运量更是骤降。

司献民在昨天举行的“亚运号”彩绘飞机起航仪式后，还向 CBN 记者表示，公司未来甚至会将空中快线开至整个东南亚。

（资料来源：网易财经）

项目训练

列车的主题装饰。

【训练目的】

让学生充分发挥自己的想象力与创造力，充分结合某一主题进行车厢的装饰。从而提高他们的团队合作能力以及激发他们对客运工作的热情。

【训练内容】

分小组进行列车主题以及装饰方案的确定与落实，装饰方案要与某一线路上的某一城市文化相结合。小组成员间共同讨论完成列车主题装饰过程中的每一个环节。例如装饰主题的设计、定稿、客车各部尺寸的核对、彩画的喷绘制作、列车上画、正式上线等这一系列过程。

【考核标准】

教师评分，评分为百分制（10 分一个等级，如 100，90，80……）。

表 4-3　项目训练评分表

序号	项　目	权重/%	得　分
1	主题是否鲜明	30	
2	彩绘的设计是否有教育、宣传作用	30	
3	参与是否积极主动	20	
4	学生态度是否谦逊	20	
合　计			

复习思考题

1. 车内环境是如何影响旅客心理的？
2. 加强客运环境建设的措施有哪些？
3. 列举某车站的客运环境，并谈谈会对旅客造成什么样的影响。

4.4 客运产品价格心理

4.4.1 价格心理

4.4.1.1 价格心理定义

价格心理指的是消费者对商品价格的心理反应，是影响消费者购买行为的重要因素。

4.4.1.2 商品价格与消费者心理行为的关系

1. 价格是消费者衡量商品价值和品质的直接标准

在消费者对商品品质、性能知之甚少的情况下，主要通过价格判断商品品质。许多人认为价格高表示商品质量好，价格低表明商品品质差，这种心理认识与成本定价方法以及价格构成理论相一致。所以，便宜的价格不一定能促进消费者购买，相反可能会使人们产生对商品品质、性能的怀疑。适中的价格，可以使消费者对商品品质、性能有“放心感”。

2. 价格是消费者社会地位和经济收入的象征

一些人往往把某些高档商品同一定的社会地位、经济收入、文化修养等联系在一起，认为购买高价格的商品，可以显示自己优越的社会地位、丰厚的经济收入和高雅的文化修养，可以博得别人的尊敬，并以此为满足；相反，使用价格便宜的商品，则感到与自己的身份地位不符。

3. 价格直接影响消费者的需要量

一般来说，价格上升会引起需要量下降，抑制消费；价格下降会增加需要量，刺激消费。但有时情况相反，各种商品价格普遍上升时，会使消费者预期未来价格将继续上升，增加即期需要量；反之，则预期未来价格将继续下降，减少即期需要量，产生“买涨不买落”心理。造成这种情况的原因是消费者的生活经验、经济条件、知觉程度、心理特征等有着不同程度的差异，他们对价格的认识及心理反应千差万别。

4.4.1.3 价格心理特征

1. 习惯性

反复的购买活动会使消费者对某种商品的价格形成大致的概念，这种价格也叫习惯价格。消费者判断频繁购买的商品价格高低时，往往以习惯价格为标准。在习惯价格以内的价格，就认为是合理的、正常的，价格超过上限则认为太贵，价格低于下限会对质量产生怀疑。

2. 敏感性

消费者对商品价格的心理反应程度的强弱与该商品价格变动幅度的大小通常按同方向变化。但违反这种心理变化的情况也经常发生。有些商品即使价格调整幅度很大，消费者也不会产生强烈的心理反应。造成这种差异的原因是消费者对各种商品价格变动的敏感性不同。一般来说，消费者对需要经常购买的日用品价格变动很敏感，对购买次数少的高档消费品价格变动则比较迟钝。

3. 感受性

消费者对商品价格高低的判断不完全以绝对价格为标准，还受其他因素的影响，主要有商品轻重、大小、商标、包装、色彩；商品的使用价值和社会价值；货位摆布、服务方式、售货场所的气氛等。由于刺激因素造成的错觉，有的商品绝对价格相对高一些，消费者会觉得便宜；有的商品绝对价格相对低一些，消费者会觉得很贵。

4. 倾向性

消费者对商品价格的选择倾向或为高价，或为低价。前者多为经济状况较好，怀有求名、显贵动机及炫耀心理的消费者；后者多属经济状况一般，怀有求实惠动机的消费者。

4.4.2 客运产品价格心理概述

客运产品价格心理是指在营销活动中客运产品价格的确定及其对旅客心理影响的问题。客运产品价格不仅关系到买卖双方的切身利益，也是双方心理沟通的敏感因素。

4.4.2.1 客运价格心理功能

长期以来，铁路客运价格的制定受政府因素的影响很大，在某种程度上说，仍然是一种政府行为。如旅客票价的基本票价率由国务院铁路主管部门拟定，报国务院批准，各种客运杂费的收费项目和收费标准也由国务院铁路主管部门制定。因此，在旅客的心理上产生不同影响：一是铁路客运价格是“铁”的价格，过于僵化，过于死板；二是铁路客运价格长期的、稳定的低运价，便宜；三是铁路客运价格的长期稳定性和固定性，有一定威信。而在市场经济条件下，现代铁路运输企业作为独立的运输产品生产者和经营者，应具有一定的自主定价权，铁路客运价格也应随市场规律而变化。不同旅客对铁路客运价格的理解不一样，对铁路客运价格变化的反应也不同。

从旅客在价格问题上的一般心理活动来考察，客运价格通常具有以下心理功能：

1. 衡量客运产品价值和品质的功能

客运产品要想被旅客所接受和认可，必须通过价格来对客运产品价值的高低和质量的优劣进行评价和度量，从而形成依据价格高低来衡量和评价铁路客运产品价值量大小及品质高低的价格心理。

无论旅客个体素质如何，这方面的价格心理功能总是发挥作用的。表现在消费行为时，他们总是自觉或不自觉地把铁路客运价格、价值和品质等作为一个整体联系起来看，把价格看成是产品品质的标志。一般情况下，旅客总认为“一分钱，一分服务”“优质优价”，实际上是旅客消费客运产品时的经验总结和价格心理功能的反映。特别是随着客运市场的激烈竞争，其他运输方式如公路、航空等提供的客运产品在品质（如：速度、舒适、安全、服务等）上有了很大的发展和改善。越来越多的旅客把同种价值和品质的公路、航空客运产品与铁路客运产品进行价格上的比较，产生心理上的平衡和不平衡，影响着旅客对铁路客运产品的消费。铁路运输企业推出了许多客运新产品，如：高速列车、直通列车、快速列车、空调双优列车等。其价格虽然较贵，但销量却很好，这就是客运价格衡量客运产品价值和品质的心理功能发挥作用的结果。

2. 自我意识和比拟功能

价格的自我意识和比拟功能是指消费者通过联想把价格与个人情况、欲望、想象结合起来，通过比拟来满足心理上的需要。其中最明显的莫过于社会地位与经济收入的比拟，即许多旅客在心理上产生显贵心理现象。如果铁路运输企业不提供高速列车、直通列车、快速列车、空调双优列车、豪华列车等品质较高的客运产品，许多旅客宁愿花费更高的价格去选择航空、高速公路等产品。因此，许多旅客受其社会地位、经济收入等社会价值因素的影响，容易接受高价格的铁路客运产品。旅客把客运价格做自我意识比拟，可能是有意识进行，也可能是无意识进行，共同点都是从社会生活出发，重视价格的社会价值意义。

3. 调节消费需求的功能

旅客消费需求表现为旅客对铁路客运产品有支付能力的需要和欲望，它由旅客对铁路客运产品的心理感受状态（即消费心理动机）所决定。客运价格与旅客消费需求相互作用、相互影响，在旅客心理上的反映有两个方面：一是客运产品定价必须充分考虑旅客的消费心理和需求弹性。例如：对于铁路运输企业提供的“精舱列车”“豪华列车”等，旅客就会另眼看待，定价就可高一些；相反，对一些普通列车、大众化的服务消费，定价就要低一些，这样才能为旅客认可。二是同一质量、同一服务内容、同一规格档次的运输产品，对不同需求的旅客，采用不同的价格。

4.4.2.2 客运价格心理策略

在铁路客运市场竞争中，运用客运价格心理策略来刺激旅客消费，产生购买动机，具有十分重要的意义。

运输企业为增强自身的竞争优势，提高自身的竞争能力，在不断改善原有运输产品的基础上，还必须根据运输市场的需求，研究、开发一些铁路运输新产品。例如，根据运输市场需要，铁路开行“双优”列车、豪华列车、准高速专列等；在继续开好现有的站对站班列的基础上，开行满足集结时间短、货源稳定的技术站间“五定”班列；扩大开行范围，在全路形成“五定”班列网络等。对这些铁路运输新产品，采取不同定价策略，对旅客心理会产生不同影响。常见的新产品定价策略有两种：

（1）撇脂定价策略。

在新产品促销阶段以高价投放市场，在短期内获得高利润以便尽快收回投资，这如同先撇取牛乳表面那层最富营养的脂肪一样。采用此策略的条件是产品质量过硬，又是新产品上市初期，而且几乎没有强有力的竞争者。此策略优点在于能满足部分猎新求异的消费者心理需要，高价高利。在产品过了成长期而进入成熟期后可适当降价，能赢得消费者好感；缺点是定价高，有一定风险，容易招致旅客不满，引发激烈竞争。

（2）渗透定价策略。

所谓渗透定价策略又称低价策略，指产品投放市场时，将价格定得偏低，以吸引大量顾客、迅速渗透占领市场，取得较大的市场份额。此种定价策略有利于打退竞争对手，提高市场占有率。同时，此策略低价微利，给竞争者以“无利可图”之感，以阻止竞争者的加入。又因价格较低而容易占领市场，较快提高品牌知名度。缺点是价低利薄，投资收回期长。

客运新产品刚刚投放市场时，需要旅客有一个认识和了解的过程。其中，运价是旅客直接接触和关心的，运价的高低直接影响到旅客对新产品是否接受。客运产品投入市场时处于投入期，成本费用水平较高，为避免定价过高影响产品销路，企业定价时应以补偿成本费用、扩大运输市场占有率为主要依据。因此，铁路客运新产品的定价策略宜采用渗透定价策略。如：控制、压缩延伸项目收费；运用市场机制，适应市场变化：如在运输淡季适当下调票价等，从而在旅客心目中树立起产品的良好形象，取得信赖，拓展市场，增加销售。这种策略的主要问题在于以后逐渐把价格调高时，容易引起旅客心理上的反感及抵制。

4.4.2.3 客运产品变价心理策略

1. 客运变价策略的含义

所谓客运变价策略是运输企业在不断变化的市场竞争中，采取不同的价格调整方式（降价还是提价，下浮还是上浮）来适应客运市场的一种价格策略。

目前，我国铁路客运价格一直实行全国统一水平的国家定价，1998 年 5 月，《中华人民共和国价格法》实施后改由政府定价。经国务院批准，1998 年 4 月起，允许部分铁路旅客票价向下浮动；2000 年 11 月起，允许部分铁路旅客票价以公布的《铁路旅客票价表》为基准上下浮动。而公路、水路、航空则能充分利用价格杠杆的作用，进行浮动价格调整，增强竞争力，抢夺市场份额。例如，公路运输采用淡季价和旺季价，根据客户提供的运量大小、单位体积货物的轻重、运输时间要求以及运输淡旺季实行双方谈判定价，基本上做到双方满意。

另外，一些地方铁路（包括合资铁路）具有灵活的动价政策，可以根据货物品类、地区差别、行业运输环境、季节特点、车种别等不同条件，制定相应的动价政策。

2. 客运产品折让价格心理策略

为了增加销售，营销中采用折价与让价的办法给消费者以某些优惠，以赢得更多的购买者。这种通过降低价格或直接给购买者以折扣等方式来争取消费者的定价策略被称为折让价格策略。折让价格的心理作用是直接而显著的，因为购买者所得到的优惠是明白而确实的，因而能较有效地刺激和鼓励消费者大量购买乃至连续购买。

（1）运输企业制定了团体票、预售票、往返票价格优惠的政策。例如，旅客的组织主要是团体旅客的组织，采取对团体旅客打折的办法，把优惠部分让给旅游组织者，就是一种有效的客流组织办法。

（2）为适应市场，运输部门取消所有旅客列车车票票价中的强制保险，使广大旅客享受到票价调整带来的实惠。

3. 客运产品浮动价格心理策略

我国运输企业长期执行国家计划运价，但随着运输市场竞争加剧，国务院和交通主管部门在运价管理外，允许运输企业在一定幅度内上下浮动运价，以适应运输市场竞争。

根据客运市场的季节波动和区域特点，实行区域浮动运价。各铁路局（或集团公司）可根据管内季节、客流、运输市场变化情况，对管内基本运价实行自主上下浮动，适时调整方案，价格回升不得超过国家规定的基本票价，充分发挥价格杠杆作用。例如，铁路的春运、暑运是铁路客流两大高峰期，这期间票价在原有基础上下浮，既可以增加铁路的收入，调动铁路员工的积极性，又可以调整峰期运量，实现均衡运输。制定优质优价列车收入定额上缴办法和上浮票价与上座率挂钩浮动办法，上座率低于50%的，必须降低列车等级。例如广州铁路集团公司执行铁道部制定的“双优”车基本票价定额上浮办法，以票价调节为杠杆，减少“双优”车虚座，凡产权全部属于铁路总公司的“双优”列车，其上浮票价原则上不得超过30%，上座率达90%以上的方可按50%上浮。由总公司“买断”的双优列车票价也要随上座率情况上下浮动，平均上座率达不到50%的必须取消上浮。为加强对上座率的考核，各有关站及客运（列车）段必须按“双优”车次统计汇总上座率情况，按月向总公司、集团公司客运主管部门汇报，集团公司组织定期抽查。

4.4.3 知识拓展

居民消费价格指数（CPI）

1. CPI 的作用

CPI 是居民消费价格指数（consumer price index）的简称。居民消费价格指数，是一个反映居民家庭一般所购买的消费商品和服务价格水平变动情况的宏观经济指标。它是度量一组代表性消费商品及服务项目的价格水平随时间而变动的相对数，用来反映居民家庭购买消费商品及服务的价格水平的变动情况。

居民消费价格统计调查的是社会产品和服务项目的最终价格，一方面同人民群众的生活密切相关，另一方面，它在整个国民经济价格体系中也具有重要的地位。它是进行经济分析和决策、价格总水平监测和调控及国民经济核算的重要指标。其变动率在一定程度上反映了通货膨胀或紧缩的程度。一般来讲，物价全面地、持续地上涨就被认为发生了通货膨胀。

2. CPI 的基本功能

（1）度量通货膨胀。CPI 是度量通货膨胀的一个重要指标。通货膨胀是物价水平普遍而持续的上升。CPI 的高低可以在一定水平上说明通货膨胀的严重程度。

（2）国民经济核算。在国民经济核算中，需要各种价格指数。如消费价格指数（CPI）、生产者价格指数（PPI）以及 GDP 平减指数，对 GDP 进行核算，从而剔除价格因素的影响。

（3）契约指数化调整。例如在薪资报酬谈判中，因为雇员希望薪资（名义）增长能相等或高于 CPI，希望名义薪资会随 CPI 的升高自动调整等。其调整之时机通常于通货膨胀发生之后，幅度较实际通货膨胀率低。

（4）反映货币购买力变动。货币购买力是指单位货币能够购买到的消费品和服务的数量。消费者物价指数上涨，货币购买力则下降；反之则上升。消费者物价指数的倒数就是货币购买力指数。

（5）反映对职工实际工资的影响。消费者物价指数的提高意味着实际工资的减少，消费者物价指数的下降意味着实际工资的提高。因此，可利用消费者物价指数将名义工资转化为实际工资。

（6）CPI 对股市的影响：一般情况下，物价上涨，股价上涨；物价下跌，股价也下跌。

4.4.4 相关案例

案例 4-7 “动车效应”倒逼公路客运降价

随着甬台温、温福铁路开通试运营，上海至温州每天开行 7 趟动车组列车，给民航、长途客运带来了不小的挑战，继民航机票纷纷卖出“白菜价”后，上海长途客运南站昨天又宣布，下调温州、温岭等 4 条班线的票价，其中降幅最大的温州班线票价由 205 元降至 151 元。

开行动车组列车后，上海至温州的火车旅行时间由原来的 10 小时左右压缩到了最快 4 小时 10 分钟，上海南到温州南一等座 225 元、二等座 188 元。对此，公路客运部门“不甘示弱”。昨天上海长途客运南站宣布，即日起将下调温州、温岭、椒江、路桥 4 条班线的票价，降幅 12.4%至 26.3%不等。其中，降幅最大的温州班线，票价由 205 元降至 151 元。目前，公路客流已恢复到正常水平，上海长途客运南站往浙江方向的宁波、慈溪、余姚、普陀、温州、温岭、椒江、路桥等地区的班线均走杭州湾跨海大桥，并提供宁波、温州、普陀、苏州的返程票服务。

案例 4-8　票价低于 5 折，5 家航空公司“对抗”武广客专

“面对武广客专开通，我们在进行一场市场保卫战！”昨日，南航湖北公司新闻发言人张玖振表示，同线经营 5 家航空公司不会缩减航班，更不会退出，票价肯定要低过火车票。

按照计划，武汉至广州间的客运专线将在 12 月 20 日试运营，武汉与广州铁路直达缩至 3 个多小时，这使铁路的性价比与航空“有得一拼”。

目前，武汉飞广州有南航、东航、国航、深航、海航，每天有 14 趟。

张玖振表示，下月，武汉至广州航线将形成“空中快线”，每天航班从 7 个增至 8～10 个，基本形成每 2 小时一班，保证旅客随到随走。同时，导入“手机值机”，旅客不用排队换登机牌，发短信就行，安排广州专用安检通道，没有托运行李的旅客，用手机直接刷卡过关。

记者查询发现，12 月起，武汉至广州机票均低于 5 折，加上机场建设费不会高于 520 元，最低票价仅 260 元。

（以上案例均来自高铁网）

项目训练

A 城至 B 城的铁路客运价格策划。

【训练目的】

熟悉影响铁路企业定价策划的主要因素，掌握基本的定价方法，学习应用定价策划的技巧、变价的策略。

【训练内容】

收集 A 城与 B 城的客源状况以及运输市场上客运价格竞争现状的基本资料。学生以小组为单位在运输市场上收集航空、公路、水路等不同企业的定价情报，以及了解存在的问题。把价格策划理论运用于铁路营销实践，为 A 城—B 城制定合理的运输价格，设计“A 城—B 城的铁路客运价格策划方案及评价”。

【考核标准】

教师评分，评分为百分制（10 分一个等级，如 100，90，80……）。

表 4-4　项目训练评分表

序号	项　目	权重/%	得　分
1	策划方案是否清晰、准确	30	
2	数据来源是否可靠	30	
3	参与是否积极主动	20	
4	学生态度是否谦逊	20	
合　计			

复习思考题

1. 目前铁路客运价格的制定在旅客心里产生什么样的影响？
2. 客运价格具有哪些心理功能？
3. 客运新产品定价心理策略有哪些？
4. 你是如何看待“高铁自主定价”的？

5 铁路客运安全心理

安全生产作为运输的永恒主题，新时期已赋予了它新的内涵，当我国企业进入品牌竞争时代后，安全正逐步变成铁路品牌的第一要素。

铁路品牌涵盖的内容较广，我们不妨把安全、方便、舒适、经济、快捷作为铁路品牌的基本要素加以研究。在这些要素中，安全是第一要素。因为安全历来是铁路运输的最大优势。旅客、货主选择铁路的首要原因就是安全。

据中国经济景气检测中心对北京、上海、广州三座城市居民的随机抽样调查问卷显示，现在有 66.9%的居民外出首选火车，其中一条重要原因就是看中铁路运输安全。铁路客运专线是最安全的现代高速交通运输方式之一。它采用了先进的列车运行控制系统，能够保证前后两列车必要的安全距离，有效防止列车追尾及正面冲撞事故。信息化程度很高的行车设施诊断、监测、预警设备和科学的养护维修，构成了客运专线现代化的、完善的安全保障系统。2017 年 4 月 30 日，全国铁路发送旅客 1 091 万人次，较 2016 年“五一”假期同比增长 5.4%，这就是一个证明。的确，几十年来，铁路运输具备了其他运输方式无法代替的安全优势，随着企业品牌竞争时代的到来，铁路经营者需要考虑如何把安全优势转化为品牌优势。通过塑造品牌，打牢安全基础；通过提高安全质量，提升铁路形象，让铁路品牌成为公众信赖的品牌。由此可见，为提高企业竞争力，目前，铁路企业应把安全这个永恒的主题提升到塑造铁路品牌的高度来认识。

“客车安全无小事”，在运输过程中，维护铁路正常运行秩序，保证旅客和铁路员工生命财产的安全，直接关系到铁路的竞争能力、声誉和经济效益，因此，确保运输安全是与铁路的生存与发展息息相关的永恒的主题。影响客车安全的原因很多，其中，人有其特殊的作用，如客运部门人员负责站、车秩序，负责列车上的火源安全（三炉一灶）。除人员之外，各种设备也应确保安全。电源、灭火器材、紧急制动阀、手制动阀等重要设备要处于良好状态，特别要防止旅客将“三品”（易燃、易爆和其他危险品）带上列车，防止旅客列车发生火灾、爆炸等危及行车安全的事件。

兴趣、心理素质指影响行车安全的人的心理过程及个性心理特征，主要包括个体的气质、能力、性格、情绪、需要、动机、态度、爱好、兴趣、意志等各个方面。例如，胆汁质的人往往易冲动，表现为心急而粗心，多血质的人注意力容易转移，缺乏耐性，都可能成为引发事故的原因；黏液质的人表现为稳定、细心、工作有持久性，比较适合在安全和要害部门工作；性格方圆，表现为勤劳、认真、细致、具有自信心和控制能力的人，以及富有稳定和持久情绪特征的人，都有利于做好各项安全工作。总而言之，安全的砝码握在每一个铁路职工的手上，铁路职工应该了解自身在运输生产中的心理状态及活动规律，以保证铁路运输安全。

5.1 心理与安全

5.1.1 心理活动的含义

心理活动与大脑的高级神经活动是脑内同一生理过程的不同方面：从兴奋与抑制相互作用而构成的生理过程看，是高级神经活动；从神经生理过程所产生的映象及所概括的事物的因果联系和意义看，属心理活动。用信息加工的观点看，心理活动则是通过大脑的神经生理过程而进行信息的摄取、储存、编码和提取的活动。人的心理活动包括认识活动、情感活动与意志活动三个方面。它们不是彼此独立和并列的三种心理活动，而是统一的心理活动过程中三个既有联系又有区别的方面。

5.1.1.1 心理活动的概念

心理活动，应是人们或动物（具有心理现象）在进行语言、行为、表情等活动前所进行的思维。人的心理活动有很多种，在不同的环境下，每个人各自的心理活动也是不一样的。可以说心理活动是没有完全相同的，多是相似，或是具有共同的出发点。因为人们没有一样同时的情感体验，这就意味着每个人的心理活动，绝对没有共同的心理演化史，所以每个人的心理活动只会有一定的时空差异，绝对不会有心理参数完全的相同。那么心理活动包括哪些内容呢？总体来说只要是在人们或动物（具有心理现象）意识之中的一切事物（包括现实与虚拟的）都会成为心理活动的内容。

5.1.1.2 影响心理活动的因素

1. 认知水平

认知是指人们认识活动的过程，即个体对感觉信号接收、检测、转换、简约、合成、编码、储存、提取、重建、概念形成、判断和问题解决的信息加工处理过程。简单地说，就是个体对所感觉到的信息在头脑中的加工处理过程，这也是认知的本质所在。

认知水平是指个体对外界事物认识、判断、评价的能力，认知水平的高低与实践经验、知识水平、思维能力、信息储量等因素有关，是影响人们思想形成的主观因素之一。

2. 生活经验

生活经验是长期形成的固定模式，而当人处于实践中就会不断地分析、判断与推衍，从而让自己的思维更加健全。

3. 性格特征

性格是一个人在对现实的稳定的态度和习惯了的行为方式中表现出来的人格特征，它表现为一个人的品德，受人的价值观、人生观、世界观的影响。这些具有道德评价含义的人格差异，我们称之为性格差异。性格是在后天社会环境中逐渐形成的，是人的核心的人格差异。性格有好坏之分，能最直接地反映出一个人的道德风貌。性格特征主要表现在态度、理智、情绪、意志等方面。

5.1.1.3 心理活动范畴

心理活动范畴是心理活动的最一般、最基本的概念分类。心理活动范畴的划分关系到如何正确理解各种心理活动的实质以及它们之间的区别和联系，在哲学史上和心理学史上一直有不同意见，现在仍无定论。主要有“三分法”和“二分法”两种看法：前者分为知（认识）、情（情绪）、意（意志）3个范畴；后者分为知（认识）和意（意志）两个范畴，把情归属于意。

5.1.2 心理过程与安全

5.1.2.1 注意力

注意力是心理活动对一定对象的指向和集中。在各种心理因素中，注意力与运输安全有着密切的关系。

1. 注意力的品质对运输安全的影响

某次列车正在运行中，硬座车厢一名中年旅客，向乘警报称自己被盗200元。但周围旅客反映秩序良好，没有可疑的情况。乘警注意力到该旅客神态异常，语无伦次，于是安排他到环境宽松的餐车坐下，稳定他的情绪。没想到这位旅客趁人不备，爬上半开的窗户推备往下跳，并惊慌地喊“有人要杀我”。叫喊中，他的半个躯体已在窗户之外了！就在这千钧一发的时候，乘警和列车长紧紧抱住他的两条腿，拼命将他拉回车厢，挽救了他的性命。

注意力的品质包括注意力的稳定性、注意力的广度、注意力的分配和注意力的转移等。如果乘警没有随时注意力那位旅客的情况并采取得当的措施，那位旅客的生命可能就终结了。

（1）注意力的稳定性。注意力的稳定性指在一定时间内把注意力保持在一个对象或一种工作上。与稳定性相反的就是分散性，也就是“走神”。在铁路运输生产中，如果注意力不稳定、不集中，就可能导致事故的发生。

1996年发生的某次单机与某次货车尾部发生冲突。事故原因是某次单机值乘司机运行中打盹，副司机私自带人上机车，导致值乘中分散精力，中断了瞭望。由于机车上多了外人，注意力的稳定性无形中打破，原有的注意力平衡处在“走神”状态，导致他们在某站黄灯开车时不控制速度，区间红灯时又不停车，闯红灯，从而出事，构成行车事故。

对客运工作者而言，乘务员注意力不稳定往往是在刚上车和快到站时，乘警往往是在夜间行车时；而车站工作人员的情况则可能复杂一些，如天气的变化、倒班等都有可能导致注意力不集中。

（2）注意力的广度。注意力的广度是从注意力的范围这个角度来说的，指在同一时间内能清楚地把握对象的数量。

例如，在十分之一秒内，一个人能感知彼此不相联系的六个字母，而另一个人却能感知九个，那就说明前一个人注意力的范围比后一个人的注意力范围小。在调车场，有经验的调车作业人员注意力的范围要比缺乏经验的调车作业人员广。

（3）注意力的分配。注意力的分配是指在同一时间内把注意力分配到两种或两种以上的对象和活动上。在运输作业中，培养熟练分配注意力的能力是必需的，因为一个作业人员把注意力集中在一个对象上，忽视与此密切相关的其他对象，也叫注意力分配不当。该集中的时候注意力要集中，该分配的时候注意力也要分配，否则也易出事故。

1999年7月9日，广州铁路（集团）公司管内茶山坳车站发生的461次旅客列车脱轨重大事故，就是由于当班司机注意力分配不当，除了开车，他既没有认真瞭望已发出侧线通过茶山坳站的信号，也没有听监控装置发出的进支线的语言提示，结果酿成重大事故，直接经济损失617万元。

（4）注意力的转移。注意力的转移指把注意力主动地、迅速地从一种活动有目的地转移到另一种活动。

一个值班员接发一趟列车要打电话、填写记录、按动电钮，注意力的转移达30次左右，哪怕一次注意力的转移不及时，后果都会不堪设想。某次某值班员按调度计划办理5009次交会0436次，他先后开放0436次站间闭塞，在开放0436次1道出站信号时，错误地按成1道通过按钮，致使出站信号不能开通，之后又因错误操作使进站信号恢复，造成0436次机外停车。

当然，注意力的集中、范围、分配、转移之间并没有截然分开的必要，它们在工作中往往是联系在一起的，哪方面都不容忽视。

2. 如何防止注意力品质对运输安全的消极影响

（1）要有强烈的责任心。

旅客对铁路的总体要求是安全、方便、舒适、经济、快捷。作为旅客，当他买下火车票的同时，也就把旅途中的生命安全交给了铁路；客运服务人员有责任、有义务保证他们的安全。在这一点上，铁路的教训是很多的。如：

1992年2月9日，某次客车在京广线上行驶时，一旅客爬上行李架躺着抽烟，将烟头丢进行李架上方墙板检修孔内，引燃包扎再生布后冒烟，列车员拉紧急制动阀停车，将两边车门都打开，疏散旅客下车。结果，42次旅客列车由上行线通过，停车不及，撞到疏散走入上行线的旅客，构成意外重大伤亡事故。

1988年1月7日，某次旅客列车在韶关站停车时，一旅客携带2.5千克用松节油调制的防锈漆上车，运行中存放油漆的铁盒翻倒，油漆溢到地板上，肇事者用卫生纸擦抹了事。后来，他又抽烟引发了明火，导致客车起火，肇事者既不报告，又不采取措施，跳车逃离现场，酿成客运列车火灾重大事故。

20世纪90年代中期的一个春运高峰期，一列从乌鲁木齐开往北京的旅客列车已在线路上奔驰了两个昼夜，车上一直超员，定员为120人的一节车厢足足塞满了300余人。一个西北大汉在汽车上已颠簸了几天，好不容易才赶上这趟列车。此时，他已经在车厢过道上站了50余个小时，由于疲乏不堪，便迷迷糊糊合上眼，不料却被坐在近旁的一位妇女怀中的幼儿闹声惊醒。他咆哮起来："吵死人啦！"边说边从妇女怀中夺过幼儿，砸碎车窗玻璃，将无辜的幼儿扔出窗外。母亲的哭喊，旅客的愤怒，充满了整个车厢。

如果列车的治安联防工作做得到位一些，乘警在车厢走得更勤一些，乘务员工作更细一些，也许这些悲剧就不会上演了。

（2）减少分散注意力的因素。

在当班时，客运人员一定要专注于自己的工作，不可随意走神、与人聊天，更不能躲在服务间里看小说。对路外人员，也应该注意力强化他们对危险的认识，除了宣传教育外，还有许多办法。

火车客车车厢的色彩除了给人们美感外，还会对人们生理和心理产生奇特的影响：色彩能使人们产生视觉远近的差异，所以浅颜色的车厢轮廓清楚，有近感；而深颜色的车厢轮廓界限较模糊。例如，当一列绿色的火车驶过来的时候，容易给人造成错觉，把列车的距离看得比实际远得多。这种色彩造成的视觉差，可能会给人造成判断上的错误，可能引发安全事故。此外，色彩对人们的行为和思维都有很大的刺激和调节作用。如红色给人以热烈感，使人联想到燃烧的火焰，产生兴奋，对铁路工作人员可以在心理上加强责任感；对于行人来说，在心理上加强了危险感，避免靠近铁路线，从而确保行车安全。现在，我国铁路客车车厢在颜色上已经改变了以往单一的绿色。一些长途特快列车如直快列车已改为淡黄色、橙红色、红色等，不仅给人以新鲜感，也给旅客和行车安全带来了益处。

德国铁路最近实行了一项改革，铁路部门将按照客车类别给车头和车厢喷上各种不同的颜色。例如，车头和车厢喷上红色是特快、直快列车，长途列车为天蓝色，市郊列车为浅灰色等。这样，不仅使乘客能更好地识别所要乘坐的列车，而且有利于安全行车。同时，在行车时刻表、车票和相关的资料上也相应地标出不同的颜色。这些改革措施值得我国铁路部门借鉴。

（3）熟知工作规程，苦练作业技能。

熟知工作规程与苦练作业技能也与高度的责任心分不开，否则，"知道归知道，做不做由我"的态度，也易出事。

以旅客列车治安联防工作为例，铁路通过对部分旅客列车的治安联防工作进行检查就发现了一些问题，这些问题主要表现在：第一，作业不标准。措施制定具体，但执行起来差距大，形成了有标准不执行、有标准不规范、随意性很大的局面。第二，广播不规范。有的不按计划广播，有的根本没有广播计划。第三，乘警在治安联防工作中作用一般化。巡视力度不够，同治安联防员联系不够，交换意见不够。第四，治安联防员登记不真实。有的不填写治安联防员登记，有的虽然填了，但水分很大，编造假名、假单位的情况仍有发生，使治安联防工作处于应付状态。这些问题的存在直接影响着列车治安联防工作的开展。

《旅客列车治安联防工作暂行办法》规定：旅客列车治安联防，是在列车长的统一领导下，由乘警具体组织实施，全体乘务员参加，选聘若干旅客，采取专群结合的群众性治安防范组织形式。全体列车乘务人员必须把搞好治安联防工作纳入各自的作业程序，坚守岗位，恪守职责，密切配合，规范地完成各项治安联防任务，保证旅客生命财产安全。

（4）各种信号、标志应尽量醒目、整齐、集中。

如“7·9”事故的重要原因之一就是设备隐患，茶山坳站信号设备改型投运后，新的信号显示方式不符合《铁路技术管理规范》要求。这种带问题的信号显示未能起到强化司机注意力的作用。

航空服务中，乘务员会向乘客介绍安全设施的使用方法，铁路站车也可以提供类似的服务，客运人员可以向旅客介绍车站的消防设施和车上的紧急制动阀的使用方法等。这样，一旦出现紧急情况，旅客可以凭借醒目的标志与客运人员一同应对紧急情况的发生。

5.1.2.2 情　绪

同样的一种东西，或一种景色，或一个人，会对不同的人产生不同的情感体验，有人会喜欢，有人会讨厌，有人会感到紧张或者恐惧。这些各具色彩的体验，以人的不同态度为转移，心理学上把客观事物是否符合人的需要而产生的态度的体验叫作情绪。

1. 情绪对运输安全的影响

铁路职工生活在精彩纷呈的社会，当然也会有各种各样的需要，但需要不可能都得到满足，因而就会产生不同的情绪。积极的情绪有利于运输安全，消极的情绪则是事故发生的重要原因。巴甫洛夫学说认为，人习惯了的意念和行为之所以能十分熟练地进行，是因为大脑皮层上建立有相对稳定的、暂时的神经联系系统，也就是动力定型。只要这种动力定型不受干扰，就能保证在惯常条件下操纵机器，不出事故。但是对职工来讲，有些心理因素会影响动力定型的维持，如以下情况就可能导致事故：

（1）节假日前急于交班，操作上盲目图快，易违反作业标准。

（2）变动工作前后的情绪变化，要么乐极生悲，要么敷衍塞责。

（3）提干、晋级、评先进时容易因攀比心理而想不通。

（4）受领导批评和组织处分时容易产生抱怨或沮丧。

（5）加班加点时容易懒散，操作上图省事，不按标准化作业。

（6）职工之间、家属之间、夫妻之间发生矛盾时，工作中会思想不集中。

（7）家庭生活有困难，后顾之忧没有解决，不能专心致志地工作。

（8）遇到急事由于不便开口请假，心里急，作业时易出差错。

2. 不良情绪的表现形式

旅客来自社会的各个层面，有着不同的背景和教养，也有不顺心的事，自然也会有不愉快、不健康的情绪体验。那么，这些情绪会以怎样的形式表现出来呢？

（1）消极的心境。心境是一种比较微弱、平稳而持久的情感体验，消极的心境对运输安全的影响是很大的，因为人在消极心境时，视觉、听觉、触觉的反应会减慢，容易导致动作不协调，人会闷闷不乐、萎靡不振，抵触心理增强。在这种状态下，客运服务人员会该做的不做，该干的不干，假如在春运时检查“三品”的工作人员也处在这种情绪中，就可能不会认真负责，也就很容易使危险品、爆炸品等流入车站或车上。

（2）紧张的情绪。心理学研究表明，人们在工作（不论是手工还是智力操作）时，都应该有适当的情绪紧张程度，否则，主体和大脑就没有足够的能量去从事应当进行的活动，操作的效率就会很低。但是，过度的紧张或长期处于紧张状态，对于运输安全却十分有害。旅客在车上，如果时时刻刻担心自己的钱财被抢、被盗，就会难以休息，时刻处在紧张状态，如果紧张时间过长，就可能诱发“急性精神障碍”，危及旅客及客车安全。

（3）激情时的非理智状态。激情是一种暂时爆发的剧烈而迅猛的情绪状态。处于激情状态时，人往往不能控制自己，不能意识到自己在做什么，不能正确评价自己行为的后果与影响，也就是处于非理智状态。在这种状态下，人往往说出不该说的话，做出不该做的事，以至于一条指令、一个动作也可能酿成事故。

3. 不良情绪的调节与控制

一个人如果树立了正确的人生观、价值观，把个人生命、名誉、地位、金钱都看淡些，那么，当这些东西受到威胁时，也就不会惊恐万状、难于自持。

2000 年“双整治”期间，一些媒体抓住广州站个别民警违法违纪问题，以偏概全，对广州站民警队伍进行负面炒作。一时间，在社会上引起震动，影响了许多不明真相的群众，给派出所民警们造成巨大的精神压力。但全所民警们默默承受着一切委屈和误解，更加发奋工作。他们顶烈日，斗酷暑，日夜加班加点，24 小时奋战在打击犯罪、维护治安的第一线，许多民警带病坚持工作，坚决不下火线。一位 50 多岁的老民警，在广州站派出所民警队伍实行正常轮换工作中被组织实行轮换时，其在美国的女儿打电话劝其不要走，但他毅然服从组织安排，默默离开工多年的熟悉岗位，和其他被轮换的民警们一道迅速奔赴新的岗位报到。这就是一种高尚境界的“大无畏”精神，前提条件是“大公无私”，把个人融入了人民、社会和自然之中。

（1）将自己的忧伤、痛苦和愤恨以适当的方式发泄出来，以减轻心理上的压力。如进行自我暗示，早上出门上班前，对着镜子微笑，并对自己说：今天是一个好日子，一切都会好的。还可以在工作之余和好友聊聊天，说说自己的难处，这也是一种精神宣泄的方法，对方的劝告也许没有多大实际意义，但他们的真诚关怀能让我们得到一种心理补偿。也可采用“森田疗法”——带着状态去工作，转移注意力力，工作时全身心地投入，严格按章办事。

（2）学会自我安慰、自我调节，做情绪的主人。消极情绪会使神经系统的活动失调，从而导致各种神经官能症的产生，严重者会导致精神病态。唐代药王孙思邈曾对养生防病提出十戒。其中，莫忧思、莫大怒、莫悲伤、莫恐惧、莫大笑等就属心理方面，铁路职工也要注意力“身体是革命的本钱”，没必要因为无谓的、过度的大喜大悲而影响自身的身心健康。

（3）加强修养，提高精神境界，如多读书、多学习、多与人交往、多参加集体活动等。只要是非原则性的小事，就要学会理解与忍耐，要有一种不把小事往心里搁的宽容气度，心情反而会好得多。

原 57 次旅客列车某值乘运转车长当班时躺在乘务休息卧铺上睡觉，随后与他人发生口角，他越想越气，擅自使用紧急制动阀，导致客车中途停车，构成停车一般事故。值乘时离岗睡觉本不该，与他人发生争端后，更应该从大局及全体旅客的利益来考虑，多做内心反省，自我调控情绪，可他偏偏任性至此，拉下了紧急制动阀，如果他拉下的是“制怒阀”那该有多好。

（4）接受自己。宽容别人、给人以机会是一种良好的心理素质；接受自己、给自己以希望同样也是健全心态的一种表现。要接受自己，首先，要正确估量自己，不可求全责备，一味追求完美。接受自己的一些不足之处，解放自己，不与自己过不去，既能平衡自己的心态，也易受到别人的认可。其次，要去掉愧疚心理。铁路工作的特殊性可能会给铁路职工的日常生活带来一些困扰，对如此而产生的愧疚心理，没有必要隐藏，而应该说出来，以免加重心理负担，也可以设法补偿。如等到繁忙的春运工作结束后，利用假期陪同爱人、孩子出去旅游几天，既放松自己的心情，又增进亲人间的感情。还要学会鼓励自己，如在工作上有了进步，就应该肯定自己的努力，鼓励自己不但是接受自己的好办法，也有助于树立自信心和保持乐观的态度。

5.1.2.3 疲　劳

历年来，很多铁路事故都是在铁路职工处于疲劳状态下发生的。从人的生理、心理活动规律来看，疲劳是由于劳动者连续不断工作而消耗能量，从而产生机体内生理和心理变化，导致工作能力下降的一种现象。科学家研究认为，疲劳是整个人体一种复杂的暂时性心理状态，是大脑皮层的一种警戒信号。人体如果发生了疲劳，而又没有及时休息，会引起一系列生理、心理变化，如注意力涣散、动作迟缓、反应减慢，动作的准确性、协调性、灵活性降低，误差增多。这样就容易发生事故。

1. 生理疲劳与事故

生理疲劳是机体过分劳累使代谢物在血液中造成积累而引起的。长时间的连续作业是产生生理疲劳的主要原因。国际疲劳学会公布的疲劳研究标准曲线表明，工作在 4 小时内，人体神经系统的兴奋程度保持在适当的水平，4 个小时后，兴奋程度就会上下波动不停，从而陷入疲劳状态。疲劳的主观症状表现见表 5-1。

铁路运输作业人员，包括机车乘务、调度值班人员等，一般都是在高度紧张的情况下长时间连续不断地进行工作的，并且工作时速度快、密度高，会消耗大量的体力和脑力，因此，极易产生疲劳。

表 5-1　疲劳的主观症状检查表

（一）感到疲惫变得迟钝	（二）注意力难以集中	（三）表示出健康上的损失
1. 感到头痛	11. 感到思考有困难	21. 头痛
2. 身体感受到疲乏	12. 对谈话不耐烦	22. 感到肩膀僵直
3. 腿发软	13. 神经质	23. 背疼
4. 打哈欠	14. 不能集中注意力	24. 感到呼吸局促
5. 头脑发热糊涂	15. 对事物失去兴趣	25. 感到口渴
6. 开始打瞌睡	16. 健忘	26. 嗓子沙哑
7. 看东西费劲	17. 缺乏自信心	27. 头晕目眩
8. 行动呆板、手脚不灵	18. 遇事焦虑不安	28. 眼睑痉挛
9. 站立不稳	19. 难以端正姿势	29. 四肢震颤
10. 想躺下	20. 失去耐心	30. 觉得生病了

睡眠不足是引起生理疲劳造成事故发生的另一个原因。有人曾对我国铁路某机务段的962名机车乘务员逐个进行调查，发现90%以上的人在夜间出乘中打过瞌睡。其原因多种多样，如生活不规律、家庭居住条件欠佳、乘务员公寓服务设施差，还有的青年职工贪于娱乐不注意充分休息等，都可能导致睡眠不足而引发事故。

2. 心理疲劳与事故

有时体力、脑力并没有多大的消耗，也会感到四肢无力、头昏脑涨、无精打采，这就是心理因素造成的。心理学家认为心理疲劳的反应主要是倦于工作，也就是说“非不能也，是不为也”。

在运输生产中单调的重复作业最容易使人产生心理疲劳。如果一个人总是重复一个或一些简单的动作，时间长了就会感到乏味，失去兴趣。如机车乘务员在区道上行驶，扳道员进行简单的重复作业，道口值班员机械地放下和抬起栏杆，检车员不停地敲敲打打，客运服务员对简单问题的频繁回答等，时间长了就会感到枯燥乏味，容易产生疲劳。

产生心理疲劳还有其他一些原因，如情绪不佳，精神抑郁、忧虑，工作不称心，生活处于逆境，苦闷得不到发泄，等等。还有，根据人类工程学的研究，以下形式的周围环境都易导致心理疲劳。

（1）差的照明环境。

（2）噪声。

（3）振动。

（4）不舒服的气候（高温度、高湿度）。

（5）有害的化学环境等。

3. 如何避免由于疲劳引起的事故

人的生理疲劳对铁路运输安全威胁很大，生理疲劳时人的体力、情绪、智力都会明显降低，从而造成事故隐患。但生理疲劳是一种自然现象，不能改变，只能掌握什么时候会产生生理疲劳，从而采取一定的措施保证安全运输。

（1）科学地安排作业时间。既然长时间的连续工作是造成疲劳的主要原因之一，那么，就应该严格控制运输作业人员的工作时间，以防止因疲劳而发生运输事故。如印度政府规定铁路职工连续工作时间最多不能超过10小时，还对应精力集中、劳动强度大的工种，每天工作时间限制在6个小时，并以法律形式公布施行。结果铁路事故发生率比未实行此制度前减少40%。

（2）实行合理的休息制度。心理学研究证明，初期疲劳通过休息能够很快消除，但过度疲劳即使休息，消除也很缓慢。因此，一般应该在铁路职工开始感到疲劳时就安排休息，如给一个良好的休息环境，或者使用活动休息的方法，进行工间操和其他适当的体育活动等。在长途车上，组织丰富多彩的活动很有必要，它有助于缓解旅客旅途的疲劳，降低旅客人身伤亡事故的发生率。

（3）创造理想的工作环境。机车驾驶室、运输指挥调度室、值班室及其他运输作业现场，其噪声、振动、温度、尘埃、照明等都要符合国家规定的劳动保护标准。同样，列车上也应该有一个适合旅客的休息环境，比如禁止在车厢内吸烟，保持车厢的干净整洁，利用广播来活跃气氛等。

国外有的地方为提高工作效率和产品质量，为防止工作人员因疲劳而带来的损害，已开始模拟某种自然环境。如在天棚等一些工厂车间里，布置一种“人造天空”。早晨，车间的天棚呈现蔚蓝色；随着时间的推移，再慢慢地变成白天的颜色；快下班时，又出现一片夕阳西下的景色。这对减轻工人的疲劳很有效。还有一些工厂，按照疲劳曲线的原理每隔三四个小时，便开动负离子发生器，向车间输送类似瀑布、山林和海滨空气的“人工气候”，因为负离子能净化空气、除尘，也能消除人的生理疲劳。某银行数据处理中心装置了负离子发生器后，员工的工作误差率由3%降到1%。如果我们能在机车驾驶室、候车室、车厢等作业现场将环境进行改善，一定有利于铁路的运输段。

（4）提高工作的机械化、自动化程度。即运用先进技术提高自动化水平，特别是自动停车系统和自动报警设备，可以在操作人员因疲劳而导致误差操作时，使运输设备自动停止动作或发出警报，以避免运输事故的发生。另外，在检查“三品”方面，铁路科研部门正致力于一些新技术的研究和开发，以提升铁路运输的安全。

① 射线检查法。当旅客进火车站时，把行李放在单道或者双道 X 射线仪的传送带上，进行安全检查。X 射线是一种看不见、摸不着、穿透力极强的电磁波辐射。当它辐射被检查物体时，若是遇上金属枪械，X 射线被吸收较多，在荧光屏上就会显示出黑色图像。而当 X 射线照射到爆炸物品上时，因爆炸物主要成分是氮、碳、氢、氧等物质，X 射线便会将一部分的能量传递给这些材料，然后沿着与入射方向相反的方向返回。车站工作人员便可以根据 X 射线的回波图像或者返回来的 X 射线的面积、强度做出是否存在爆炸物的判断。这种检查是采用微剂量 X 射线短时间辐照，既看到物体内部结构，又不损害人体健康，还能防止对感光材料的曝光，方便实用。用这种方法，检查速度可达每分钟 25 件行李。

另外，铁路科研部门研制的一种装置——中子检测器，它是利用原子核基本粒子（即中子）作为入射源，使其与旅客携带行李中物质的原子核发生反应来检测的。因为在一定的能量状态下，不同的物质会吸收不同数量的中子，并释放出能量各异的伽马射线，由此可识别不同性质的物质。这是一种自动、快速、准确地侦查行李中是否藏有爆炸物的装置。

② 金属探测器。它主要探测被检查物中的金属部分是否属于危险品。该探测器可做成各种各样形状，如金属探测门和小型探测器，方便安全检查，灵敏度高。其工作原理是：在探测区内，建立一个平稳的交变磁场，当有金属进入探测区时，交变磁场发生变化，对变化的信号加以处理，最后以适当方式显示出来。

③ 化学检测法。用化学显色法，在可疑物品外表喷上专用显示剂，当物品含有某种炸药时，立即发生颜色变化，办法简单，易操作。但对显示剂要求严格，如无毒、无色、不留痕迹等，同时还需要多种检测仪器配合，才能完成检测任务。

④ 生物检测法。如用狗、昆虫、细菌、鼠等。警犬应用历史悠久，采用广泛。有的昆虫对炸药气味很敏感。发光微生物遇到炸药气味时会引起光强度变化等。它的应用灵敏度高，但需在特定条件下进行。

5.1.2.4 侥 幸

心理学上，侥幸是指由于偶然的原因而获得利益或免去灾害，从而企图获得意外的成功或免于不幸。人有侥幸心理时，就往往不按作业程序，怕麻烦，图省事。人如果有侥幸心理，就不会清楚地意识到由此带来的后果。车站值班人员图省事不按规定查堵“三品”，车上乘警不按规定经常在各车厢巡视检查，如果没有出事，就可能强化侥幸心理，从而胆子越来越大。旅客中携带“三品”进站上车的不乏其人，与此相关的各种事故也多次发生，尽管铁路部门和公安部门大力宣传、查堵，仍有人执迷不悟，原因也多是心存侥幸，“这事不可能落在我身上”“就这一次，没那么巧的”。所以他们不惜拿自己和别人的性命去冒险。

1993 年 3 月 12 日，某次列车在某无人看守道口处与一辆汽车相撞，机车报废，线路损坏，中断行车 28 小时，经济损失 160 万元。原因就是道口工怀侥幸心理未坚守岗位，汽车司机怀侥幸心理想抢越道门。

可见，侥幸心理也是安全的大敌，如何防止侥幸心理呢？首先，应多进行案例教育，树立安全意识；其次，严格执行规章制度，满足广大旅客求安全的心理。

5.1.3 个性心理特征

心理学上把那些表现在每个人身上经常的、稳定的、典型的心理特点称之为个性心理特征。个性心理特征一般包括气质、能力、性格等。

1. 气　质

任何一种气质本身都包括积极和消极两个方面，既有利，也有弊，所以，各种气质的人都应该注意培养、发展积极的方面，改造、克服消极的方面。如胆汁质的人要注意控制自己的情绪，在运输作业中遇到不顺心的事要克制自己，不能随便发火；多血质的人员容易因为注意力不稳定或马马虎虎而造成事故，因而要注意自己严谨、踏实、细致的作风；黏液质的人则要锻炼自己的果断性和应变能力；抑郁质的人则要认识到自己在运输作业中容易疲劳，在紧要关头容易惊慌失措，因而要培养自己的胆量和克服困难的勇气。

2. 能　力

铁路运输生产的顺利进行，也同其他活动一样，需要运输人员具备多种能力，其中既有一般能力，也包括一些特殊能力：

（1）可靠的观察能力。观察能力强，才能及时了解运输生产环境的变化，准确把握运输设备的状况，从而有效地阻止事故的发生。

（2）准确的判断能力。判断能力强，可以在运动中把握运输生产中的各种因素，预测发展的可能趋势，把事故消除在萌芽状态。

（3）良好的记忆能力。记忆能力强，可以牢记业务技术理论和实际操作技能，并灵活运用。

（4）周密的分析能力。分析能力强，可以较正确地分解和综合微弱信息、潜伏信息、预兆信息等各种信息，预计可能造成的结果。

（5）灵敏的反应能力。反应能力强，可以在出现紧急情况、发生危险的时候，沉着冷静、迅速果断地采取相应措施。

（6）清楚的表达能力，表达能力强，对各种调度人员来说更为重要。因为传达运输命令、指令，必须清楚、简明、扼要，如果表达不清，就可能会使信息的传递发生错误。

当然，运输作业人员还必须具备一些其他能力。如良好的注意能力、抗压能力、自我控制的能力等。对运输事故的调查分析表明，很多事故的发生是由于事故责任者缺乏某方面的能力所造成的，因此，运输作业人员必须具备这些能力，这是确保运输安全的重要条件。

3. 性　格

性格的个体差异是很大的，如有人骄傲、泼辣；有人开朗、热情；有人含蓄、内向；有人轻浮、外露；有人胆大、自信；有人胆小、怯懦；有人安静、审慎；有人轻率、急躁；有人温和、善良；有人强横、粗暴等。各种各样性格的构成与个体的全部心理过程有关，归结起来有两方面：

一是对现实的态度。表现在对待个人、集体和社会的态度；对待学习、工作和生活的态度；对待自己和对待他人的态度等方面。

二是行为的自我调节，这是性格的意志特点。表现为：目的是否明确和自我行为是否符合社会规范；对行为进行自觉控制的能力；在紧急困难条件下的自我表现；对持久性劳动的态度等。

（1）易出事故者的性格。

性格在心理学中，是作为个性心理特征中的一种来进行研究的。在个性心理特征中，能力反映活动的水平，兴趣反映活动的倾向，气质反映活动的方式，性格决定活动的方向。性格是个性中起主导作用的心理特点，是人与人个性之间的主要差异标志，也是人们常说“百人百性百脾气”的理论依据。人们正是根据这些经常习惯的表现，把人与人区别开来。

为什么生活在相同的自然条件和社会条件下人们的性格会不一样呢？一般说来，影响一个人的言谈举止、音容笑貌及其内心活动等的主要因素有遗传、经历、教育。这三个因素在人的生命的各个阶段互相影响、互相作用，给人类的每一个成员造就了使他能够适应周围环境的各种性格。

根据国外有关专家调查测验发现，一般地，容易出事故者和事故的频发者，都有引人注意的性格，包括以下几个方面：

① 感情冲动，容易兴奋；

② 恼怒、焦躁；

③ 对工作和事物易安于现状；

④ 不沉着、心不在焉；

⑤ 工作忙忙碌碌而效率不高；

⑥ 心情和感情易随天气等外界条件改变；

⑦ 理解力低，判断和思考能力差；

⑧ 易极度喜悦和悲哀；

⑨ 不能以理性控制行动；

⑩ 处理问题轻率；

⑪ 运动神经迟钝，不爱运动。

由于发生事故的可能性还随着工作种类的不同和作业条件的好坏而有大小的差异，所以管理者应从安全的角度出发、把有上述性格特征的人，安排在发生事故可能性较小的操作岗位上去。站车工作人员则应特别注意那些易躁动的旅客的安全。

（2）运输作业人员应具备的性格特征。

有利于安全的优良性格特征包括以下几个方面：

① 积极的现实的态度特征。主要表现为对社会、对集体、对他人的态度特征：热爱祖国，忠诚党的事业，努力献身于社会主义事业，热爱集体、关心他人，全心全意为旅客、货主服务；对劳功、对工作、对学习的态度特征：勤奋、热爱本职工作，认真负责，细致等。

② 积极的意志特征。主要表现为有明确的目标，善于独立思考，遵守客观规律，严格遵守纪律，在关键时刻能够勇敢、坚强、果断地克服困难。

③ 积极的情绪特征。在情绪的强度和速度方面，表现为能够控制自己，避免使自己的全部活动都被情绪所支配。在情绪的稳定性方面，表现为情绪不因琐事而波动，情绪活动的引发较慢，也易控制。在情绪的持久性方面，表现为情绪波动对身体、工作和生活的影响稍纵即逝，同时能经常保持愉快的心境。

④ 积极的理智特征。表现为能够客观地观察问题，不为环境所左右，能够深思熟虑、细心谨慎，不草率行事，不轻举妄动。

我们常会听到“江山易改，本性难移”之类的话，那是针对人的态度和行为中的惰性而言，其实人的性格是可以改变的，优良的性格也是可以培养的。性格与人的立场、观点和信念有关系，经过思想教育，自我修养，立场和观点会逐渐变化，而随着立场、观点的变化，性格的变化也就成了可能。例如在生产过程中，职工因操作不当或其他原因发生了事故，就会受到批评、处分，甚至会受到法律制裁，而安全生产就会受到表扬和奖励，这就会激发职工以不同的方式去自我学习和自我教育，如自我分析、自我努力、自我命令、自我控制、自我监督等。最终，经过运输生产实践的锻炼，就会形成工作认真负责和重视安全的性格特征。一个曾经在安全问题上出过事故的职工就曾经说过：“经过这次教训，我一定会自觉遵守‘两纪’，一招一式都自觉按标准化程序作业，时刻绷紧安全这根弦。”并经常提醒同事“安全无小事，请以我为鉴”。其实，这正是性格上的变化。

5.1.4 知识拓展

心理安全感测试

临床心理学家马斯洛（A. H. Maslow）结合自己的临床实践，编制了“安全感——不安全感问卷”（又称“S— I”）问卷。这是 ·个包含 75 道题的问卷，受测者可以在大约 10 分钟内完成。

请在纸上回答下列各题。选择最符合你的情况的一项。如果实在不好回答，可以选择“不清楚”一项。

Y=是；N=否；？=不清楚。

请选择符合你情况的一项：

1	Y	N	?	26	Y	N	?	51	Y	N	?
2	Y	N	?	27	Y	N	?	52	Y	N	?
3	Y	N	?	28	Y	N	?	53	Y	N	?
4	Y	N	?	29	Y	N	?	54	Y	N	?
5	Y	N	?	30	Y	N	?	55	Y	N	?
6	Y	N	?	31	Y	N	?	56	Y	N	?
7	Y	N	?	32	Y	N	?	57	Y	N	?
8	Y	N	?	33	Y	N	?	58	Y	N	?
9	Y	N	?	34	Y	N	?	59	Y	N	?
10	Y	N	?	35	Y	N	?	60	Y	N	?
11	Y	N	?	36	Y	N	?	61	Y	N	?
12	Y	N	?	37	Y	N	?	62	Y	N	?
13	Y	N	?	38	Y	N	?	63	Y	N	?
14	Y	N	?	39	Y	N	?	64	Y	N	?
15	Y	N	?	40	Y	N	?	65	Y	N	?
16	Y	N	?	41	Y	N	?	66	Y	N	?
17	Y	N	?	42	Y	N	?	67	Y	N	?
18	Y	N	?	43	Y	N	?	68	Y	N	?
19	Y	N	?	44	Y	N	?	69	Y	N	?
20	Y	N	?	45	Y	N	?	70	Y	N	?
21	Y	N	?	46	Y	N	?	71	Y	N	?
22	Y	N	?	47	Y	N	?	72	Y	N	?
23	Y	N	?	48	Y	N	?	73	Y	N	?
24	Y	N	?	49	Y	N	?	74	Y	N	?
25	Y	N	?	50	Y	N	?	75	Y	N	?

这个问题旨在了解不同的人所具有的不同的心理特征。因此，每道题目的答案并没有是非、好坏之分，你不必有任何顾虑，请凭你的第一感觉真实回答。

1. 通常，我更愿与人待在一起，而不是个人独处。

2. 在社交方面我感到轻松。

3. 我缺乏自信。

4. 我感到自己已经得到了足够的赞扬。

5. 我经常感到对世事的不满。

6. 我感到人们像尊重他人一样尊重我。
7. 一次窘迫的经历会使我在很长时间内感到不安和焦虑。
8. 我对自己感到不满意。
9. 一般说来，我不是一个自私的人。
10. 我倾向于通过逃避来避免一些不愉快的事情。
11. 当我与别人在一起时，我也常常会有一种孤独的感觉。
12. 我感到生活对我来说是不公平的。
13. 当朋友批评我时，我是可以接受的。
14. 我很容易气馁。
15. 我通常对绝大多数人都是友好的。
16. 我经常感到活着没有意思。
17. 一般说来，我是一个乐观主义者。
18. 我认为我是一个相当敏感的人。
19. 一般说来，我是一个快活的人。
20. 通常，我对自己抱有信心。
21. 我常常感到不自然。
22. 我对自己不是很满意。
23. 我经常情绪低落。
24. 在我与每个人第一次见面时，我常常感到对方可能不会喜欢我。
25. 我对自己有足够的信心。
26. 通常，我认为大多数人都是可以信任的。
27. 我认为，在这个世界上我是一个有用的人。
28. 一般说来，我与他人相处融洽。
29. 我经常为自己的未来发愁。
30. 我感到自己是坚强有力的。
31. 我很健谈。
32. 我有一种自己是别人的负担的感觉。
33. 我在表达自己感情方面存在困难。
34. 我时常为他人的幸运而感到欣喜。
35. 我经常感到似乎遗忘了什么事情。
36. 我是一个比较多疑的人。
37. 一般说来，我认为世界是一个适于生存的好地方。
38. 我很容易不安。
39. 我经常反省自己。
40. 我是在按照自己的意愿生活，而不是按照其他什么人的意愿生活。
41. 当事情没办好时，我为自己感到悲哀和伤心。
42. 我感到自己在工作和职业上是一个成功者。

43. 我通常愿意让别人了解我究竟是怎样一个人。
44. 我感到自己没有能很好地适应生活。
45. 我经常抱着“车到山前必有路”的信念而坚持将事情做下去。
46. 我感到生活是一个沉重的负担。
47. 我被自卑感所困扰。
48. 一般说来，我感到还好。
49. 我与异性相处得很好。
50. 在街上，我曾因感到人们在看我而烦恼。
51. 我很容易受伤害。
52. 在这个世界上，我感到温暖。
53. 我为自己的智力而忧虑。
54. 通常，我使别人感到轻松。
55. 对于未来，我隐隐有一种恐惧感。
56. 我的行为很自然。
57. 一般说来，我是幸运的。
58. 我有一个幸福的童年。
59. 我有许多真正的朋友。
60. 在多数时间中我都感到不安。
61. 我不喜欢竞争。
62. 我的家庭环境很幸福。
63. 我时常担心会遇到飞来的横祸。
64. 在与人相处时，我常常会感到很烦躁。
65. 一般说来，我很容易满足。
66. 我的情绪时常会一下子从非常高兴变得非常悲哀。
67. 一般说来，我受到人们的尊重和尊敬。
68. 我可以很好地与别人配合工作。
69. 我感到自己不能控制自己的情感。
70. 我有时感到人们在嘲笑我。
71. 一般说来，我是一个比较陌生的人。
72. 总的说来，我感到世界对我是公正的。
73. 我曾经因怀疑一些事情并非真实而苦恼。
74. 我经常受羞辱。
75. 我经常感到自己被人们视为异乎寻常。

计分方法：

安全感——不安全感问卷计分键

1Y	20Y	39N 或?	58Y
2Y	21N 或?	40Y	59Y

3N	22N	41N 或？	60N
4Y	23N	42Y	61N
5N	24N	43Y	62Y
6Y	25Y	44N	63N
7N	26Y	45Y	64N
8Y	27Y	46N	65Y
9Y	28Y	47N	66N
10N	29N	48Y	67Y
11N	30Y	49Y	68Y
12Y	31Y	50Y	69N
13Y	32N	51N 或？	70N
14N	33N	52Y	71Y
15Y	34Y	53N	72Y
16N	35N	54Y	73N
17Y	36N	55N	74N
18N	37Y	56N	75N
19Y	38N	57Y	

凡是选择与上面一致的记 0 分，其余的一律记 1 分。大部分选“不清楚”的都记为 1 分。将所有题目的得分相加即为最后得分。

测试结果说明：

0 ~ 24 分属于正常范围；

25 分以上，则具有不安全感的倾向；

31 分以上，则具有不安全感，

39 分以上则具有严重的不安全感，即存在着严重的心理障碍。

对于具有安全感和具有不安全感的人，马斯洛从 14 个方面进行了比对：

1. 缺乏安全感的人

（1）感到被拒绝，感到不被接受，感到受冷落，或受到嫉恨、歧视；

（2）感到孤独、被遗忘、被抛弃；

（3）经常感到威胁、危险和焦虑；

（4）将世界、人生理解为危险、黑暗、敌意、挑战，像一个充满互相残杀的角斗场；

（5）将他人视为基本上是坏的、恶的、自私的，或危险的；

（6）对他人抱不信任、嫉妒、傲慢、仇恨、敌视的态度；

（7）有悲观倾向；

（8）总倾向于不满足；

（9）有紧张的感觉以及由紧张引起的疲劳、神经质、噩梦等；

（10）表现出强迫性内省倾向、病态自责、自我过敏；

（11）负罪和羞怯感，自我谴责倾向，甚至自杀倾向；

（12）被种种自我估价方面的情绪所困扰，如对权力和地位的追求、病态的理想主义、对金钱和权势的渴求、对特权的嫉恨、受虐倾向、病态的柔顺、自卑等；

（13）不停息地为更安全而努力，表现各种神经质倾向、自卫倾向、逃避倾向、幻觉等；

（14）自私，以自我为中心。

2. 具有安全感的人

（1）感到被人喜欢、被人接受，从他人处感到温暖和热情；

（2）感到归属，感到是群体中的一员；

（3）有安全感，无忧无虑；

（4）将世界和人生理解为惬意、温暖、友爱、仁慈，普天之下皆兄弟；

（5）将他人认为基本上是好的、善的、友好的、善意的；

（6）对他人抱有信任、宽容、友好、热情的态度；

（7）有乐观倾向；

（8）倾向于满足；

（9）有轻松、平静的感觉；

（10）开朗，表现出客体中心、问题中心、世界中心倾向，而不是自我中心倾向；

（11）自我接受，自我宽容；

（12）为问题的解决而争取必要的关注，关注问题而不是关注于对他的控制，坚定、积极，有良好的自我估价；

（13）以现实的态度来面对现实；

（14）关心社会，合作、善良、富于同情心。

5.1.5 相关案例

案例 5-1　纽约列车又脱轨，百余人受伤

2017 年 1 月 4 日，美国纽约市一班通勤列车 4 日早高峰时段进站时脱轨，导致 100 多人受伤。事故原因仍在调查中，列车驾驶员是否患有睡眠呼吸暂停综合征再次成为人们关注的焦点。

事故发生于当地时间 8 时 30 分左右。这列从昆斯区法罗卡韦开出的通勤列车在驶入布鲁克林区大西洋枢纽站时，未能及时刹车，撞上轨道缓冲块，头两节车厢冲出轨道并严重受损。车上载有 600 余名乘客，事发前许多人站起准备下车，估计超过 100 人受伤，大部分人伤势轻微。

列车的门窗受损，车内冒着浓烟，乘客在惊慌中冲出车厢。部分伤者被担架抬出。录像画面显示，一些乘客手举冰袋敷头，还有乘客鼻子在流血。

一名女乘客对当地一家电视台记者说：“我正要从座位上起身，突然有一股巨大冲力，我的身体先是向前飞，又被猛地拉向后方。”

发生事故的列车由纽约长岛铁路公司运营。纽约消防局在推特上说："在大西洋枢纽站长岛铁路公司列车脱轨现场，有103起受伤报告，全部都不危及生命。"

事故原因尚在调查中。纽约州州长安德鲁·科莫在新闻发布会上说，与发生在霍博肯的事故相比，这不算什么。"但（我们要问）同样的问题：驾驶员为何不在撞上缓冲块前把车停下？"

睡眠呼吸暂停综合征惹的祸？

纽约市周边地区去年以来发生数起列车安全事故。科莫所指的霍博肯事故发生在去年9月底。一列通勤列车在新泽西州霍博肯车站进站时速度过快，撞上月台，致月台上1名女性死亡、百余人受伤。去年10月，一列通勤列车行至纽约州长岛路段时撞上工程列车，3节车厢脱轨，近30人受伤。去年4月，一列从纽约开出的客运列车在费城附近撞上一台停在铁轨上的反铲挖土机，火车头出轨，事故造成至少2人死亡、35人受伤。

霍博肯列车事故中的驾驶员事后被诊断患有严重的睡眠呼吸暂停综合征。该病患者睡眠中呼吸受到限制，导致血液供氧不足，难以安睡，进而导致白天容易犯困、精力不集中。

近几年来，美国发生的数起列车事故与该病有关。2013年一列北方铁路公司运营的列车在纽约市发生出轨事故。国家运输安全委员会的报告认定，驾驶员患有睡眠呼吸暂停综合征是导致事故的原因之一。国家运输安全委员会发现，包括2011年艾奥瓦州、2013年密苏里州两起事故在内的多起货运列车安全事故中，睡眠呼吸暂停综合征都很有可能是引发事故的原因之一。

（资料来源：凤凰资讯）

案例5-2 走近铁路幕后工种——车站值班员

在铁路运输部门，有一个叫车站值班员的岗位，其主要职责是接送和发出旅客货物列车。对车站值班员而言，要保证安全接送或发出每一趟列车，需要发出一系列的安全指令，这就需要车站值班员必须有强烈的安全责任心和高超的业务技能，作业中若稍有闪失，后果将不堪设想。

46岁的奚玉明是常州直属站奔牛站的一名车站值班员，参加工作至今已从事车站值班员工作20年，是接发列车工作的行家里手，从未发生任何安全问题。

8：10是信号楼行车室两个班组的交接班时间，奚玉明7：30就来到奔牛站的信号楼，查看班计划、上级命令以及重点事项等情况，从早晨7：55班点名时间开始，在上班前他们都会做同样的事情：上交手机、去卫生间。据了解，为了保证列车运行安全和让值班员、信息员精神高度集中，上班时间任何人不准带手机上岗，"天大的事都不如行车命令和行车安全重要。"上班时间没有特殊情况，值班员和信号员不准离开座位，因此他们的饭菜全由食堂人员亲自送到，"就连上厕所也是一路小跑，丝毫不敢懈怠。"

奔牛站虽然是一个三等小站，但是因为京沪线在春节期间每天接发列车达到250列左右，而且最近奔牛站存车基本达到300辆以上，以至于后面到达的作业车都无法接入，只能先放在其他车站，在每天日班计划上，总是能看到重点关注奔牛站作业的内容。在奚玉明看来，从早晨坐上值班员的椅子开始，他这一天就必须紧绷神经、丝毫不敢有任何松懈和马虎。"所以现在压力大到大把大把地掉头发，干脆把头发剃了。"奚玉明笑着称，他们的工作就是8个字"屁股不动，嘴巴不停"。由于工作需要，值班员需要时刻紧盯着电脑屏幕，了解每一趟列车的接发情况，站起来活动一下，喝喝水，上上厕所，几乎是他们能做的所有运动。尽管和在一线工作的列车员和客运员们相比，这里的工作显得更加枯燥，但奚玉明说，只要有一颗为旅客服务的心，就会觉得舒畅。奚玉明工作时的语速要比正常时候快一些，平均每分钟至少要讲 5 句话，一个前夜班算下来，至少得说 2 000 句话，并且他所说的每一句话、传递的每一条命令都必须保证准确无误。

对他们来说，简单的热汤热饭就是简单的幸福。当助理们抓紧时间吃饭时，奚玉明仍然需要不间断地办理接发列车。利用车流运行的间隙，奚玉明断断续续地吃完了中饭，但热汤却变成了冷汤。

“战春运，保安全”。面对到发的每一列列车，奚玉明时刻履行岗位安全责任，始终一丝不苟地执行作业标准，一个程序不漏地卡控关键环节，认真布置进路，确保了每列列车运行安全、正点。

作为车站值班员，奚玉明无疑是春运安全守护者中的一分子。或许，奚玉明只是全路千千万万车站值班员的一个缩影，他们没有节日，常年昼夜倒班，只为了守护好那些奔走在回家路上的人。

（资料来源：新华网）

项目训练

职业压力测试。

【训练目的】

便于了解自身目前是否有职业压力，以便更好地调节身心，以最佳的心理状态应对接下来的各种事情。

【训练内容】

这里提供十个问题，测试你目前所承受的压力强度。不必花太多时间去思考，只需尽快作答。速度越快越接近真实情况，最长时间不能超过一分钟。

1. 我的上司喜欢为难我。（□经常□偶尔□从没有）
2. 我讨厌办公室有人抽烟。（□经常□偶尔□从没有）
3. 我会冲同事发火。（□经常□偶尔□从没有）
4. 我有辞职的念头。（□经常□偶尔□从没有）
5. 我期待一些令人兴奋的事情发生。（□经常□偶尔□从没有）
6. 我担心茶杯会落在地上。（□经常□偶尔□从没有）
7. 我讨厌有人把音乐开到很大声。（□经常□偶尔□从没有）
8. 我把钥匙或者钱包丢在办公室了。（□经常□偶尔□从没有）
9. 下班回家只想睡觉。（□经常□偶尔□从没有）
10. 周末最想约朋友喝茶聊天。（□经常□偶尔□从没有）

计分标准：□经常：5 分 □偶尔：3 分 □从没有：1 分

测试结果：

10 ~ 18 分，恭喜，你目前的职业压力处于上佳状态。和大多数人相比，你目前不会有太多的心理压力，可能你工作比较轻松，也可能你具有积极健康的心态；你的压力状态有助于你接受更大的挑战，同时你也要注意防范可能的风险；你通常不会被“失败”吓倒，因为你具有积极健康的心态。

19 ~ 30 分，你的工作有了压力，但只要调整得当，压力会慢慢消除，你很快会恢复到正常。

31 ~ 40 分，你的工作压力强度较大，也许你从来没有感觉到工作的乐趣。你可能随时会离职（不论是辞职还是被辞退）。不妨请假休息一段时间吧！

【考核标准】

教师评分，评分为百分制（10 分一个等级，如 100，90，80……）。

表 5-2　项目训练评分表

序号	项　目	权重/%	得　分
1	反应是否迅速	30	
2	理解是否恰当	30	
3	参与是否积极主动	20	
4	学生态度是否谦逊	20	
合　计			

复习思考题

1. 影响安全的心理因素有哪几种？
2. 如何防止注意品质对运输安全的消极影响？
3. 如何避免由于疲劳引起的事故？
4. 简述运输作业人员应具备的性格特征。

5.2　安全心理品质修养

5.2.1　安全心理与不安全心理

5.2.1.1　安全心理学概述

安全心理学是研究劳动者在对待和克服生产过程中不安全因素的心理活动规律。它包括安全心理过程和安全个性心理。人必须通过感觉、知觉和记忆等来认识生产过程中的不安全因素。在这一过程中，也伴随着人的意志过程和情绪过程，以便最终对不安全因素做出判断和评价。安全心理过程是在生产活动中进行的，而安全心理过程又不能离开具有个性的人的生产活动。

5.2.1.2 不安全心理状态类型

1. 侥幸心理

有这种侥幸思想的人，在一定程度上也知道安全的重要性，但明知有危险，却因怕麻烦而不愿采取应当采取的安全措施；明知有危险，却抱着试试看的态度，企图侥幸过关。其表现是：碰运气，认为违章操作不一定会发生事故；往往认为“动机是好的”，不会受到责备；自信心很强，相信自己有能力避免事故的发生；别人不一定会发现。

2. 省能心理

人总是希望以最小的能量消耗取得最大的工作效果，这是人类在长期生活中形成的一种心理习惯。表现为嫌麻烦、怕费劲、图方便或者得过且过的惰性心理；把必要的安全规定、安全措施、安全设备认为是实现其某种目标或是完成某项任务的障碍；操作者省略了必要的操作步骤或不使用必要的安全装置。如为了图凉快而不戴安全帽；为了方便而不正确穿戴各种防护用品。

3. 逆反心理

在某种特定情况下，某些人的言行在好胜心、好奇心、对抗情绪等心理状态下，产生与常态心理相对抗的心理状态，偏偏去做不该做的事情，产生不安全行为。其表现是：不接受正确、善意的规劝和批评，坚持其错误行为；在不了解设备性能及注意事项的情况下偏要去动去摸。

4. 凑兴心理

凑兴是人在社会群体中产生的一种人际关系反映，从凑兴中获得满足和温暖，从凑兴中给予同伴友爱和力量，以致通过凑兴行为发泄剩余精力。它有增进人们团结的积极作用，但也时常导致一些无节制的不理智行为。如上班凑热闹、乱动设备信号等凑兴行为，都是发生违章事故的隐患。

5. 从众心理

盲目从众心理是自身行为受到他人行为的影响，从而无法用自己的理性和识别能力做出判断的一种心理。人云亦云，是人们在适应群体生活中产生的必然反应。但是由于盲目从众，一些不安全的思想行为和动作很容易泛滥，从而严重威胁着安全生产。因此，在安全生产中，必须彻底将“违章、违纪、违标”的从众心理变为“遵章、遵纪、遵标”的从众心理。

6. 麻痹心理

有这种麻痹思想的人，明知安全重要，却不重视安全。具体表现是：习以为常，“临危不视”；经验“丰富”，丧失戒心；注意力不集中，未能及时发现反常现象，一旦有异情就束手无策；工作责任心不强，得过且过。

7. 冒险心理

对于不同的人，冒险心理体现在不同的方面。在有些企业领导的心目中，总是经济利益高于一切，为了生产、为了利润、为了任务，安全往往就只能靠边站；对于老员工而言，他们对设备安全操作规程了如指掌，甚至对可能发生的问题也会说得头头是道，但正因为如此，他们也凭空产生一种自负心理，认为自己老资格了，做了几十年不出问题，听不进别人的劝告，甚至觉得那些规程和措施太过麻烦，违章操作成为习惯性行为，最终酿成大祸；新员工则跟老员工相反，对自身工作环境的安全状况、对岗位的操作规程缺乏必要的了解，但却逞强好胜，想要表现自己，根本就想不到自己的误操作可能会造成严重后果，自然就存在一种冒险心理。有冒险心理的人，往往是只顾及眼前的得失，而不顾客观效果。针对这一类型的人，只有耐心教育，让他们从思想上重视安全，才能避免冒险心理的滋生。

8. 厌倦心理

长时间从事单调、重复性工作而产生的一种心理。

9. 情绪波动、思想不集中

产生人的不安全行为的心理因素包括人的情绪水平失调。由于人是社会中的人，受周围环境包括家庭、社会、单位等客观条件影响，容易产生烦躁、神志不安、思想溜号、顾此失彼、手忙脚乱；或是高度喜悦、兴奋、手舞足蹈、得意忘形，就会产生人的不安全行为，导致事故的发生。例如，节假日前夕，大多数人会产生兴奋激动情绪；新婚、恋爱、吵架、失恋等原因都能导致情绪产生巨大波动，使人的注意力不集中，心不在焉，出现操作失误等不安全行为，导致事故发生。

情绪激动水平的高低是外界刺激引起的。因此，改变外界刺激可以改变情绪的倾向和水平。只有从组织管理上和个体主观上注重创造健康稳定的心理环境并用理智控制不良情绪，由情绪水平失调导致的不安全行为才能大幅度降低。

10. 技术不熟练，遇险惊慌失措

由于操作技术不熟练，生产工艺不熟，面对突如其来的异常情况，正常的思维活动受到抑制或出现紊乱，束手无策，惊慌失措，最终导致事故发生。因此，加强安全知识教育、安全技能教育、安全心理教育是尤为重要的。

5.2.2 安全心理品质修养概述

运输职工的心理品质与安全工作密切相关。没有健康的心态，安全隐患随时存在，那么，怎样注重安全心理品质的修养呢？

5.2.2.1 培养高度的责任感

“4·29”事故的责任者郝某在监狱中曾悔之莫及地说：“我自己也是一名工长，也曾告诫自己的工友们违章的事情不能做，但随着年龄的增长，心中已没有了什么雄心壮志，心里的责任感也渐渐地消失了，也做了一些原来不让别人做的违章的事。”

郝某给予我们的最大启示就是：一个人不能没有远大的理想和强烈的责任感、事业心。铁路有句谚语：“安全行车百万里，事故出自一二米。安全行车几十年，事故发生一瞬间。”为什么会出事？因为违章；为什么会违章？有各种各样的理由，最根本的原因就是少了一种积极、竞争、进取的个人态度，少了一份在自己的工作岗位上追求、实现人生价值的雄心，所以就没有了责任感；而责任感是安全的保护神，所以我们应不断加强自我修养。

1. 立足本职，发掘新意

一旦进入职业生活之后，就必须根据运输行业的需要去履行职业义务。一般说来，任何工作都有其单调之处，因为任何一种职业、工作都受社会整体要求制约，但不论是什么工作又都有其无尽的新颖之处，我们应该善于在平凡的岗位中看出特点，从司空见惯中发掘新意。当铁路职工将来自四面八方的旅客安全地送到目的地，想象着他们与亲人团聚的喜悦，想象他们又开始了新的一天丰富多彩的生活，就会觉得自己作为一颗小小的螺丝钉原来也这么重要、这么有价值。

2. 丰富、升华动机和兴趣

单一动机往往会使兴趣变得狭窄，这是造成工作心理缺陷的重要原因。如个别人认为在铁路工作较在其他地方工作有稳定的工资和福利待遇，所以得过且过，安于现状，这不但会使他对工作失去兴趣，甚至会使其他方面的兴趣也有所淡化。可见，铁路职工必须升华、丰富自己的工作动机，对自己的工作有强烈的光荣感、责任感和紧迫感，确立在平凡的工作岗位上报效祖国的精神，从而实现个人价值。

3. 多维思考，超度审视

“不识庐山真面目，只缘身在此山中。”铁路工作也是如此，由于安全是铁路的生命，所以，特别严格要求执行规章制度和标准化作业。如对机车乘务员的严格要求有些人就不能理解，认为过于严厉，其实不妨换换角度来思考诸如此类的问题：“假如现在我是待岗在家，我会怎样看待这份工作？”“假如我是段长，我该怎样安排这里的工作？”“如果我是安全员，我该怎么对待违章作业？”“如果我是旅客或旅客的家人，会期待着怎样的旅行？”经常进行这种多维思考，对自己和自己周围环境的认识就会比较全面，这样也可以增加对工作的兴趣，而不会总感觉到工作辛苦、压力很大，把严格管理带来的压力转化成动力，激发上进心与责任感。

职业自卑心理在从事铁路普通工种的年轻人身上体现也较多，许多从学校毕业到基层工作的青年，其自我意识和人格尚不稳定，往往是自我评价较高，对工作认知不足，认为自己的人生价值无法实现。其实职业没有贵贱之分，如果一味怨天尤人，不仅对自己的形象没好处，对自己的身体没好处，也会成为安全隐患。长此以往，必将害人害己，于己于人都没利。

攀比心理也是一种不良的心态。以广铁集团公司来说，部分铁路职工并不满意自己的待遇。“人往高处走，水往低处流”本是人之常情，无可厚非，但这山望见那山高，不脚踏实地工作，就不能提升自己的职业能力，无法保证工作质量。所以，铁路职工应该积极调整心态，为安全生产做出自己的贡献。

总之，只有发扬工人阶级的主人翁精神，干一行，爱一行，专一行，才能以健康的心理适应我们的工作环境，以乐观、积极的情绪投入工作。

4. 适应日常生活事件

改革开放以来，减员增效、下岗分流、住房改革、医疗改革等各种事件使得铁路人的安全需要（劳动安全、职业保障、生活稳定、社会保险等）经受了一次又一次考验，不同程度地影响着职工的情绪紧张反应，这在心理学上称“应激”。适度的应激反应能使人精力旺盛、思维清晰，是健康生活的必要条件，也是安全的条件。但强烈、持续的应激状态会击溃机体的生物化学保护机制，使人的活力和抵抗力下降，成为安全的隐患。

表 5-3 为社会适应等级量表，体现不同的生活事件对身心健康的影响程度，分值越高代表影响程度越大。铁路职工可以根据此表粗略估计一下一年中自己的生活事件对身心影响的程度，从而有针对性地去改变自己的心境，适应日常生活的挑战。

表 5-3　社会适应等级量表

序号	生活事件	压力指数
1	配偶死亡	100
2	离　婚	73
3	婚姻失败（分居）	65
4	监　禁	63
5	家庭亲密成员死亡	63
6	受到伤害或疾病	53
7	结婚	50
8	被解雇	47
9	与配偶重修旧好	45
10	退　休	45
11	家庭成员健康状况改变	44
12	怀　孕	40
13	性生活障碍	39
14	家庭中新成员的增加	39
15	职务重新调整	39

续表

序号	生活事件	压力指数
16	收入状况的改变	38
17	亲密朋友死亡	37
18	改　行	36
19	与配偶争吵次数改变	35
20	负债超过 1 万美元	31
21	贷款或契据取消	30
22	工作中职责变化	29
23	子女离家	29
24	吃官司	29
25	个人杰出的成就	28
26	配偶开始或停止工作	26
27	学业的开始或结束	26
28	生活水平的改变	25
29	个人习惯上的修正	24
30	和上司相处不好	23
31	工作时数或工作条件的改变	20
32	搬　家	20
33	转　校	19
34	娱乐的转变	19
35	教堂活动的改变	19
36	社交活动的改变	18
37	贷款（少于 1 万美元）	17
38	睡眠习惯的改变	16
39	家庭联欢时人数的改变	15
40	饮食习惯的改变	15
41	度　假	13
42	过圣诞节	12
43	轻微犯法	11

注：这一量表由美国精神病学家研制，有一定的合理性，权威性也很大，我国心理学界指定的相关量表多以此为基础，再做适度调整而形成。

评分标准：0～149 分=没有重大问题；150～199 分=轻微的健康风险（1/3 的可能性患病）；
200～299 分=中度的健康风险（1/2 的可能性患病）；
300 分以上=严重的健康风险（80%的可能性患病）。

5.2.2.2 培养良好的自我意识

个人比之于社会，就是沧海中的一滴水，大地上的一抔土，对社会环境的良好、积极、健康的适应，是我们每个人生存与发展的先决条件。所以，我们应了解自己，才能更好地了解他人和周围的世界。理解、认可自己，接受自己的现状、情感和梦想，才能更好地投入工作和生活。一个缺乏自我了解的人，很难把握自己的命运和前途。比如一个人对自己估价过高，就会给自己提出不切实际的目标，容易导致失败；而对自己估价过低，又会产生自卑心理，会使自己萎靡不振，丧失成功的机遇，甚至会自暴自弃。那我们怎样认识自己呢？不能单凭个人的主观想象，而应该把自己的能力、品质等转化为实实在在的社会效果，再根据这些客观的社会效果来认识自己。具体说来有四个方面：

（1）通过同别人的比较来认识自己。只有参照别人的能力和品质，才能对自己做出评价。如想了解自己的工作能力，就可把自己的工作业绩与同班组的师傅们进行比较，这样就能更好地了解自己的工作水平，不断提高自己。如要了解自己的敬业精神和安全意识，可以与其他优秀的铁路列车员进行比较，从而更好地提升自己。

（2）根据他人对自己的态度来认识自己。因为人的各种思想品质、心理特征常常会在其言行中自然而真实地表露出来，从别人对自己的印象和评价中，可以得到某些客观资料。如领导不愿把重要工作安排给自己做，说明自己的工作能力还有待提高；工友们不愿和自己交往，说明自己应增进社会活动能力。

（3）通过分析自己活动的成果来认识自己。比如说单位组织的技术比赛是否有勇气报名，报名后有没有获得名次；提到安全标兵，人们会不会提到你的名字。

（4）通过学习来认识自己。安全搞得好不好，有时是一个综合素质问题，只有不断学习和进取才能发现自己的潜能，了解自己。铁路在不断改善技术设备，加大技术力量。在这样一个飞速变化的环境中，自己能否适应？只有不断学习才能不断进步。

当然，这些方法各有其局限性。我们必须从不同角度进行综合分析，以获得对自己比较客观的认识；在认识自己的基础上，还要采取正确的态度对待自己。对优点、长处和成绩应该肯定，但不可居功自傲，盛气凌人；也要勇于面对自己的缺点、不足和挫折，分析原因，找出克服和弥补的方法，切不可消极悲观。

5.2.2.3 处理好人际关系

保持和谐的人际关系，对我们的工作、学习和生活意义重大，同时和谐的人际关系本身也是调节心理的重要方法。

1. 社交能力

社交能力是指人们在社会生活中与他人沟通思想、联络感情、增进友谊，从而建立起广泛的社会关系的一种能力。人们的社会交往是认识自我、形成和发展健全人格、适应社会生活的基本途径。要增进社交能力，就应该了解与安全心理品质有关的几个方面。

（1）社交中的认同心理。

人与人之间有些方面是不同的，但在一定条件下又能趋同，这种趋同性在心理学上称为“认同”。认同过程是人际关系调节过程，也是双方心理需求趋于一致的过程。

在铁路，很多关系需要认同，如师徒关系、领导与职工关系等。以列车长与列车员为例，双方一起工作的时间很长，如果彼此不体谅、顺应、接受对方，那就不可能在工作中十分默契地配合。当然，这种认同不是一味地迁就。

（2）怎样与受挫折的人相处。

情场失意、天灾人祸等，对当事人的打击很沉重，当人们遇到这些人生障碍时，会有一种紧张状态和情绪反应。挫折是一种主观感受，主要受个体适应能力的影响，如有的人面对严重挫折而不会灰心；而有的人偶遇麻烦就会意念消沉；有的人经得起工作挫折，却难忍自尊受损；有的人受得了生活磨难，却受不起情场失意。一般来说，当人们遇到挫折时，会出现两类情绪变化和行为反应。第一类表现为侵犯性行为，如对人怒目而视，无理取闹甚至拳脚相加，也有的表现为迁怒于物，乱扔东西。这种类型的人在气质上大多属胆汁质，易冲动，遇挫折通过情绪爆发来平衡心理。与这类受挫者相处，应提供机会让他们把郁结于心的痛苦、烦恼吐出来，若用压抑的办法，会引起强烈的反抗。第二类表现为情绪萎靡，如茫然无措，抑郁压抑，冷漠呆滞等。此类人气质倾向于抑郁质，遇到挫折时，他们往往是通过情绪的进一步压抑来达到心理平衡。与此类受挫者相处，切不可触及其痛处，这样会刺激他深处的压抑感，宜采取补偿法，即从各方面关心、帮助和鼓励，让他们感到生活的温暖，增强战胜挫折的信心。

2. 婚姻、家庭关系的协调能力

家庭是社会的基本细胞，也是生活的避风港，良好的婚姻家庭对身心健康和生活、事业影响极大，更是铁路行车安全的重要保障，切不可等闲视之。婚姻家庭中可能存在各种不同的矛盾，作为一个成熟的个体，应该有良好的安全意识，不能忽视家庭，而应该具备基本的协调婚姻家庭关系的能力，从而有一个稳定的后方，消除安全的隐患。解决婚姻家庭矛盾的方法主要有三种：

（1）外化追求法。成家后，夫妻双方距离感就会逐渐减少，婚姻矛盾会表现出来，有些心理学家提出夫妻保持距离的观点。如一定时间的分居或分别，或分室而居以保持空间的相对独立性等，这其实也不能从本质上解决问题，因为夫妻距离主要是心理上的。不纠集于矛盾之中，从外界的追求中以求解脱（即外化追求法）不失为一个好的办法，这里所说的追求是指以夫妻为一个整体，共同向外追求。如铁路不少双职工家庭夫妻双方在事业上相互支持，在工作上共同进步，留下不少佳话，这样的家庭，夫妻虽相处时间少，但感情却不会流失。

（2）艺术争吵法。柴米油盐，千头万绪，铁路工作的特殊性会使这些日常生活变得更为烦人，外化追求也免不了摩擦，当夫妻间矛盾堆积，冲突无法避免时，巧妙地运用艺术争吵法以宣泄积郁情绪，也是处理婚姻矛盾的重要能力。从精神分析的观点来看，争吵也是一种宣泄，如同受惊的人要喊叫，悲痛的人会痛哭一样。但如果争吵无止境，甚至升级为恶骂、打架，就不是排解矛盾的方法。所谓艺术争吵，就是双方要保持心理上的层次差，也就是说一方要谦让，抱着“看戏”的心理，不可进入角色，不应该是旗鼓相当，火上浇油。

（3）改换氛围法。婚姻生活中夫妻双方都有“围城”心理、浪漫心理和自由心理，若是让人们完全满足这些心理，付出的人生代价未免太大，善于用改换氛围法来处理婚姻矛盾，也能补偿这些心理要求，如同现在儿童对各种疾病的免疫能力，不需以真实的患疾冒险历程去获得，从人工提炼的疫苗就可获取一样。改换氛围的方法有许多，如安排好家务和工作后，让其中一人或两人分别参加集体旅游，或与好友外出玩一阵，暂时摆脱夫妻氛围。这样，烦躁的心理就会消失，等到有了辛苦和飘浮感时，思家之情便会油然而生。

总之，夫妻生活质量的好坏影响着双方心理的发展，理应好好维护。

3. 朋友、同事关系的协调能力

交朋结友可以沟通我们的思想和情感，增长知识才干，同时又有相互帮助和促进的作用。交友也有助于心理健康，与朋友谈心、游戏能使人忘却疲劳和忧愁。那么，我们应该怎样协调好这一重要的人际关系呢？首先，要明察不同类型的朋友，善于择友。朋友有多种，挚友是能与之沟通心灵的朋友，可向他倾诉心中的苦闷、疑虑、希望等。密友是心口相应、亲密无间的朋友，有相同的志趣和理想。诤友为真正的知己，敢于直言规劝，能同甘苦共患难，如陈毅所说“难得是诤友，当面敢批评”。真正的朋友会督促你把安全放在第一位，鼓励你、支持你苦练作业技能，协助你排除一切对安全有害的东西。其次，不能以自我为中心，要坦诚待人，有宽恕、理解、礼让、谦恭之心。

同事关系也是现代社会的重要人际关系。社会进步，发展到今天，任何人都难以在社会分工之外而谋求独立生存。铁路更是“牵一发而动全身”，同事关系直接关系到各行业、各工种之间的联合协作与安全情况的好坏。若忽视了同事间的协作关系，在工作中互相推诿，在成绩面前互相争吵，在分配方面相互计较，就会影响同事间的和谐相处，影响工作的进展和质量。

4. 怎样建立良好的人际关系

罗马诗人奥维德的笔下，叙述了这样一个神话故事：塞浦路斯国王皮格马利翁用象牙精心雕刻了一个美女塑像，并给它起名葛拉蒂。由于这座雕像实在是太完美，皮格马利翁禁不住爱上了自己的作品，可惜葛拉蒂美虽然美，但毕竟是一尊冷冰冰的雕像，不懂情为何物，所以尽管皮格马利翁一片痴情，它只是漠然不动。后来，爱神维纳斯被皮格马利翁的真诚与痴心打动，慨然赋予葛拉蒂以生命。皮格马利翁如愿以偿，与葛拉蒂结成了百年之好。这个故事，人们从心理学的角度称之为“皮格马利翁效应”。

在日常生活中，我们不能像传说那样期望实现我们的一切美好愿望，但我们也能看到我们的“期望”所带来的神奇力量，有俗话说“精诚所至，金石为开”，只要我们满怀“期望”，不仅有利于实现自我的愿望，而且能极大地影响别人的行为。要建立起良好的人际关系，心中应常怀“期望”的情感。

1）使人产生好感的条件

我国的心理学者在研究人际关系时发现，喜欢交往的人通常具有以下个性品质：

（1）较好的合作性，能谦让，懂得体谅；

（2）能够就思想观点方面的问题敞开讨论而不是固执己见；

（3）思想比较成熟，可以给人以帮助；

（4）性格活泼，爱好运动；

（5）考虑问题以大局利益为重，而不是只考虑自己的利益；

（6）对自己应完成的工作抱有责任感，能善始善终；

（7）能正确地认识自己，评价自己；

（8）思维活跃，有思想，有创新精神。

2）建立良好人际关系的途径

（1）学会尊重和赞赏对方。任何人都喜欢被称赞，也喜欢称赞自己的人，对轻蔑、嘲笑、贬低自己的人是不可能有好感的，这叫作好感的相互性或报答性。“诚于嘉许，宽于称道”，让他人有优越感和成就感，切不可自以为是，自我夸耀。

（2）讲社交道德。社交道德属于公德范畴，内容十分丰富，涉及的面也很广，主要包括以下准则：第一，为朋友保密。当一个人遇到家庭纠纷、生活挫折、个人恩怨这类事情时，心里都会有些难受，往往愿意倾诉，求得朋友的同情和帮助，同时也可以缓解心理压力，得到心理平衡，你有责任为他保密，同时分担忧愁。第二，信守诺言。一诺千金，若是许诺的事就一定要付诸实现，否则，会失信于人。第三，不弃旧友。“人生结交在始终，莫为升沉中路分。”一个有德性的人应是既纳新交，又不忘旧友，这样才能以更博大的胸怀去赢得更多朋友。第四，平等待人。平等性是现代人的重要品格，那些对上逢迎，对下压制，以薄卑亲疏定取舍的人，任何时候都不会受人欢迎。第五，不无端打扰别人。现代社会人们的生活节奏快，闲暇时间都安排得比较紧凑，所以最好是“无事不登三宝殿”，如果能打电话、发短信办妥的事，就没必要非登门造访不可，若需要造访也应该先征得主人同意，并约定好具体时间。

（3）欣赏和自己性格素质不同的人。有的人只喜欢和自己相似的人，只肯定自己的性格和素质，这说明交往的选择性太强，结果只会导致偏爱和孤芳自赏。其实，人与人之间在有些方面是不同的，但在一定条件上又能趋同，这种趋同性在心理学上称为“认同”。认同过程是人际关系的调节过程，也是双方心理需求趋于一致的过程。当然，“认同”必须建立在双方都保持独立人格与思想的基础之上，如有的人偷拿旅客托运的货物，如果与之认同，那也会犯罪。

（4）真诚地关心对方。铁路在深化改革方面采取了一些重大举措，如减员增效、改革工资、分配制度和奖励制度等，但也正是这些举措，可能导致人际关系的紧张。为避免人际关系失常，我们应注意真诚地关心对方，如正确对待同事间的利益分配差别，尽量保持正常心态，暂时得益少不应愤恨、嫉妒，而应自我加压，自我提高，靠自己的竞争能力和本领来赶超别人。暂时得益多者更不能喜形于色，应同情、帮助、关心别人。

（5）学会与人交谈。与人交谈，首先要针对不同交往对象的个性特征加以区别对待，这也是尊重他人的表现。如对于性格活泼的人谈话可随意些；对秉性拘谨的或有抑郁倾向的人谈话就应谨慎些；对性情耿直的人可以直言不讳，即使偶有失言也无碍大体；而对敏感多疑的人，就应该把握措辞的分寸，出言之前最好能深思熟虑，力求辞能达意。其次，还要根据社交情境而灵活变化。在特定的情境之下，不同性情的人也会有所变化，如平时十分拘谨的人在喜庆、娱乐的气氛下也可能变得活泼起来，这时与他谈话略带搞笑可能还会收到良好效果。平时温文尔雅的人在特殊情况下也会大发脾气，这时与其交谈就应保持克制、忍耐。第三，多对他人赞扬与鼓励，但要出于真诚，恰到好处；否则就会给人产生虚伪、讨好的印象。第四，要具备拒绝他人和批评他人的技巧。在拒绝别人的时候，一定要顾及他的自尊和想法，同时也要明快直率地说明实情，以求得他人理解。若是吞吞吐吐，模棱两可，反而会引起对方误解。在批评他人的时候，也应以诚恳、委婉的方式指出他人的不足之处，使其尽可能保全面子，不产生抵触和反感情绪。例如，在批评他人之前，可以先表示自己也许会有类似的错误，再以适当的措辞暗示对方注意自己的错误，多用建议口吻而少用命令语气，在不伤害对方自尊的前提下，鼓励对方改正自己的错误。

5.2.3 知识拓展

铁路运营安全

（1）铁路运输企业应当依照法律、行政法规和国务院铁路行业监督管理部门的规定，制定铁路运输安全管理制度，完善相关作业程序，保障铁路旅客和货物运输安全。

（2）铁路机车车辆的驾驶人员应当参加国务院铁路行业监督管理部门组织的考试，考试合格方可上岗。具体办法由国务院铁路行业监督管理部门制定。

（3）铁路运输企业应当加强铁路专业技术岗位和主要行车工种岗位从业人员的业务培训和安全培训，提高从业人员的业务技能和安全意识。

（4）铁路运输企业应当加强运输过程中的安全防护，使用的运输工具、装载加固设备以及其他专用设施设备应当符合国家标准、行业标准和安全要求。

（5）铁路运输企业应当建立健全铁路设施设备的检查防护制度，加强对铁路设施设备的日常维护检修，确保铁路设施设备性能完好和安全运行。铁路运输企业的从业人员应当按照操作规程使用、管理铁路设施设备。

（6）在法定假日和传统节日等铁路运输高峰期或者恶劣气象条件下，铁路运输企业应当采取必要的安全应急管理措施，加强铁路运输安全检查，确保运输安全。铁路运输企业应当在列车、车站等场所公告旅客、列车工作人员以及其他进站人员遵守的安全管理规定。

（7）公安机关应当按照职责分工，维护车站、列车等铁路场所和铁路沿线的治安秩序。

（8）铁路运输企业应当按照国务院铁路行业监督管理部门的规定实施火车票实名购买、查验制度。实施火车票实名购买、查验制度的，旅客应当凭有效身份证件购票乘车；对车票所记载身份信息与所持身份证件或者真实身份不符的持票人，铁路运输企业有权拒绝其进站乘车。铁路运输企业应当采取有效措施为旅客实名购票、乘车提供便利，并加强对旅客身份信息的保护。铁路运输企业工作人员不得窃取、泄露旅客身份信息。

（9）铁路运输企业应当依照法律、行政法规和国务院铁路行业监督管理部门的规定，对旅客及其随身携带、托运的行李物品进行安全检查。从事安全检查的工作人员应当佩戴安全检查标志，依法履行安全检查职责，并有权拒绝不接受安全检查的旅客进站乘车和托运行李物品。

（10）旅客应当接受并配合铁路运输企业在车站、列车实施的安全检查，不得违法携带、夹带管制器具，不得违法携带，托运烟花爆竹、枪支弹药等危险物品或者其他违禁物品。禁止或者限制携带的物品种类及其数量由国务院铁路行业监督管理部门会同公安机关规定，并在车站、列车等场所公布。

（11）铁路运输托运人托运货物、行李、包裹，不得有下列行为：

① 匿报、谎报货物品名、性质、质量；

② 在普通货物中夹带危险货物，或者在危险货物中夹带禁止配装的货物；

③ 装车、装箱超过规定质量。

（12）铁路运输企业应当对承运的货物进行安全检查，并不得有下列行为：

① 在非危险货物办理站办理危险货物承运手续；

② 承运未接受安全检查的货物；

③ 承运不符合安全规定、可能危害铁路运输安全的货物。

（13）运输危险货物应当依照法律法规和国家其他有关规定使用专用的设施设备，托运人应当配备必要的押运人员和应急处理器材、设备以及防护用品，并使危险货物始终处于押运人员的监管之下；危险货物发生被盗、丢失、泄漏等情况，应当按照国家有关规定及时报告。

（14）办理危险货物运输业务的工作人员和装卸人员、押运人员，应当掌握危险货物的性质、危害特性、包装容器的使用特性和发生意外的应急措施。

（15）铁路运输企业和托运人应当按照操作规程包装、装卸、运输危险货物，防止危险货物泄漏、爆炸。

（16）铁路运输企业和托运人应当依照法律法规和国家其他有关规定包装、装载、押运特殊药品，防止特殊药品在运输过程中被盗、被劫或者发生丢失。

（17）铁路管理信息系统及其设施的建设和使用，应当符合法律法规和国家其他有关规定的安全技术要求。铁路运输企业应当建立网络与信息安全应急保障体系，并配备相应的专业技术人员负责网络和信息系统的安全管理工作。

（18）禁止使用无线电台（站）以及其他仪器、装置干扰铁路运营指挥调度无线电频率的正常使用。铁路运营指挥调度无线电频率受到干扰的，铁路运输企业应当立即采取排查措施并报告无线电管理机构、铁路监管部门；无线电管理机构、铁路监管部门应当依法排除干扰。

（19）电力企业应当依法保障铁路运输所需电力的持续供应，并保证供电质量。铁路运输企业应当加强用电安全管理，合理配置供电电源和应急自备电源。遇有特殊情况影响铁路电力供应的，电力企业和铁路运输企业应当按照各自职责及时组织抢修，尽快恢复正常供电。铁路运输企业应当加强铁路运营食品安全管理，遵守有关食品安全管理的法律法规和国家其他有关规定，保证食品安全。

（20）禁止实施下列危害铁路安全的行为：

① 非法拦截列车、阻断铁路运输；

② 扰乱铁路运输指挥调度机构以及车站、列车的正常秩序；

③ 在铁路线路上放置、遗弃障碍物；

④ 击打列车；

⑤ 擅自移动铁路线路上的机车车辆，或者擅自开启列车车门、违规操纵列车紧急制动设备；

⑥ 拆盗、损毁或者擅自移动铁路设施设备、机车车辆配件、标桩、防护设施和安全标志；

⑦ 在铁路线路上行走、坐卧或者在未设道口、人行过道的铁路线路上通过；

⑧ 擅自进入铁路线路封闭区域或者在未设置行人通道的铁路桥梁、隧道通行；

⑨ 擅自开启、关闭列车的货车阀、盖或者破坏施封状态；

⑩ 擅自开启列车中的集装箱箱门，破坏箱体、阀、盖或者施封状态；

⑪ 擅自松动、拆解、移动列车中的货物装载加固材料、装置和设备；

⑫ 钻车、扒车、跳车；

⑬ 从列车上抛扔杂物；

⑭ 在动车组列车上吸烟或者在其他列车的禁烟区域吸烟；

⑮ 强行登乘或者以拒绝下车等方式强占列车；

⑯ 冲击、堵塞、占用进出站通道或者候车区、站台。

——摘自《铁路安全管理条例》

5.2.4 相关案例

案例 5-3 济南铁路局青岛客运段列车长调解旅客矛盾

2015 年 4 月 12 日，青岛客运段动京 13 组值乘的 G195 次列车行驶至德州东站时，车厢内突然传来了激烈的争吵声，列车长刘佩佩接到乘务员的反映：一男一女在列车上打架。于是立即赶到了发生冲突的 3 号车厢。

当列车长赶到 3 号车厢时，乘务员和乘警已经将两人分开。经过询问周围旅客，列车长得知，原来发生冲突的是一对中年夫妻，两人都是半路夫妻，丈夫刘先生和妻子赵女士之前都有一次失败的婚姻经历。德州东站开车以后，刘先生的前妻给他打电话咨询孩子的事情，心生醋意的赵女士非要抢过电话来说话，气坏了的刘先生给了妻子一巴掌，赵女士也不甘示弱，拿起水杯就泼了丈夫和身旁旅客一身水，都在气头上的两人因此打了起来。得知情况的车长刘佩佩，耐心地劝说赵女士保持一颗宽容的心，不要骂人，更不要动手，别伤了夫妻间的感情。

赵女士一边对刘车长诉说着丈夫对他的种种不好，一边和丈夫隔空对骂，越说越激动的她大喊："我不想活了！"说完，就自己一个人跑进了厕所，任凭大家怎么说都不开门。担心赵女士出事，列车长刘佩佩让乘务员用钥匙打开了厕所门，并将厕所内的镜子、卫生杆等可能用来自杀的物品拿了出来。考虑到赵女士情绪比较激动，刘车长试图先安抚她的情绪，让她不要过度伤心，自己气出病来不值得。然后询问其家人和工作情况，转移她的注意力。

为了不影响其他旅客，列车长刘佩佩将夫妻二人的座位调到了旅客较少的 1 号车厢，自己站在女人的角度劝赵女士要理解丈夫，要在公共场合顾及丈夫的“脸面”。列车乘警则在一旁开导刘先生要用宽容的心对待自己的妻子。列车到达潍坊站时，两个人终于和好。为了不耽误其他工作，车长刘佩佩安排车厢内的乘务员，密切关注两个人的动态，有突发状况要及时汇报。

列车到达青岛站时，夫妇俩向刘车长再三表示感谢，赵女士拉着刘车长的手一脸的愧疚之情，不断地道歉。刘车长一脸微笑，声音沙哑地对他们说：“这是我们应该做的，你们能和好我也很开心，祝你们百年好合！”

（资料来源：中国青年网）

案例 5-4 南阳车务段关爱职工情暖一线

2016 年 2 月 22 日一大早，在南阳车务段西坪车站的站台上，站长陈梁和几位职工不时向远处张望。当远远地看到一列绿皮车蜿蜒地驶过山腰时，陈梁忍不住跳了起来，像是在庆祝节日一般。

“来了，来了，我们快去帮忙吧。”列车停稳后，车门刚一打开，职工们立即围上去帮助卸运物资。“呵，好东西还不少呢，有鱼有肉有水果。瞧这橙子，比小赵的拳头还要大一圈儿呢。”职工们一边往车下搬东西，一边互相调侃。

“今天是元宵节，我受段领导委托，给坚守岗位的伙计们拜个晚年，大家辛苦啦！”段工会副主席胡芳刚递下来一大袋速冻汤圆后，拉着陈梁的手打趣：“工会是咱娘家人，有啥需要尽管说。”

春运开始以来，这是该段利用通勤车第三次为偏远站区运送生活物资了，也是该段工会全力服务一线职工的一个缩影。

据悉，南阳车务段宁西线上的大部分车站地处偏僻、交通不便，为了更好地改善沿线职工的生活条件，解决车站职工吃菜难、买菜贵的问题，该段自办开设了“七彩连心超市”。日常生活中，只需要职工一个电话或者是 QQ 留言，超市配货中心就会根据订单及时采购所需物品，通过通勤车配送至车站。此外，针对通勤车隔日开行，电话订货不能完全满足职工需求的实际问题，这个段在征求沿线职工意见后，先后在沿线各站开办起超市“连锁店”，所有商品均由“七彩连心超市”统一配送，极大改善了干部职工们的生活。

为了保证偏远站区的物资供应，春运前夕，该段工会提前入手、精心安排，由“七彩连心超市”严把商品质量关，确保采购到的所有物资新鲜卫生、品质优良，再由通勤车逐站配送，确保干部职工们安心工作，快乐过节，为春运工作顺利进行提供了有力的后勤保障。

与此同时，该段各级工会组织纷纷抽调党员骨干组成“爱心 110”帮扶队，为有困难的家庭提供帮助，解决难题，确保职工心无旁骛地投身春运工作。

（资料来源：人民铁道网）

项目训练

人际关系综合诊断量表。

【训练目的】

找到困扰自己人际关系的原因，并找到切实可行的解决方法。

【训练内容】

这是一份人际关系行为困扰的诊断量表，共 28 个问题，每个问题有“是”（打√）或“非”（打×）两种回答。请你根据自己的实际情况如实回答，答案没有对错之分：

1. 关于自己的烦恼有口难言。（ ）
2. 和生人见面感觉不自然。（ ）
3. 过分地羡慕和妒忌别人。（ ）
4. 与异性交往太少。（ ）
5. 对连续不断的会谈感到困难。（ ）
6. 在社交场合，感到紧张。（ ）
7. 时常伤害别人。（ ）
8. 与异性来往感觉不自然。（ ）
9. 与一大群朋友在一起，常感到孤寂或失落。（ ）
10. 极易受窘。（ ）
11. 与别人不能和睦相处。（ ）
12. 不知道与异性相处如何适可而止。（ ）
13. 当不熟悉的人对自己倾诉他的生平遭遇以求同情时，自己常感到不自在。（ ）
14. 担心别人对自己有什么坏印象。（ ）
15. 总是尽力使别人赏识自己。（ ）
16. 暗自思慕异性。（ ）
17. 时常避免表达自己的感受。（ ）
18. 对自己的仪表（容貌）缺乏信心。（ ）
19. 讨厌某人或被某人所讨厌。（ ）
20. 瞧不起异性。（ ）
21. 不能专注地倾听。（ ）
22. 自己的烦恼无人可倾诉。（ ）
23. 受别人排斥与漠视。（ ）
24. 被异性瞧不起。（ ）
25. 不能广泛地听取各种各样的意见、看法。（ ）
26. 自己常因受伤害而暗自伤心。（ ）

27. 常被别人谈论、愚弄。(　　)

28. 与异性交往不知如何更好地相处。(　　)

记 分 表

Ⅰ	题目	1	5	9	13	17	21	25	小计
	分数								
Ⅱ	题目	2	6	10	14	18	22	26	小计
	分数								
Ⅲ	题目	3	7	11	15	19	23	27	小计
	分数								
Ⅳ	题目	4	8	12	16	20	24	28	小计
	分数								
评分	标准	打"√"的给1分，打"×"的给0分，总分							

【测查结果的解释与辅导】

如果你得到的总分是 0～8 分，那么说明你在与朋友相处上的困扰较少。你善于交谈，性格比较开朗，主动，关心别人，你对周围的朋友都比较好，愿意和他们在一起，他们也都喜欢你，你们相处得不错。而且，你能够从与朋友相处中，得到乐趣。你的生活是比较充实而且丰富多彩的，你与异性朋友也相处得比较好。一句话，你不存在或较少存在交友方面的困扰，你善于与朋友相处，人缘很好，获得许多的好感与赞同。

如果你得到的总分是 9～14 分，那么，你与朋友相处存在一定程度的困扰。你的人缘很一般，换句话说，你和朋友的关系并不牢固，时好时坏，经常处在一种起伏波动之中。

如果你得到的总分是 15～28 分，那就表明你在同朋友相处上的行为困扰较严重，分数超过 20 分，则表明你的人际关系困扰程度很严重，而且在心理上出现较为明显的障碍。你可能不善于交谈，也可能是一个性格孤僻的人，不开朗，或者有明显的自高自大、讨人嫌的行为。

以上是从总体上评述你的人际关系。下面将根据你在每一横栏上的小计分数，具体指出你与朋友相处的困扰行为及其可资参考的纠正方法。

记分表中Ⅰ横栏上的小计分数，表明你在交谈方面的行为困扰程度。

如果你的得分在 6 分以上，说明你不善于交谈，只有在极需要的情况下你才同别人交谈，你总难于表达自己的感受，无论是愉快还是烦恼；你不是个很好的倾诉者，往往无法专心听别人说话或只对单独的话题感兴趣。

如果得分在 3～5 分之间，说明你的交谈能力一般，你会诉说自己的感受，但不能讲得条理清晰；你努力使自己成为一个好的倾听者，但还是做得不够。如果你与对方不太熟悉，开始时你往往表现得拘谨与沉默，不大愿意跟对方交谈。但这种局面在你面前一般不会持续很久。经过一段时间的接触与锻炼，你可能主动与同学搭话，同时这一切来得自然而不造作，此时，表明你的健谈能力已经大为改观，在这方面的困扰也会逐渐消除。

如果你的得分在 0 ~ 2 分之间，说明你有较高的交谈能力和技巧，善于利用恰当的谈话方式来交流思想感情，因此在与别人建立友情方面，你往往比别人获得更多的成功。这些优势不仅为你的学习与生活创造了良好的心境，而且常常有助于你成为伙伴中的领袖人物。

记分表中Ⅱ横栏上的小计分数，表示你在交际方面的困扰程度。

如果你的得分在 6 分以上，则表明你在社交活动与交友方面存在着较大的行为困扰。比如，在正常集体活动与社交场合，你比大多数伙伴更为拘谨；在有陌生人或老师存在的场合。你往往感到更加紧张而扰乱你的思绪；你往往过多地考虑自己的形象而使自己处于被动和越来越孤独的境地。总之，交际与交友方面的严重困扰，使你陷入“感情危机”和孤独困窘的状态。

如果你的得分在 3 ~ 5 分之间，则往往表明你在被动地寻找被人喜欢的突破口。你不喜欢独自一个人待着，你需要朋友在一起，但你又不太善于创造条件并积极主动地寻找知心朋友，而且，你心有余悸，生怕在主动行为后的“冷”体验。

如果得分低于 3 分，则表明你对人较为真诚和热情。总之，你的人际关系较和谐，在这些问题上，你不存在较明显持久的行为困扰。

记分表中Ⅲ横栏的小计分数，表示你在待人接物方面的困扰程度。

如果你的得分在 6 分以上，则往往表明你缺乏待人接物的机智与技巧。在实际的人际关系中，你也许常有意无意地伤害别人，或者你过分地羡慕别人以致在内心妒忌别人。因此，其他人可能回报你的是冷漠、排斥，甚至是愚弄。

如果你的得分在 3 ~ 5 分之间，则往往表明你是个多侧面的人，也许可以算是一个较圆滑的人。对待不同的人，你有不同的态度，而不同的人对你也有不同的评价。你讨厌某人或被某人所讨厌，但你却极喜欢另一个人或被另一个人所喜欢。你的朋友关系在某些方面是和谐的、良好的，在某些方面却是紧张的、恶劣的。因此，你的情绪很不稳定，内心极不平衡，常常处于矛盾状态中。

如果你的得分在 0 ~ 2 分之间，表明你较尊重别人，敢于承担责任，对环境的适应性强。你常常以你的真诚、宽容、责任心强等个性获得众多的好感与赞同。

记分表中Ⅳ横栏的小计分数，表示你跟异性朋友交往的困扰程度。

如果你的得分在 5 分以上，说明你在与异性交往的过程中存在较为严重的困扰。也许你存在着过分地思慕异性或对异性持有偏见。这两种态度都有它的片面之处。也许是你不知如何把握好与异性同学交往的分寸而陷入困扰之中。

如果你的得分是 3 ~ 4 分，表明你与异性同学交往的行为困扰程度一般，有时可能会觉得与异性同学交往是一件愉快的事，有时又会认为这种交往似乎是一种负担，你不懂得如何与异性交往最适宜。

如果你的得分是 0 ~ 2 分，表明你懂得如何正确处理异性朋友之间的关系。对异性持公正的态度，能大大方方地、自自然然地与他们交往，并且在与异性交往中，得到了许多从同性朋友那里不能得到的东西，增加了对异性的了解，也丰富了自己的个性。你可能是一个较受欢迎的人，无论是同学朋友还是异性朋友，多数人都较喜欢你和赞赏你。

【考核标准】

教师评分，评分为百分制（10 分一个等级，如 100，90，80……）。

表 5-4　项目训练评分表

序号	项　目	权重/%	得　分
1	反应是否迅速	30	
2	理解是否恰当	30	
3	参与是否积极主动	20	
4	学生态度是否谦逊	20	
合　计			

复习思考题

1. 铁路职工怎样注重安全心理品质的修养？
2. 解决婚姻家庭矛盾的方法主要有哪几种？
3. 建立良好人际关系的途径有哪些？
4. 你是那种容易让人产生好感的人吗？为什么？

6 铁路客运管理心理

要从根本上提高铁路客运服务质量，就必须牢固树立服务至上的思想。从旅客运输服务总体规划的制定，到具体服务方法在客运部门的施行，都要贯彻“一切从旅客出发，一切为了旅客”的思想。

6.1 客运管理人员的管理行为

6.1.1 管　理

6.1.1.1 管理的概念

管理指以管理主体，有效组织并利用其各个要素（人、财、物、信息和时空），借助管理手段，完成该组织目标的过程。

6.1.1.2 管理的职能

管理的职能是管理过程中各项活动的基本功能，又称管理的要素，是管理原则、管理方法的具体体现。管理职能的划分有许多学派，国外普遍将管理职能分为五项：计划、组织、人员管理、指导与领导、控制。

1. 计　划

计划是为实现组织既定目标而对未来的行动进行规划和安排的工作过程。在具体内容上，它包括组织目标的选择和确立，实现组织目标方法的确定和抉择，计划原则的确立，计划的编制，以及计划的实施。计划是全部管理职能中最基本的职能，也是实施其他管理职能的条件。计划是一项科学性极强的管理活动。

2. 组　织

为实现管理目标和计划，就必须设计和维持一种职务结构，在这一结构里，把达到目标所必需的各种业务活动进行组合分类，把管理每一类业务活动所必需的职权授予主管这类工作的人员，并规定上下左右的协调关系，为有效实现目标，还必须不断对这个结构进行调整，这一过程就是组织。组织为管理工作提供了结构保证，它是进行人员管理、指导和领导、控制的前提。

3. 人员管理

人员管理是对各种人员进行恰当而有效的选择、培训，以及考评，其目的是配备合适的人员去充实组织机构规定的各项职务，以保证组织活动的正常进行，进而实现组织既定目标。人员配备与管理的其他四个职能——计划、组织、指导与领导以及控制，都有着密切的关系，直接影响到组织目标能否实现。

4. 指导与领导

指导与领导就是对组织内每名成员和全体成员的行为进行引导和施加影响的活动过程，其目的在于使个体和群体能够自觉自愿而有信心地为实现组织既定目标而努力。指导与领导所涉及的是主管人员与下属之间的相互关系。指导与领导是一种行为活动，目前已形成了专门的领导科学，成为管理科学的一个新分支。

5. 控　制

控制是按既定目标和标准对组织的活动进行监督、检查，发现偏差，采取纠正措施，使工作能按原定计划进行，或适当调整计划以达预期目的。控制工作是一个延续不断的、反复发生的过程，其目的在于保证组织实际的活动及其成果同预期目标相一致。

6.1.2　客运管理人员的管理行为概述

铁路企业为了实现一定的社会效益和经济效益，确定了发展的目标，制定了相应的发展战略，建立了组织机构及组织制度，在划定分工与协作的基础上明确了管理的范围和职责，配置相应的人员以后，能否使各部门各类人员有效地运转起来，并发挥作用，最基本的方法有两种：一是建立有效的计划和控制系统，通过计划将组织目标具体落实到每一个部门的每一个人，规范人的行为，加强人与人之间的协作，并通过控制，保证人的行为按计划的规定进行；二是建立激励系统，管理的根本性问题是人的问题，众多的物、财，或各种业务计划，都要通过人的力量把各种经营资源结合起来，形成具有特定功能的系统力量，从而达到经营目标，有效的激励系统发挥着重要的作用。组织的建立过程如图 6-1 所示。本节从领导行为和激励行为两方面论述管理行为问题。

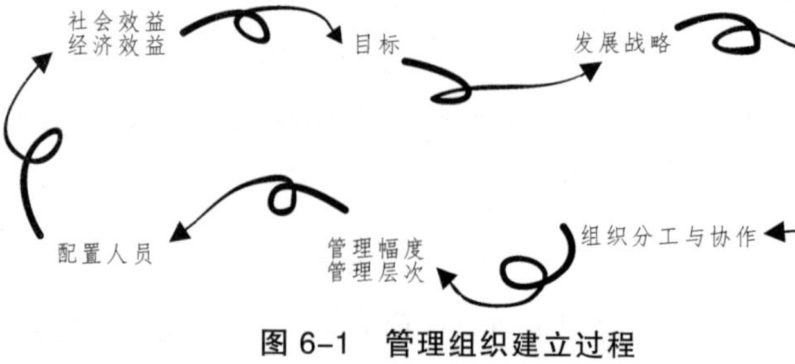

图 6-1　管理组织建立过程

6.1.2.1 领导行为

1. 关于领导行为

（1）领导的概念。

传统的管理理论认为领导是组织赋予一个人的职位和权力，以率领下属实现组织目标。行为科学家认为领导主要是借助权力和影响力引导和激励人们去实现组织目标，是在一定条件下努力实现组织目标的行动过程。管理心理学家认为领导是透过人群关系去影响团体中的每一个成员，激发其积极性，努力实现组织目标。从领导的实际工作来看，领导一方面要运用组织赋予的权力，实行监督和控制，另一方面要通过个人，依据组织内的实际情况，运用领导技能，采取正确的领导方式和领导行为，团结和带动全体职工高效率地去实现组织目标。

（2）领导与人际关系。

人们在组织中发生相互关系，彼此相互作用和影响，每个人的影响程度并不相同。主要表现在两个方面：

① 人群关系的性质不同，影响别人的行为效果也不同。

② 个人在组织中的地位和作用不同，发生的效果不同。

一些人在组织中的地位和作用高于其他人，或他们具有一定的威信、良好的品德、富有工作才能，能够满足成员的某种需要，他们对其他成员便有较大的影响力，能够博得他人的信任，成为组织中的特殊人物，他们能带动组织，是组织的领导者。在企业内，领导者与被领导者的区别主要表现在职位的不同，这种职位的不同，有的是一开始就有的，如上级的任命；有的是在组织中通过实践慢慢形成的。领导者与人群的关系对实现组织目标有重要的作用。

（3）领导行为要素。

领导行为要素主要表现在以下四个方面：

① 支持。领导者重视和支持体现职工的价值观及感情的行为，这种行为会得到职工的支持。所以，支持是相互作用的。

② 促进相互关系。指领导者善于促进职工间密切合作、相互满足的关系，并不断发展这种关系的行为。

③ 强调目标。指领导者善于激发职工努力达到组织目标的行为。

④ 协助工作。指领导者能协助职工拟订工作计划，调整工作关系，提供工作的知识、技术、器具、材料等，使职工便于工作，并能提高工作效率的行为。

传统的以个人与权力为核心的领导观念，以及强调个人人格特征，如写作能力高、有智慧、有雄心、有正义感、判断力强等都是不全面的。领导者是组织中的一种角色，而领导是领导者的一种行为，是一种人与人之间的关系，人与工作以及人与目标之间关系的一种形式。一个组织可以指定一个领导者，或选出一个领导者，但不能指定或选出某种领导行为。因此，对领导行为的培养特别重要。

2. 领导者的功能

领导者与组织一样，可分为正式领导者和非正式领导者两种。

（1）正式领导者。

正式领导者拥有组织结构中的正式职位和权力，其主要功能是领导职工达到组织的目标。主要职能表现在：

① 制订和执行组织的计划、政策与方针。

② 提供情报知识与技巧。

③ 授权下级分担任务。

④ 对职工实行奖惩。

⑤ 代表组织对外交涉。

⑥ 组建组织内部关系，沟通组织内上下的意见。

正式领导者的功能是组织赋予的，能否实现以及实现的程度，取决于领导者的能力以及领导者本身是否为其属下所接受。

（2）非正式领导者。

非正式领导者没有组织赋予的职位与权力，但由于个人的条件优于他人，如知识经验丰富、技术能力强、善于关心别人或具有某种人格上的特点，使职工佩服，而对职工具有实际的影响力，其主要的功能是能满足职工个别需要。主要职能表现在：

① 协助职工解决私人的问题，如家庭的或工作的。

② 倾听职工的意见，安慰职工。

③ 协调与仲裁职工间的关系。

④ 提供各种资料情报。

⑤ 替职工承担某些责任。

⑥ 引导职工的思想、信仰及对价值的判断。

非正式领导者对职工具有实际的影响力，如果他赞同组织目标，可以带动职工执行组织的任务；如果他不赞同组织目标，可能引导职工阻挠组织任务的执行。基于领导功能的领导特性分析，一个正式领导者要制定政策，提供知识与技术，需要适当的智慧。但领导行为主要是人群关系行为，还必须具有较强烈的被组织内的职工所接受的感情，才能发挥其领导的效果。实践证明，能够发挥最大效率的领导者应具备的主要特性有：

① 敏感性。善于体贴别人，精于洞察问题。

② 个人的安全感。有安全感的人，情绪稳定，做事稳重，让人觉得可靠、可信赖。

③ 足够的智慧。领导者需要足够的智慧才能处理许多事物。

由此，一个优秀的领导者，他同时应具有正式领导者和非正式领导者的功能，既能实现组织的目标，又能满足职工的个别需要，他必须将工作领袖和情绪领袖两种角色集于一身。但这种标准或理想的领导者是不可多得的，通常的领导者倾向于工作领袖的性质，容易忽略属下的社会性及情绪的需要。因此，职工中较善于体贴别人者，便逐渐变成大家的情绪领袖，担负起安慰、鼓励、仲裁及协调等职责。这种现象正式领导者应给予足够的重视。

3. 领导者应具备的基本条件

领导者应具备哪些条件，长期以来有许多不同的看法，这里介绍几种。

（1）第一种论述。

① 品德高尚。领导者要大公无私，襟怀坦荡，富有牺牲精神，严于律己，宽以待人。

② 个性完善。领导者应性格开朗，豁达大度，意志坚定，自信，有自知之明，对事物具有广泛的兴趣和热情。

③ 富于进取心和创新意识。领导者通常有较强的事业心和成就需要，希望通过事业的成功体现自身的价值，有魄力和独创精神，勇于积极开拓新的活动领域。

④ 博学多识。领导者应具有较完善的知识结构，不仅通晓与企业领导工作有关的现代管理科学知识，同时精通与本部门业务活动性质有关的专业知识。

⑤ 多谋善断。决策是领导的主要职能之一，领导者应善于发现问题，提出多种解决方案，并从中进行优选决策；要能够根据情况的变化，随机应变地进行跟踪决策和适时处理。

⑥ 知人善用。领导的核心是用人，有效领导者应当善于观察人，了解人，用人之长，唯才是举，充分发挥每个成员的潜力和积极性。

⑦ 沟通协调。领导者应具备较强的人际交往能力，善于与属下及外部公众建立良好的沟通关系，能够调节各种复杂矛盾，促进内外关系的协调发展。

除上述基本素质外，领导者还应具备一定的领导风格，即领导者的个人气质、性格、能力、思想方法、价值观念及行为习惯等。鲜明、独特的领导风格可以增强领导者的魅力和感召力，是领导者获得成功的重要条件之一。

（2）第二种论述。

一个领导者，必须具备技术、人文和观念三种技能，才能实施有效的领导。

① 技术技能。

技术技能是指领导者必须通过以往经验的积累，以及新学到的知识、方法和专门技术，掌握必要的管理知识、方法和技术。他具有胜任特定任务的领导能力，善于把专业技术应用到管理中去。

② 人文技能。

人文技能是指领导者必须具有善于与人共事并对属下实行有效领导的能力，善于把行为科学应用到管理中去。例如，激励方法能了解职工的需要，能帮助别人，为他人做出榜样，善于运用激励方法，善于动员群众的力量，为实现组织目标而努力工作。一般认为这种技能比聪明才智、决策能力、工作能力和尖端技术等更为重要，尤其像旅客运输服务业，主要的服务对象及管理对象都是人，没有人文技能是不行的。

③ 观念技能。

观念技能是指领导者必须了解整个组织及自己在该组织中的地位和作用，了解部门之间的相互依赖和相互制约的关系，了解社会团体及政治、经济、文化等因素对企业的影响，具有良好的个人品德和素质，有高度的事业心和进取精神，善于把各种知识运用到企业管理中去，尤其是要具有市场观念以及为旅客服务的观念。有了这种认识，可使一个领导者能按整个组织的目标行事。

领导职位高低的不同，对上述三种技能学习和掌握的要求不同。如表 6-1 所示。

表 6-1　不同领导阶层所需的管理技能

高层领导	观念技能
中层领导	人文技能
底层领导	技术技能

（3）第三种论述。

行为学家利克特在《管理的新模式》中提出一个优秀的领导者必须具备的条件：

① 优秀的领导者虽对组织负全部责任，但并不单独做出所有的决策。他要善于引导团体内的信息交流，虚心听取各种不同的意见，由此获得有助于决策的情报资料、技术性知识、各种事实和经验。

② 优秀的领导者在无法等待团体讨论而必须临时做出某种决策时，必须能预测到这种临时的决策能够获得职工的支持，使团体迅速采取一致的行动。

③ 优秀的领导者首先要注意建立团体成员一贯合作支持的氛围，上下团结一致，为实现统一组织目标而努力。

④ 优秀的领导者必须能够承负起组织赋予自己的职责，对于属下的影响应尽可能减少使用职位权力，即少利用其正式领导的地位与权力去指挥属下，而多利用自己的人格魅力去影响属下。

⑤ 优秀的领导者应具有善于同组织中的其他团体联系的能力，能将本团体的见解、目标、价值及决策反映给别的团体，以达到影响别的团体的效果。同时，也能将别的团体的各种见解、目标等告知本团体，促使双方意见交流与相互影响。

⑥ 优秀的领导者必须善于处理团体所面临的技术问题，并随时将专业知识提供给团体，必要时可请技术专家给予协助。

⑦ 优秀的领导者不仅是一位“以团体为中心的管理者”，而且他善于激发团体旺盛的士气以达到组织的目标，努力促使团体成员对本团体从属的上层组织也产生责任感。

⑧ 优秀的领导者应具有敏感的感受性，能洞察问题的所在，了解成员的需要与感情，并能够伸出支援之手。

⑨ 优秀的领导者必须能适应外部环境的变化，引导团体在环境中生存与发展。

⑩ 优秀的领导者要善于规划团体的目标，并引导各单位及个人依据团体的总目标设置分目标，并努力去实现各自的目标。

（4）第四种论述。

领导者应具备四种意识。

① 思想政策意识。

旅客运输服务工作对工作人员的思想性和政策性要求很高。作为旅客运输管理人员应该具有全心全意为旅客服务的思想，有高尚的道德品质修养，高度的责任心和事业心，渴望在自己的岗位上有所建树，有所创造。同时，要有政治理论水平，懂得党的路线、方针、政策、法律和法规，能够正确地认识形势和社会动态。

② 专业意识。

具体表现在以下三个方面：

第一，旅客意识。管理人员的本职工作归根到底是为旅客服务的。因此，必须有热爱旅客的思想，有了解旅客的能力，“想旅客之所想，帮旅客之所需”。如果心里没有旅客，行动上很少接近旅客，就会使自己的管理失去方向，也就谈不上管理的效能了。

第二，客运服务人员意识。客运管理人员，尤其是基层管理人员，既是管理者，同时也是具体的工作人员。管理人员应成为职工的挚友，应时时事事关心职工，接近职工，体谅职工的困难，支持职工的工作，能够经常进行“心理换位”，站在职工的立场上来评价自己的工作。这样，才能使管理真正落到实处。反之，职工意识淡薄，严重脱离群众，就会增大管理过程中的“内耗”，使管理效能降低，使管理者失去主动权和影响力。

第三，知识素养。一个客运管理人员，首先要精通客运专业知识，同时应懂得一些相关学科知识，如教育学、心理学、管理学、法律学等方面的知识。知识水平的高低，直接影响管理者的意识水平，一个有较丰富知识的人，才能正确地处理各种问题，并在实践中有创造性和开拓性。

③ 角色意识。

社会学认为，人在社会上都扮演着一定的角色，客运管理人员扮演的是一种特定的角色，如列车长是列车的“首脑”，客运车间主任是车站客运工作的“组织者和指挥者”等。这种角色意识有其特定的社会标准，管理人员对本身管理行为标准的认识水平，决定着他的实际管理行为。管理者对自己管理角色的认识，就是角色意识，这种意识包括：

第一，角色认识。管理者对自己的管理行为是否符合社会标准的自我认识和评价，即自己如何看待自己。

第二，角色期待。上级、下级以及社会，对管理者思想行为的要求和希望，即他人如何看待自己。

第三，角色实现。以角色认识和角色期待为基础，实现管理者的角色管理行为。

从客运工作实践中看，角色意识主要是“职、权、责”的问题，如果管理者只强调“权”，一味增大“权力意识”，而淡化职务意识和责任意识，就会偏离“为旅客服务”的角色地位，势必妨碍服务工作的协同一致并带来团体成员的自我角色意识与职工、社会对管理者的角色期待的差距。听任这种差距的存在及增大，就会导致“角色冲突”。如果一个管理人员长期不能满足职工、社会对其的角色期待，就会造成严重的失望心理，使管理混乱、运转失灵，甚至无法实施管理。

④ 自我意识。

自我意识是指人对自己的认识、评价和自我调节，人们常说的“自知之明”反映的就是自我意识。一个客运管理人员，正确地评价自我，勇于自我批评和进行自我调整，是必备的心理修养。

认识自我并不容易。老子说：“知人者智，自知者明。胜人者有力，胜己者强。”认识自我比较有效的方法是“以史为鉴”“以人为鉴”和“反躬自省”。“以史为鉴”是指研究以往管理者的得失、成败和经验、教训，以此来警诫自己、反省自己，善于从以往类似的情境中发现自己的长处和短处。“以人为鉴”是指通过别人对自己的评价来认识自己，要有虚怀若谷、闻过则喜的心胸。“反躬自省”是经常对自己的行为进行回忆、检查和总结，学会客观地分析自己，孔子说：“吾日三省乎己，则智明而行无过矣。”有了“自知之明”，才能更好地扬长补短，不断控制和调节自我的言行，使自己的管理符合客观规律的要求，适合客运工作。一旦自我评价过低，则会信心不足，行为上过分依赖他人，对别人轻信，会使别人对管理者的期望过低，使管理者丧失管理的主动权，降低管理的效能。

管理者的自我意识是否得当，实际上是客观存在的自我和主观认识中的自我是否相等的问题，这只能通过管理的实践来检验。一旦在实践中发生自我评价失当，就应修正和调整主观中的自我，使之与客观存在的自我相一致。

4. 领导的有效性和领导方式

（1）领导的有效性。

领导是一种特殊形式的社会活动，在活动中也必须讲求效益，即以较少的投入取得较大的产出，这种投入与产出之比，表现为领导的有效性。在领导过程中，领导者的职权、知识、能力等因素为实施领导提供了必要的资源投入，这些资源能否形成较大的产出，主要取决于领导者能否合理配置、利用各项资源，提高领导效能。有效性是领导活动的主要衡量标志，是领导水平的总体反映。领导是否有效，可以从以下几方面反映出来：

① 主动支持。职工主动而非被迫地支持领导者，不论这种支持是出自感情或业务上的考虑。

② 相互关系。领导者与下级职工之间保持密切、和谐的交往关系，并鼓励群体成员之间发展密切的、相互满意的关系，企业内部关系处于协调状态。

③ 高度评价。绝大多数职工都能高度评价所在企业或群体，并以成为该企业或群体的一员而感到骄傲和自豪。

④ 激励程度。职工因自身需要获得满足而焕发出较高的工作热情和积极性，个人的潜能得到充分利用。

⑤ 有效沟通。领导者与下级之间能够及时、顺畅地沟通信息，并以此作为调整领导方式、协调相互关系的依据。

⑥ 促进工作。在领导者的引导、指挥和率领下，企业的各项资源得到合理配置，生产经营活动得以高效率地进行。

⑦ 实现目标。领导活动的效能或效果最终通过是否能够实现企业的预定目标，以及实现的程度反映出来。其中既包括经济效益目标，也包括社会效益目标。

领导活动是由领导者、被领导者和环境三方面因素相互影响、共同作用的过程。这一过程是否有效进行，直接取决于三方面因素的契合和适应程度。因此，提高领导有效性的关键，在于最大限度地促成领导者、被领导者与环境之间的相互适应和协调。具体来说，可以采取以下两种基本途径；一是根据领导者的素质特性，选择和配置与之相适应的被领导者及组织环境。二是根据现有职工状况和企业条件，采取适合其特点与条件要求的领导作风和领导方式。

（2）领导方式。

领导方式是指领导者在权力实施影响的过程中采取的行为方式，它是领导者在特定环境中，根据作用对象的特点所实施的对策性行为，因而集中体现了领导者在领导效能中的主观能动作用。

根据权力定位和工作定位的不同，领导方式可划分为多种类型。

① 集权型。

这是一种以专制、独裁为特征的领导方式。采取这种领导方式的领导者认为，权力来自他们所处的地位和担负的职务，认为职工的本性是懒惰消极的，不愿接受约束，并害怕承担责任，必须严格管制。

② 民主型。

这种方式强调领导的权力由企业职工群体赋予，认为被领导者是勤奋的、勇于负责的，在受到激励后能够主动协调个人行为与工作的关系，具有自我领导能力。因此，主张将权力定位于职工群体手中，使之享有充分的民主权利，鼓励职工自行决策，实现自主管理。领导者仅以劝告说服的形式，提供各项意见和建议。

③ 任务型。

这种类型的领导者把完成工作任务作为一切活动的中心，注重建立严密的劳动组织和维持严格的劳动纪律，强调指标和效率，欣赏紧张有序、快节奏的工作气氛，并将全部精力和注意力集中于工作任务本身，而忽视对职工利益、要求及工作情绪等方面的关心。

④ 关系型。

这种领导方式强调人是企业各项工作的中心，领导者高度重视对职工的关心、体谅和支持，注重满足职工的各种物质和精神需要，强调维持良好群体关系的重要性。注意建立多方位的沟通渠道，利用各种机会与下级保持密切接触，同时在经营管理中主张松弛有度，以营造融洽友善的群体气氛。

⑤ 兼备型。

这种领导方式兼有以上各种类型的特点，既强调权力的适当集中，以保持指挥的统一和企业组织的整体性；又注重必要的分权，使职工的主动性、创造性得到发挥。同时把完成工作任务与满足职工需要放在同等的重要地位，既注重工作效率又重视对人的关心；既有严格的管理，又维持良好的人际关系。

以上所列仅代表几种典型意义的领导方式。现实中领导者往往并不单纯采用某种典型方式，而是介于几种方式之间，采用各种不同组合的混合方式。因此，在集权与民主、关心任务与关心员工等极端方式之间，形成一系列中间化、混合型的领导方式。不同的领导方式适用于不同的场合，有不同的适用范围，某种领导方式在一定的环境中具有明显效果，而在另一环境中则未必成功。因此，领导方式本身无优劣之分，必须根据具体情况而选择。

5. 领导者的威信与运用

（1）领导者的威信。

领导者威信的高低，直接影响到管理效能。威信是在行使管理的工作实践中逐步形成的，影响威信的因素有很多，如领导者的个人因素、领导者的政绩、单位的历史传统和风气等。下面就领导者运用权力与威信之间的关系进行讨论。

威信是一种心理现象，是指领导者在其工作中形成的威望、信誉，以及对职工的影响力。领导者威信高，可以使属下及职工有信心、有期望，使工作具有不断发展的心理动力。

① 权力威信和信服威信。

权力威信是由管理者所处的职位赋予的相应权力所产生的有关人员必须服从和接受的威信。一个人处于一定的职位，就相应地拥有了一定的权力，这类由职位赋予的权力具有外在性质，不因领导者的个人因素而有所影响。同时，外在性权力经过法律、组织等直接或间接肯定而为社会所承认，并对权力施受双方具有控制性的约束力。掌握权力者必须在规定范围内行使权力，依权办事；接受权力者必须服从掌权者的命令、指挥和意志，二者之间是命令与服从的关系。外在权力是领导者行使职能的组织保障。在企业组织中，领导者的外在性权力具体表现为决策权、用人权、指挥权、奖惩权等。这些权力通常以职权的形式体现出来。职权是将职位与责任结合在一起的制度化权力。企业各级领导者为履行所在职位的职责，就必须拥有相应的权力。当领导调离所在职位时，其权力随之解除。

实际工作中，领导者不能仅仅依靠权力去进行管理，不能只是利用组织赋予的权力去指挥、命令属下职工，尤其不能因为有了权力而不尊重人，有意无意地去伤害被领导者的自尊心和积极性。

信服威信是组织中的职工对领导者心悦诚服，自愿地接受领导者的指挥和命令而建立起来的威信。它具有内在的性质，不以社会的法律、组织规定为基础，无须外界授予，也没有正式的授权形式，仅仅来自领导者本身的因素。信服威信的大小取决于领导者的品格、知识、才能等个人素质，尤其是高超的领导水平和巧妙的领导艺术。它对施受双方均没有强制性的约束力，掌权者没有行使这种权力的严格规范，接受者也不会因未服从而受到惩罚。

职工接受权威，承认权威，需要理智，也需要感情。情感是威信中极其重要的心理因素。如果一个领导者使职工产生“怕”的心理，职工对其“敬而远之”，外表服从，内心抵制，就很难激发工作的积极性和主动精神。因此，领导者应善于使用权力威信，通过自我修养的提高，将权力威信和信服威信两者有效地结合在一起，会使得管理工作更加有效。

② 集体威信和个人威信。

领导集体的威信与领导者个人的威信总是相辅相成的。一方面，领导者的个人威信越高，越有助于领导集体威信的形成和提高，集体威信必须以个人威信为基础；另一方面，个人威信又是在集体中形成并发挥其作用的，如果只追求个人威信，树立个人权威，不注意维护甚至损害集体威信，就势必恶化人际关系，影响管理效能的发挥，最后会损害个人的威信。

所以，每个领导者都应自觉地维护集体威信，这样才能形成集体内的相互尊重，密切合作。

（2）领导者威信的运用艺术。

领导者威信的建立，首先取决于领导者自身的能力水平、修养、风格等。威信低的领导者，一般有以下几方面的特征：一是独断专行，对人苛刻，或是决策无方，指挥失当；二是言行不一，损公谋私，或者无所事事，得过且过；三是有职无权或是有权无责。

与领导者威信密切相关的一个问题是领导者如何运用权力，即权力运用的艺术问题。如何用权，从心理学的角度，应分析权力使用者和接受者的心理状态，概括起来，应注意以下几个方面的问题：

① 适时原则。

领导者权力掌握在手中，对被领导者具有一种心理效应。一旦使用权力，如果被领导者心里不服，就会产生抗拒心理，甚至产生直接的对抗。在这种情况下，权力就没有发挥理想的心理效应。即使是必须处罚人，运用权力也要掌握时机。一般地讲，应该事先进行帮助、诱导、劝诫，直到必须利用权力时，才运用权力强制对方接受管理。这样，权力作用就会发挥到最大，在职工中引起的心理反应也会比较好。

② 慎重原则。

领导者切忌滥用权力。凡事都用权力，会严重挫伤职工的自尊心，影响到威信。所以，在运用权力的时候要十分慎重，尤其是运用处罚权力时。但慎重并不是放弃权力，使用权力时必须果断。如果对职工的错误行为采取迁就、息事宁人的态度，就会影响集体内的气氛，影响士气，甚至造成歪风泛滥。

③ 情理原则。

合理就是坚持原则，以理服人。合情就是重视感情因素，注意以情感人。合情合理，最容易使多数人心服口服，有利于提高领导者的威信。

研究运用权力的艺术，目的在于加强管理，用正确的方法提高领导者的威信，从而提高管理效能。

6.1.2.2 激励行为

1. 激励行为介绍

（1）激励的概念。

激励是人类活动的一种内心状态，具有激发和加强动机的功能，推动并引导行为使之朝向预定目标的作用。通常认为，一切内心要争取获得的内容，如欲望、需要、希望、动力等都构成人的激励。

激励作为一种内在的心理活动过程或状态，不具有可以直接观察的外部形态，但由于激励对人的行为具有驱动和导向作用，通过行为的表现及效果可以对激励的程度加以推断和测定。例如，两个技能相同的职工，从某时刻起前者完成的工作定额大大超过后者，则可以推测这个职工受到了激励。激励的这一特点，决定了激励过程总是与人的行为过程紧密结合在一起，是在行为过程中发生和进行的。人的行为表现和行为效果很大程度上取决于他所受到的激励程度或水平。激励水平越高，行为表现越积极，行为效果也越大。

（2）激励的原则。

激励是引起行为的一种刺激，是促进行为的一种重要手段。人类生产活动的根本动机是从欲望出发的。形成欲望要具备两个条件：一是缺乏，有不足之感；二是期望，有求足之愿望。二者结合在一起形成的一种心理现象为欲望。人类的欲望具有无限性、关联性、反复性、竞争性。如果能够正确运用人类欲望的特征，就能够在满足职工欲望的同时实现组织的目标，使企业与职工双方受益。

心理学上对于能满足个人需要的外在事物叫诱因，在管理上就是激励。为了实现组织目标，对职工的行为提出一定的要求，规定一些原则，尽量使职工的目标与企业的目标保持一致，而对职工的行为进行诱导。企业领导者要了解职工目标与组织目标的差异及原因，用适当的诱因满足职工的需要，从而激发出职工的积极性。

对职工的激励一般应遵循以下原则：

① 组织目标的设置与满足职工的需要尽量相一致。目标本身就是一种激励，因此首先要引导职工明确目标，让职工了解他们要做的是什么，有什么意义，与个人的目前利益及长远利益有什么关系。同时，规定一定的工作标准及奖励方式，使职工都能按组织目标而努力工作。

② 行政管理政策、规章制度，要有利于发挥职工的积极性和创造力，使之成为激励因素，成为推动力，避免成为遏制的力量。

③ 要有良好的管理方式和管理行为，实行参与制、民主管理、授权管理。学会运用影响和以身作则去推动工作，避免滥用权力。

④ 建立良好的人群关系。领导者与职工要相互信任、相互关心、相互尊重。上下左右要有良好的意见沟通渠道。

⑤ 形成良好的风气。使每个职工热爱集体，以单位为家，有光荣感，形成一种和谐的气氛。

⑥ 创造良好的生产条件和工作环境，保障职工身体健康和精神愉快。

（3）激励的方式。

从大的方面来讲，激发、影响和改变一个人的行为有两大途径：

① 外在激励方式，即针对个体需要、动机，提供能够满足个体需要的各种物质和非物质因素，以调动其积极性。主要有福利、晋升、授衔、表扬、嘉奖、认可等。

② 内在激励方式，即设法影响和改变个体行为的动机。主要内容有学习新知识新技能的责任感、光荣感、胜任感、成就感等。

外在激励方式虽然能显著提高效果，但不易持久，处理不好时会降低工作情绪。而内在激励方式虽然激励过程需时较长，但一经激励，不仅可提高效果，且能持久。因此，在实践中，两种激励方式应结合运用。

（4）激励的程序。

① 了解需要。了解每个人各种需要的强度，需要的结构，满足需要的方法及需要不能满足时的思想行为反应。

② 情况分析。主要是对影响个人行为的周围环境进行分析，以求改进或引导职工适应环境。

③ 利益兼顾。要兼顾组织、团体和个人三方面的利益。

④ 目标协调。达成企业目标的同时，满足职工的需要。在综合考虑上述几方面的情况后，要选择适当的奖励办法，采取有效的管理措施。

2. 激励模式

激励模式有许多，这里重点介绍几种心理学家、管理学家比较认可的激励模式，并通过对这些激励模式的分析，求得对激励模式的了解，在实际工作中做到灵活运用。

（1）需要的满足与管理。

① 满足需要的原则。

领导者还要考虑解决职工需要的原则和方法。如果放弃了原则，其结果不仅不能满足职工合理的需要，还会挫伤职工的积极性。满足职工需要的原则应从我国国情出发而设置。

第一，我国是一个发展中国家。

第二，我国的基本国情是处于并将长期处于社会主义初级阶段。

第三，解决需要的程度必须和生产力水平相适应。

第四，解决需要必须正确处理国家、集体、个人三者之间的关系。

② 满足职工需要的途径。

满足职工需要的途径，应从影响和改变一个人行为的途径入手。

第一，职务以外需要的满足。这种满足不是工作本身获得的，而是工作以后获得的。比如工资、奖励、福利、医疗、劳动保险以及托儿所、食堂、各种文娱场所等内容都属于工作之外的满足。这类需要满足具有一定局限性，它的缺点在于工作和满足需要之间缺乏直接联系。

第二，职务之内需要的满足。一个人在进行工作的同时就能满足某种需要。这种满足，主要是指工作环境本身，就是通过创造一个安全、舒适的工作环境，使职工觉得工作本身是一种享受。

在满足职工需要时，不仅要考虑个人工作以外需要的满足，而且要考虑工作之内需要的满足，并且尽量把企业的经济目标与个人的生理与心理的需要结合起来。

③ 满足职工需要的方法。

第一，从调查研究入手。调查研究是解决职工需要的一个根本出发点和前提。没有调查研究就不会了解职工的真正需要，也就谈不上需要的满足。

第二，在调查的基础上，进行综合分析。职工的需要是多种多样的，有的是无限的，有的是有限的；有的是合理的，有的是不合理的；有的是近期的，有的是远期的，等等。在调查研究的基础上，必须认真综合分析。人的总需要综合分析如图 6-2 所示。

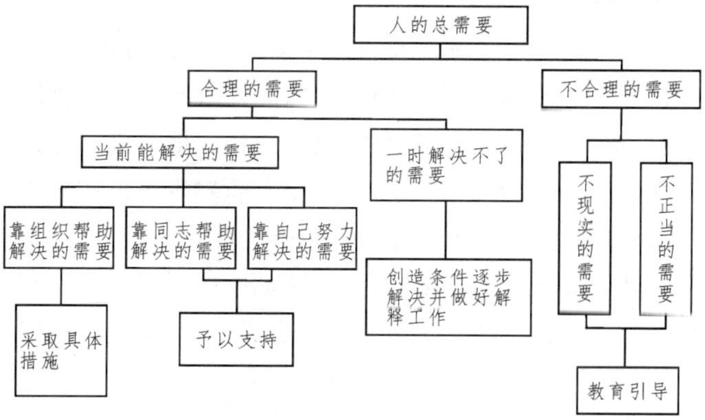

图 6-2　人的总需要分析

作为一个管理者，要做好对人的管理，使人充分发挥工作的积极性、能动性，必须关心职工的需要，在调查研究和综合分析的基础上，做到逐步、合理地解决人的需要问题。

（2）期望与管理。

人的期望心理是客观存在的，根据期望理论，在做人的思想工作中，必须遵循人的期望心理活动规律，注意工作方法，加强疏导，把人的积极性充分调动起来。

① 期望理论在管理中的应用。

第一，人们可以自觉地评价自己努力所取得的结果，以及由此结果所带来的报酬。

第二，一个管理人员可以通过指导和参加各种技术训练的办法，明确提高下级对努力所达到的成绩的期望。

第三，报酬必须紧密地、明确地与对组织有重要意义的行为相联系。组织中的奖励制度和具体奖励必须随个人的成绩而定。

第四，人们对其从工作中得到的报酬的评价是不同的，有的人重视薪金，有的人重视挑战性工作。因此，管理人员应使组织的特定报酬与职工的愿望相符合。

② 期望理论的具体实施。

将期望理论运用在管理实践中，具体做法有：

第一，树立目标，激发期望心理。为能充分地调动职工工作的积极性，不仅要了解职工的需要，还要根据职工的需要，适时地为职工树立有一定价值的目标，这是调动职工积极性的一项重要工作。实践证明，包含精神和物质利益的目标，对职工来讲，更具有激发积极性的作用。

在树立目标时，目标一定要切合实际。管理人员需要考虑两方面的内容：一是目标的高低问题，目标过高，实现的可能性会降低，期望值减小，使职工望而生畏；目标过低，使职工轻而易举就能实现，也会降低目标的效价。目标过高和过低，都不能调动职工的积极性。二是目标的价值问题，没有满足人们精神和物质生活需要价值的目标，不能调动职工的积极性。实践证明，适时地确立适当的目标价值是调动职工积极性的一个行之有效的方法。

在为职工确立一定目标之后，还应帮助职工努力实现目标，为职工创造条件，给希望达到目标的职工以热情的支持。

第二，运用期望值调动积极性。由于人们的经验、能力、需要等方面的不同，因而对同一客观事物的期望概率也不一样。又由于人的期望概率常与环境和事物发展的结果出现矛盾，因此，了解、掌握人的期望概率值，有针对性地进行工作，是防止产生挫伤和出现消极因素，而有利于调动积极性的重要环节。事实证明，期望值与事物发展结果相联系时，有三种情况：一是结果小于期望值，人会产生大失所望心理，积极性会受到挫伤；二是结果等于期望值，人会产生不出所料的心理，积极性得以保持；三是结果大于期望值，人会产生出乎意料的心理，表现为喜出望外，积极性更加高涨。当某人期望值过高，而事物发展结果又不能满足他的期望要求时，就需要帮助他认真分析主客观条件，指出不能达到期望的原因，以避免因大失所望而产生的消极情绪。

第三，把人的期望方向引导到正确轨道上来。由于人的需要不同，觉悟高低不同，同时所处的环境因素影响的不同，一些人期望的目标和方向会不切实际或偏离正确轨道。所以，端正、疏导以至于改变期望方向的工作是重要的。例如，职工都想到好的岗位工作，因此采取“走后门”的方式来实现其要求，但这种行为势必影响单位的风气，也不利于个人的成长及单位工作的开展。这时管理者可以通过安排职工轮流到各工种岗位进行锻炼的方式，让他们在工作中培养各自的兴趣、特长、能力，也使管理者对每个人的情况得以了解，然后根据实际需要和各职工的条件，安排每个人的工作，这会改变职工依靠“走后门”行为满足期望心理的状态，确立新的期望目标，焕发出积极性。

3. 挫折与管理

人生长在现实社会中，要工作和生活，要进行各种交往，不可能总是一帆风顺，随时有受到挫折的可能。在管理中，一方面应尽量消除引起职工挫折的环境，避免职工遭到不应有的挫折；另一方面，当职工受到挫折时，应尽量降低挫折所引起的不良影响，提高职工对挫折的容忍力。

（1）预防挫折。

在前面的章节中，已经分析了预防挫折的问题，下面做进一步的分析。

① 消除产生挫折的原因。对于自然因素，有些是不可避免的，但有些是可以采取措施加以预防的，尤其对生产过程中的因素更可以预测。对于社会因素，应尽量引导职工适应环境，遵守法令、社会秩序、公共道德、人们的风俗习惯等，加强法制观念。对于生理因素，应考虑其个人的生理特点，使生理有缺陷的人受到尊重，不受歧视。

② 改善人群关系。加强个人差异管理，使职工相互信任、相互帮助、相互支持、相互尊重，建立“同是一家人”的情感。尤其是注意改善领导者与属下、管理者与被管理者之间的关系，发挥集体智慧，建立平等关系。如果职工之间矛盾尖锐而一时无法解决，可暂时调动一下工作岗位。

③ 改善管理制度和管理方式。如适时调整组织结构，取消阻碍发挥职工积极性的不合理的管理制度，改善人事劳动制度和工资奖励制度，实行参与制、授权制、建议制等，不使职工有受到严格监督和控制的感觉。

（2）正确地处理受挫折者的行为。

① 采取宽容的态度。对领导者来说，对受挫折者的攻击行为采取宽容的态度是很重要的。帮助受挫折者是领导者的责任之一，应耐心地做思想工作，要以理服人，不应采取针锋相对的反击措施来对付攻击行为。以反击行为对付攻击行为，不仅不符合互助友好的原则，而且收不到好的解决问题的效果，严重者还可能使矛盾激化。

② 提高认识，分清是非。宽容的态度并不等于不分是非，领导者应当在受挫折者冷静之后，以理服人，热情帮助其提高认识，分清是非。只有这样，才能更有利于受挫折者变消极行为为积极行为。

③ 改变环境。改变环境的办法有两种：一是调离原工作和生活的环境，到新的环境中去；二是改变环境气氛，给受挫折者以同情和温暖。为了有效地把受挫折者的消极行为转化为积极行为，领导者必须尽量少采取惩罚措施，因为惩罚会加深挫折。

④ 精神发泄法。这是一种心理治疗法，就是创造一种环境，使受挫折的人可以自由地表达他们受压抑的情感。人们在受到挫折时心理失去了平衡，常常是以紧张情绪反应代替理智行为，只有让他们把这种紧张情绪发泄出来，他们才能恢复理智状态，达到心理平衡。精神发泄可以采用各种形式，可以让受挫折者用写申述信的办法发泄不满，当他把不满情绪写出后，心理就会得到平衡。也可以采取个别谈话的办法，以及让他们在一定的会议上发表意见，领导者和其他人耐心听取他们的意见，并对其正确的方面给予充分的肯定。

4. 公平与管理

（1）公平理论的内容。

公平理论由美国心理学家亚当斯提出。公平理论指出，职工的工作动机，不仅受其所得的绝对报酬的影响，而且受到相对报酬的影响，即一个人不仅关心自己收入的绝对值（自己的实际收入），而且也关心自己收入的相对值（自己收入与他人收入的比较）。

公平与否的结论源于职工对所付出代价与所得到报酬的比较。前者包括技能、经验、资历、工作成绩等；后者包括工资报酬、组织对其承认和尊重的程度、提升、人际关系的变化等。这种比较有两种形式：一是纵向比较，即个人历史的比较，看自己目前所付出的代价与所获得的报酬之比与自己以前所付出的代价与所获得的报酬之比是否相等；二是横向比较，即社会比较，看自己所付出的代价与所获得的报酬之比与他人所付出的代价与所获得的报酬之比是否相等。

（2）公平与不公平心理的产生。

比较的结果有两种：一是比值相等，则认为是应当的、正常的，因而心情舒畅，努力工作；二是比值不等，可能目前的比值比历史或他人高，也可能比历史或他人低，都会产生不公平的心理。

出现不公平感时，人习惯上采取行为调节的方式，即用劳动付出量来调节。一般性措施有：

① 通过自我解释达到自我安慰。例如，通过曲解自己的收支或曲解别人的收支，主观上造成一种公平的假象，消除不公平感。

② 采取一定行动，努力改变别人的收支状况。

③ 采取一定行动，努力改变自己的收支状况，如通过消极怠工、减少支出的手段或要求增加收入的手段等。

④ 选择另一种比较，获得主观上的公平感，如换一个人进行比较。

⑤ 发牢骚，泄怨气，将不公平的心理发泄出来。

（3）相应的管理工作。

实践证明，公平理论所描述的关于公平的感受是一种普遍的心理现象。它广泛存在于企业环境中，并直接作用于职工的行为过程，影响职工的工作积极性。为实现有效的激励，管理者必须深入了解职工对其劳动报酬是否感到公平，并通过合理分配报酬、调节奖励标准与形式、纠正认知偏差、适当减少比较机会等方式消除不公平感，力求使每个职工都得到公平合理的报酬和待遇，进而增加其满足感，激发出积极性。

5. 人性与管理

西方管理心理学家对人性的假设，有经济人、社会人、自我实现人、复杂人四种，在现实生活中，虽然一个人并不一定绝对地表现为哪一种，但对于每个人，在一定的时期和一定的环境下都可能在某一方面表现得比较突出。因此，从人性的四种假设中，实施一定的管理，有可能达到管理的目的。

（1）对经济人的管理。

① 管理工作的重点放在提高生产率，完成生产任务上，而对于人的感情和道义上应负的责任，则无关紧要。简单地说，就是重视完成任务，不考虑人的感情。

② 管理工作只是少数人的事，与职工无关。职工的主要任务是听从管理者的指挥。

③ 在奖励制度方面，主要用金钱来刺激职工生产积极性，同时对消极怠工者采用严厉的惩罚措施。

（2）对社会人的管理。

① 管理人员不应只重视完成生产任务，而应把注意的重点放在关心人、满足人的需要上。

② 管理人员不能只重视指挥、监督、计划、控制和组织等职能工作，而应重视职工之间的关系，培养和形成职工的归属感和整体感。

③ 在实行奖励时，提倡集体的奖励制度，而不主张个人奖励制度。

④ 管理人员的职能应有所改变，不应只限于制订计划、组织工序、检查产品，而应在职工与上级之间起联络人的作用。一方面倾听职工的意见和了解职工的思想感情；另一方面，工作中出现的问题向上级反映，就职工提出的要求向上级或有关方面呼吁。

（3）对自我实现人的管理。

① 管理重点的转变。把注意的重点从人的身上转移到工作环境上，创造一种适宜的工作环境、工作条件，使人们能在这种条件下充分挖掘自己的潜力，充分发挥自己的才能，能够充分地实现自我。

② 管理人员职能的转变。管理人员的主要任务在于为发挥人的才智创造适宜的条件，减少和消除职工自我实现过程中所遇到的障碍。

③ 奖励方式的转变。奖励可划分为两方面，一是外在奖励，例如提高工资、提升职位、获得良好的人际关系等；二是内在奖励，即在工作中能获得知识、增长才干、充分发挥自己的潜力等。只有内在奖励才能满足人的自尊和自我实现的需要，从而大大地调动职工的积极性。管理者的任务只是在于创造一个适当的环境，允许和鼓励每一个职工都能从工作中得到内在奖励。

④ 管理制度的改变。管理制度能够保证职工充分地表露自己的才能，达到自己所希望的成就。

（4）对复杂人的管理。

从复杂人的假设而提出的权变理论，要求根据具体的人的不同情况，灵活地采取不同的管理措施。就是因人而异，因事而异。这就要求管理人员要善于观察职工之间的个别差异，根据具体情况采取灵活多变的管理方法。

6.1.2.3 激励的强化方法

强化是通过外力来干预某种刺激与行为，使之能够重复出现。强化按其作用可划分为两种：一是正强化，即对某种行为给予肯定或奖励，使行为巩固、保持；二是负强化，即对某种行为给予否定或惩罚，使之减弱、消退。如果说引起一种行为是靠动机的话，巩固、保持这个行为或减弱、消退这个行为就是靠强化。没有强化不可能有正确的行为。运用强化作为手段来达到预定的行为结果，可采用以下方法：

1. 设置鼓励人心的目标

一个鼓舞人心的目标，不仅可以激发人的动机，而且可以强化行为。明确了目标，人们在生产中就会时刻把自己的行动与目标相联系，目标就是人们行为活动在不同的阶段上所要达到的预期结果。

2. 采用渐近法

就是根据人的认识规律，把一个复杂的行为过程分解成许多小的阶段，逐步加以完成。这可以使职工树立信心，加强工作的计划性，也可适时了解自己的工作成果。

3. 信息及时反馈

及时进行信息反馈，可使职工随时知道自己行为活动的结果如何，这样就可针对问题，分析原因，及时改进，以达到修正行为、不断改进工作的目的。

4. 个人需要的满足

行为是由动机引起的，而动机是由需要激发的，这是客观规律。加强管理工作，调动职工积极性，使每个职工保持旺盛的士气，就要按照职工心理活动的规律，承认其需要，满足其需要，以激发他们的动机，强化行为。对于不能满足的需要，要做好工作，避免产生消极情绪。

6.1.3 知识拓展

测验一：你具备管理者的潜质吗

◆ 你为什么做管理。

◆ 作为一个管理者你应该具备什么样的能力。请根据你的实际情况作答。

1. 你的升迁除了你拥有丰富的专业知识以外，是否还取决你能够与上司和谐相处呢？

A. 是　　B. 不是

2. 从事管理的决定，是否与你的能力、兴趣、品质、个性和目标相一致？

A. 是　　B. 不是

3. 你是否为从事管理做过准备呢？

A. 是　　B. 不是

4. 你肯定管理工作能使自己得到个人心理上的更大满足吗？

A. 是　　B. 不是

5. 当你和别人意见不合时，你是否按自己的想法行事？

A. 是　　B. 不是

6. 在你很忙碌时，如果有人耽误你的时间，你的怒火是否会表现出来？

A. 是　　B. 不是

7. 你是否意识到你除了要处理好与下属的关系，还要处理好和同级管理者、上司的关系呢？

A. 是　　B. 不是

8. 你是否更注重人而不是工作？

A. 是　　B. 不是

9. 你的下属是否都喜欢向你倾诉呢？

A. 是　　B. 不是

10. 你能很容易地消除人际隔阂吗？

A. 是　　B. 不是

11. 你是否意识到在管理阶层中，存在更强有力的竞争对手？

A. 是　　B. 不是

12. 假如你已意识到帮助别人时要牺牲个人利益，你是否仍会这样做？

A. 是　　B. 不是

13. 你是否习惯把工作授权给下属去做呢？

A. 是　　B. 不是

14. 你能在变化莫测的情况下灵活处事，在一时混乱的情况下泰然处之吗？

A. 是　　B. 不是

15. 你擅长鼓励自己的下级吗？

A. 是　　B. 不是

16. 你在做计划或决策时，你是否让下属参与进来？

A. 是　　B. 不是

17. 你是否同意不应该用同一种方式去领导下属的观点呢？

A. 是　　B. 不是

18. 你已确定了今后 5 到 10 年的奋斗目标吗？

A. 是　　B. 不是

19. 当对自己的决定带来的后果尚无把握时，你觉得烦躁不安吗？

A. 是　　B. 不是

20. 你是否有做时间管理的习惯？

A. 是　　B. 不是

21. 你认为在下属执行任务的过程中也需要时时监督指导吗？

A. 是　　　　　　　　　　　　　　　　B. 不是

22. 你是否能发挥每一位下属的优势呢？

A. 是　　　　　　　　　　　　　　　　B. 不是

23. 你觉得自己是个全局性强的人吗？

A. 是　　　　　　　　　　　　　　　　B. 不是

24. 你认同“成果比过程重要”的看法吗？

A. 是　　　　　　　　　　　　　　　　B. 不是

25. 你觉得自己很善于广泛结交各种各样的人，并在使用时尽可能发挥其独特的作用吗？

A. 是　　　　　　　　　　　　　　　　B. 不是

26. 你是否觉得能信任他人，他人也能信任你？

A. 是　　　　　　　　　　　　　　　　B. 不是

27. 你是否在公众场所随时注意自己的行为品德？

A. 是　　　　　　　　　　　　　　　　B. 不是

28. 你曾努力从别人的立场出发寻求解决问题的方式吗？

A. 是　　　　　　　　　　　　　　　　B. 不是

分析：

A. =1 分　　　　　　　　　　　　　　　B. =0 分

请把每一题的得分加起来，就是你的总得分。

22 ~ 28 分：优秀。恭喜你！你对管理很感兴趣，而且，你具备管理的潜质，这为你做管理打下了一个良好的基础。但是，你还是需要学习管理。因为，管理上人格魅力部分可能可以是“天生”的，但管理的知识和管理的行为模式是不可能天生的，它是需要我们通过后天的努力学习去获得的。

16 ~ 21 分：在这个分数段的人也不错。可能你还缺乏管理上需要的一些能力。但是，可以看得出，你有做管理的想法，而且，你也一直朝着这个方向努力!相信自己，努力学习，相信在不久的将来，你将会获得你想要的成功！

6 ~ 15 分：在这个分数段里的人可能还是个刚认识管理的“新手” 而且，本身性格方面的一些特征并不是十分符合管理的要求。但是，如果你有“做好管理”的欲望，你是可以通过学习和改变自我去达到成就管理的目的的。所以，不要灰心，天下没有谁是天生可以做管理的，只要努力学习，你极有可能就是未来的 CEO！

0 ~ 5 分：管理不是适合每一个人的事业，也不一定是事业成功的唯一途径。如果你的确不了解管理，也缺乏成功管理的某些素质，那么你不适合从事管理。

测验二：你看到了什么

在以下的图片里你看到了什么呢？

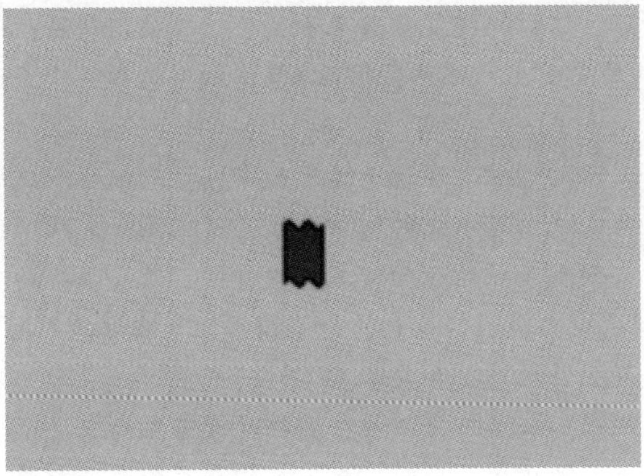

1. 答案自由，你认为看到什么就写什么。如实作答。

2. 请千万不要看答案。

请写下你的答案。

答案是各种各样的，有的人可能认为看到了黑点，有的人认为自己看到的是一面国旗在飘扬，有的人认为那是一个流动的波浪……不同的人看问题的方式都不一样，所以得到的结果也不一样。

但总的来说，所有的答案可以分为两种。

第一种：只看到了画面中间的黑色物体（任何物）的；

第二种：不但看到了黑色物体（任何物）；还看到了灰色的背景。

分析：

第一种：这一部分的人只看到图画中最明显的黑色物体，忽略了整幅图画的背景。这一部分的人很容易被局部的东西所吸引，看问题缺乏一个全局性。

第二种：看问题的眼光比较全面和远大，不但看到了图中的黑影，而且还看到了整个的背景。这部分的人在工作和生活中都是以整体出发的，不但能抓住主要矛盾，而且还有防微杜渐的意识。

无论你是哪一种人，如果你是一个管理者的话，你都要培养一种全局性，看问题不但要看到小的一方面，还要把眼光放远些，看到更大的方面。

6.1.4 相关案例

案例 6-1　总书记回信激励铁路职工立足岗位，无私奉献

位于陕川交界地带的西安铁路局巴山车间，有一支扎根山区、默默奉献 37 年的铁路职工队伍，在学习了习总书记给国测一大队老队员、老党员的回信后，大家表示要立足岗位，把回信精神融入日常实际工作中。

每天晚上 8 点半到 10 点半，是襄渝铁路巴山段的维修窗口期，工长王庭虎和班组成员们又开始每天一次的线路维护作业。30 千克的捣固机，震裂碎石腾起的粉尘混杂着柴油燃烧后的废气，让人难以呼吸。在 2 个小时内，他们必须规范完成 100 米范围内的铁轨调整、路基加固工作。虽然时间紧张、工作环境既艰苦又寂寞，但王庭虎所在的西安铁路局巴山工务车间，却保持了连续 37 年的安全生产纪录，为确保襄渝铁路这条华中至西南运输大通道的线路安全做出了贡献。

习总书记给国测一大队的回信，在这个偏远的车间也引起强烈反响。连日来大家通过学习回信，备受鼓舞和鞭策，认为总书记的回信，既是对国测一大队工作的肯定，也是对所有在艰苦环境下坚守岗位、默默奉献的劳动者工作的肯定。西安铁路局巴山车间党总支书记魏尚宪说："我能够感觉到党中央对咱们基层的为了国家做了贡献的人的肯定，从他的回信中我也能感受到一种鼓舞，对党员的期望和要求。"

西安铁路局巴山车间巴山线路工区工长全国劳动模范王庭虎说："我在巴山 27 年了，也是在巴山这个岗位上，加入了中国共产党，我理解的在党爱党，在党为党，就是要求我们党员在本职岗位发挥我们党员的模范带头作用，体现出党员的先进性。"

西安铁路局巴山车间巴山线路工区巡道工苏光辉说："我是一名普通的基层巡道工，但是我也是一名党员，在巡道工作中把自己的工作做得更加认真仔细，也是为党和国家、人民做出了一点贡献。"

（来源：西部网-陕西新闻网）

案例 6-2 武汉客运段建立正面激励机制，引导职工"尽善尽美"

"袁车长，快来看，你上了这个月的光荣榜了！""真的诶！前几天和同事们在车上救助了一个突发疾病的旅客，后来那个旅客给段里发了感谢信，其实这是我们应该做的，没想到段领导这么重视，真是有点小激动啊！"12 月 8 日，在武汉客运段武汉动车组车间公示栏内，刚刚公布的"11 月职工小额奖励榜单"在乘务员中引起了不小的轰动。

今年，在武汉客运段值乘的列车上涌现出的"好人好事"层出不穷，举不胜举，仅前三季度，该段就收到各级寄来或送达的锦旗 36 面，感谢信 155 封，感谢电话更是数不胜数。为把六千"武客人"立足岗位履职尽责，自发向善、乐于助人的凡人善举加以引导规范，逐步形成"弘扬中华民族传统美德、践行培育社会主义核心价值观"的良好氛围，该段结合企业属性和职业特征，制定下发了《武汉客运段职工小额奖励办法》，不仅激发了广大列车员关爱旅客、优质服务的积极性和主动性，还促进了全段各次列车服务质量的稳步提升。

善意引导善举

为帮助广大列车员树立正确的"职业观、荣誉观、价值观"，该段党委将树立服务宗旨意识、加强职业道德培训、提高客运职业素养作为首要前提，对新职工进行了职业道德培训，强调"做一次好事并不难，难的是一直坚持做好事"。此外，该段专门组织新人到直达车间 Z37/38 次红旗列车荣誉室参观学习。金色的奖杯、鲜红的锦旗、翔实的文字展示着 Z37/38 次红旗列车走过的艰辛历程和取得的辉煌业绩，让新人们深受教育。"前辈们的先进事迹真是让人佩服，我以后也要像她们这样，持之以恒多做好事，全心全意为旅客服务。"新人张珊珊有感而生。为了加强"荣誉"的先进示范效应，该段还将"武铁劳模"请到列车长培训班，现场教学、以老带新，让红旗列车的优良传统在新鲜的血液里继续流淌。同时，该段还在"高铁服务之星评选”中为善举加分，在提高列车员服务技能的同时，激励更多职工加入“尽善尽美”的行列。

不仅如此，该段领导干部还深入车间开展“我爱列车我爱家”座谈会，与一线职工做面对面的交流。座谈会里大家畅所欲言，积极建议，领导和职工的倾心交谈和热情互动，让职工说出了心里话，贡献了许多提高服务质量的好点子。

善制激励善举

10米车厢不仅是个小社会，更是展现铁路职工精神风貌和文明建设的重要窗口。为了让列车上的各种好人好事得到展示发扬，让乐于助人的乘务人员“名利双收”，在该段制定的《武汉客运段职工小额奖励办法》中，对列车上各种类型的好人好事进行了梳理、归类和评定，制定了科学合理的奖励标准和细致详尽的奖励内容。为让此办法落到实处，该段还专门成立了奖励审核领导小组，本着及时有效、公平、公正、公开的原则对奖励内容、条件及标准进行细化管理，实行车间申报、科室审核、上报审批、兑现建档的四级申报程序，对评定的好人好事给予50元到1 000元金额不等的奖励。

“除了物质奖励，我们大部分乘务员需要的更多是一种肯定，一种鼓励。”Z37/38次列车党支部书记夏红萍代表一线职工说出了心里的想法。该段领导听取了基层的建议，决定让好人好事上榜，为善行义举立传：在《武客新闻》《武客信息》开辟“光荣榜”专栏，利用橱窗展板、海报充分展示好人列车员的先进事迹，营造“人人做好事、好事就上榜、好人有好报”的浓厚氛围。值得一提的是，该段还将表现突出者作为党员发展、岗位竞争的候选人优先考虑，让职工真切感受到组织亲切的关怀与高度的认可。

荣誉传递善举

“对D5202次三十二组列车员郑姗姗于11月16号拾金不昧及时归还旅客给予50元奖励。”

“对11月24日帮助出走儿童回家的Z47次六组列车长高雄进行全段通报表扬，并奖励500元钱。”

“对G97次十二组列车长袁佳及其乘务员于12月2日合力救助突发疾病旅客，奖励800元钱，并将其事迹登上光荣榜。”

“对于11月28日D5202次列车四组全体组员及时有效解决因列车故障造成大面积晚点，进行全段通报表扬，奖励1 000元并将此次处理过程采纳为应急处理预案示范做法推荐到路局。”

…………

截至12月12日，该段对28名防止安全事故、热情服务旅客及拾金不昧、归还旅客失物的职工累计发放奖励金额3 600元。在四季度的职工小额奖励榜单上，各个车间的乘务员都榜上有名。

“以前电话听声响就担心是旅客投诉打来的，现在好了，拿起电话听到的大部分都是感谢以及赞扬，我们心里真舒坦，真是以我们的列车员为荣。”该段调度室负责旅客投诉的一名工作人员说。

一个个最普通的列车员，在善行义举的“光荣榜”上都成了段里“明星”，成了职工心中的好榜样，这给该段带来了不小的影响。榜单最后一块的空白处仿佛写着“下一个榜样就是你”，感召着更多的乘务员加入这份荣誉。

（资料来源：武汉铁路局）

项目训练

铁路职工积极性的影响因素。

【训练目的】

找出目前铁路行业职工积极性不高的原因，从而找到有效的对策，避免走上岗位后的职业倦怠。

【训练内容】

分小组讨论影响铁路职工积极性的因素，每组派一名成员进行汇报，其他组员可以提出疑问，最后由教师进行评价与总结。

【考核标准】

教师评分，评分为百分制（10 分一个等级，如 100，90，80……）。

表 6-1　项目训练评分表

序号	项　目	权重/%	得　分
1	表达是否清晰、准确	30	
2	观点是否新颖、实用	30	
3	参与是否积极主动	20	
4	学生态度是否谦逊	20	
合　计			

复习思考题

1. 领导方式有哪几种类型？
2. 行为学家利克特在《管理的新模式》中提出一个优秀的领导者必须具备的条件有哪些？
3. 西方管理心理学家对人性的假设有哪几种？
4. 激励的强化方法有哪些？

6.2 客运服务人员的问题行为

6.2.1 行　为

6.2.1.1 行为相关概述

人的行为是多学科研究的课题，按照生理学家的观点，行为是人体器官对外界刺激所产生的反应。哲学家认为，行为就是人们日常生活中所表现的一切活动。心理学家对行为有各种不同的看法。如行为主义心理学把人与动物对刺激所做的一切反应都称之为行为，包括外显的行为和内隐的行为；格式塔心理学认为人的行为由人与环境的相互关系决定，行为指受心理支配的外部活动。现代心理学家一般认为，行为是有机体的外显活动。

6.2.1.2 行为的主要种类

1. 意志行为

意志行为是指人们有明确动机目标的行为，按照个人行为动机与整体长远目标是否统一，又可分为有积极主动动机的士气性行为和无积极主动动机的非士气性行为。所谓积极主动性，就产生过程来讲是指个体动机与行为的整体长远目标的统一程度，它包括个体目标与群体目标的统一程度、战术目标与战略目标的统一程度、短期目标与长远目标的统一程度等。

某人是一个冷酷无情的人，嗜酒如命且毒瘾甚深，有好几次差点把命都给送了，就因为在酒吧里看不顺眼一位酒保而犯下杀人罪，被判终身监禁。他有两个儿子，年龄相差才一岁，其中一个跟他老爸一样有毒瘾，靠偷窃和勒索为生，也因犯了杀人罪而坐监。另外一个儿子可不一样，他担任一家大企业的分公司经理，有美满的婚姻，养了三个可爱的孩子，既不喝酒更未吸毒。为什么同出于一个父亲，在完全相同的环境下长大，两个人却会有不同的命运？在一次个别的私下访问中，问起造成他们现况的原因，二人竟然是相同的答案：“有这样的老子，我还能有什么办法？”

在以上例子中，同样的环境下却有不同的人生结局，之所以会这样，是因为一个兄弟能把自己的求生欲望与自己远大的人生目标联系起来，而另一个则是得过且过，甚至是自暴自弃。

我们有时可能会将一些具有不愉快、消沉性质的情绪认识等心理活动，都归之为相应的这些人都具有消极被动的动机，有时有些外表现象的结果好像也确实表现出这种状况。但实际上，这里所说的动机的积极主动性或消极被动性，不在于人们的认识和情绪等心理活动是否愉快或消沉，而是在于人们的认识和情绪等是否能与群体的行动目标相符合。很多看起来消极被动性的心理活动，只要与积极主动的目标联系起来，往往就会有积极主动的性质。例如“保存生命”，这种在战争中看似只具有消极被动性动机的恐惧情绪，虽然与“逃跑”这种消极被动目标联系起来往往确实对军事行动具有消极被动的作用，但若与“消灭敌人，从而保存自己”这一积极主动的目标联系起来时，就使这一恐惧情绪转而对军事行动具有了积极主动的性质。西汉开国大将韩信的“背水一战”就是利用这一恐惧情绪，从而将汉军“置之死地而后生”的。

2. 潜意识行为

潜意识行为是指人们具有明确目标但无明确动机的行为，即人们老想做但又不知道为什么要这样做的那些行为。潜意识是指人们平常被压抑的或者当时知觉不到的本能欲望和经验。潜意识中的内容由于不被人们的道德价值意识和理智所接受，所以只有通过各种各样伪装的形式表现出来，像梦境就是个人在清醒时不能由意识表达的压抑的欲望和冲动的表现，但做梦不是行为，只是大脑这个身体机体的动作。潜意识行为在行为中表现为两个方面：一是口语流露与不经心的笔误等行动；二是神经性症状，即过分强烈的潜意识形成的变异行为，它包括压抑、反应形式、投射、文饰作用、升华等。

3. 娱乐消遣行为

娱乐消遣行为是指人们有明确动机但却无明确目标的行为，是指那些总是想去做但却不在乎甚至不知道怎么做以及会做到什么程度的行为。比如一个人具有娱乐休闲动机时，如果他自己觉得看电影、看电视、跳舞等目标都能满足这个动机，那么他对娱乐消遣目标的选择只有随意性，而没有必须性。娱乐消遣行为按照其不同的娱乐消遣性质，可分为寻求美感的欣赏行为和寻求刺激的消遣行为两种。娱乐消遣心态表现为情趣、情调和爱好三个方面的统一协调性，例如集邮就是人们对邮票知识内容的情趣，观赏邮票的情调以及对精美邮票的爱好相互统一组成的。

娱乐消遣行为简单地说也就是所谓“玩”的过程，是一种对自身乃至外界各种事物发展变化进行研习与欣赏的过程。它包括各种非职业性的主动参与的体育竞赛活动、绘画、唱歌以及看电影、看演唱会、看表演、对大自然的漫游等。“玩”对动物生物的学习进化具有积极推动的意义，在动物进化生长过程中，动物靠玩乐来锻炼、学习与显示自己，动物在玩乐中不断地试验、发现并进而发掘、发展自己的潜能，辅助实现着动物的成长进化乃至最后的分化。就如猫科动物会分化为猫、狮子、老虎、豹子等，不仅是自然选择的结果，而且也是各种猫科动物通过自然选择与玩乐感觉到自己能力的成长与局限性，并将这种经验遗传下来的结果。

所以，娱乐消遣行为又可以说是人们的一种本能的学习与试验行为。“玩”本身也是消耗精力体力的，但自远古以来大自然为了有利于生物的进化发展，各种动物的娱乐消遣行为就个体感觉上来说反倒具有松弛神经、娱乐休养精神体力的作用，这也就使娱乐消遣反倒又成为动机的来源所在。

“玩”由于是生物学习进化需要，所以求奇求新求变是其主要的特点。现代人类的学习和体育锻炼，是自古生物进化过程中由人类从娱乐消遣行为中分化出来的特有的东西。自古以来动物通过玩乐——熟能生巧，这些玩乐就会转化为技能（即所谓大的运动）、甚至是身体机能（即所谓小的运动）的遗传转变。所以，娱乐消遣行为由远古传下，对动物可说是一种生物性的锻炼和学习的过程，这种锻炼和学习是自然的过程而具有反强迫性的特点。事实表明现代人类无论是对锻炼、学习采取强制加以灌输，或者是对游戏沉溺者采取强制改变措施都是不成功的，原因就在于强制性不符合包括学习在内的“游戏”自主随意规则，除非是给予非强制性的诱导或教育。

4. 运动动作的无意识

学习和锻炼从进化过程来说也可归之于娱乐消遣行为，这些娱乐消遣行为在进化过程中本来是一个有意识但目标并不明确的行为。但是，当其转化为吃饭、穿衣、骑自行车、电脑打字等生存生活技能以后，其往往就会成为一种自然反应，这时，这些行为不需要意识去专门控制，但它明确的生活、生存乃至工作的目标动机却又是十分显著的。所以所谓“运动”的过程也可说是一种无意识但目标动机明确的行动，同时这些形成的“运动动作”也是人类性格形成的基础，这正如那句俗话所说：“一种思想导致一种行为，一种行为导致一种习惯，而一种习惯则导致一种性格。”

意志行为、潜意识行为和娱乐消遣行为互相间具有制约牵制的作用，而一个人的意志行为则往往是一个克服潜意识和娱乐消遣意识的过程。例如个体在工作中，如果明确的工作意识是搞好工作，就不得不压抑着受领导批评后想找出气筒的盲目投射心理和急于去看球赛的娱乐消遣心理。士气性行为的任务就在于：除了要抑制非士气性的意志行为产生外，还要着力于对潜意识心理和娱乐消遣心理的克服。

6.2.2 客运服务人员的问题行为分析

6.2.2.1 问题行为及其产生的原因

1. 问题行为

客运管理工作中,一个非常重要的问题是如何正确对待和处理客运服务人员中出现的“问题行为”。每一个客运服务部门，都存在个别令领导头疼的“问题行为”职工。

问题行为主要表现为两种，一是有些问题行为表现很明显、激烈，如有人公然违章违纪，侵犯旅客和同事的利益，顶撞领导的命令，惹是生非等，这属于“攻击性问题行为”；二是有些问题行为表现得不明显，不激烈，如对工作消极、冷淡、无精打采，领导者常常感到“不知道他整天想些什么”，这属于“退缩性问题行为”。

无论是攻击性还是退缩性问题行为，都会给工作和职工本身带来危害，给管理带来困难。因此，领导者研究职工中的问题行为，不仅要看到这些行为的表现方式及危害性，还要分析导致问题行为发生的个人因素和环境因素，正确地对待和处理职工中的问题行为，促使消极因素向积极因素的转化。问题行为解决得好不好，在很大程度上影响着领导者的威信和工作的效能。

2. 问题行为产生的原因

心理学认为需要诱发动机，动机促成行为。因此，人的一切行为都是以人的需要为基础，人要满足自己的需要，就会产生行为。但需要满足的方式是不同的，可能有的是合理、正当的方式，有的是不合理、不正当的方式。例如，一位列车服务人员，为了满足获得社会荣誉的需要而努力工作，刻苦学习，积极、主动、满腔热情地为旅客服务，这是合理、正当的方式；如果采取弄虚作假，骗取信任等手段获得荣誉，就是不合理、不正当的方式。

客运服务人员有多种多样的需要，如工作的需要、改善物质生活条件的需要、婚恋的需要、文化娱乐的需要、学习的需要、尊重的需要、表现自己才能的需要、社会荣誉的需要、交朋择友的需要等。这些需要都是正当、基本的需要。作为管理者，应当承认客运服务人员的这些需要是正当的、合理的，而且要创造条件帮助职工去满足这些需要。但是，这些需要不是都能顺利地得到满足的，它受制于许多条件。而且，当职工通过自己的努力去满足这些需要时，可能会遇到如何对待个人利益与集体利益、国家利益的关系问题，如何看待眼前利益和长远利益的关系问题。这些问题的实质，就在于职工本人能不能正确处理这些关系，以及他采取什么样的行为方式对待这些问题。心理学认为，无论是正当的行为方式，还是不正当的行为方式，都是“学习”的结果，即主要是尝试和模仿的结果。一些问题行为，正是这种原因造成。

例如，一个职工想提高工资，但不知道用什么方式来满足这种需要，他就开始进行尝试学习，如果尝试的结果获得成功，那么行为就会被强化。有人看到某些管理人员“怕闹”“闹得凶就给涨工资”，于是每到晋升工资或有其他利益时，就“闹”起来。不光自己可以尝试着闹，还可以模仿他人的方式闹，这种模仿学习可以使人的行为得到“替代的强化”。这会使一些人跟着闹起来，这就是模仿学习的效果。

管理者对待职工的问题行为，需要进行研究。首先，要研究“需要”，即某些职工出现的问题行为是为了满足什么需要；其次，研究“方式”，即职工为满足上述需要采取的行为方式，哪些是合理的、正当的，哪些是不合理的、不正当的；最后，再进一步研究这些行为方式是如何形成的。只有分析清楚问题行为产生的原因，才能有效地处理、解决职工的问题行为。问题行为产生的过程中，总是伴随挫折的产生，能否正确对待挫折，决定问题行为的结果。职工为满足需要而进行活动，并不总是能够如愿以偿地实现其需要。遭受挫折的情况是常常发生的。挫折是一种复杂的心理体验，其中包括未能满足需要的失望，行为受到阻碍而引起的愤怒，对自己采取错误行为而引起的悔恨，以及对挫折可能引起的不良反应的担忧等。挫折感会扰乱人的内心状态的平衡，往往使人做出有失理智的行为。所以，遭受挫折之后，容易产生问题行为。当一个职工用正当方式未能满足其需要而遭受到挫折，就可能出现“退化”现象，即转而采取非正当手段和方式去满足其需要，这种由挫折之后所产生的问题行为是常见的。

但并非遭受到挫折就一定会产生问题行为，如果一个人很理智，就会变挫折感为动力，继续以正当的方式去追求需要的满足，在对待挫折过程中变得更为成熟，更加坚强，不是因挫折而“退化”，而是因挫折得到“升华”。有些职工往往通过合理化的心理过程，把自己准备或已经采取的不合理、不正当方式解释成合理的，以减轻自己的心理压力。

一个客运服务人员依靠正当的经济收入满足不了自己想尽快提高物质生活水平的需要，于是就产生了利用工作之便，通过违法乱纪的非正当方式和手段来满足需要，这种牟取不义之财的想法会引起他内心的矛盾和斗争，但是如果他缺乏自我批评的觉悟，不是经过斗争而放弃这种心理，反而用“这算不得不义之财，最多是利用职务之便得点小便宜”，或“别人干得更凶，我这不算什么”，或者想“只此一次，下不为例”等，通过这些自我欺骗、自我安慰把自己的错误动机“合理化”，从而发生问题行为。而如果他有觉悟，讲政治，讲正气，他就会通过思想斗争，抑制和打消不正当的想法，从而避免发生问题行为。

6.2.2.2 对待问题行为的原则

出现了问题行为，管理者一定要及时处理，不处理问题行为而任其放纵，会发生严重的后果，同时不处理也是管理者失职的表现。但处理要有原则，一般地讲，应该实事求是，因势利导，讲究批评的艺术，正确运用惩罚。

1. 多发现职工的长处，坚持正面教育为主

每个人都有优点，客运管理人员要十分重视职工好的表现，多注意职工身上的积极因素，而不要只注重职工的问题行为。这样，职工就容易对管理者产生好感，管理者在问题行为的处理中才能够得到职工的支持，产生问题行为的职工容易心服口服。如果不注意职工好的表现，不表扬，而一味地“挑毛病”，就会引起职工的反感，减轻管理者的影响力。同时，一个管理者只看到职工的缺点，还会使职工因怕出错而丧失工作的主动性和创造性，产生“不求有功，但求无过”的心理。强调正面性原则，有利于职工对管理者产生亲近感和认同感，减少问题行为的发生。

2. 冷静全面地分析问题行为，善于因势利导

对待职工的问题行为，切忌简单化。一定要认真分析造成问题行为的主观因素和客观因素、远因和近因、性质和程度。从分析中，抓问题的关键和寻找解决问题的途径，并创造良好的客观环境，促使职工的问题行为向积极方面转化。因势利导就是在分析的基础上，讲清道理，帮助职工分清什么是高尚的、正当的需要，什么是庸俗的、不正当的需要。讲清楚，只有追求满足需要的方式与“合理”相统一时，个人才能做到“心安理得”。讲道理要“因势”，即顺应心理活动和行为变化所固有的规律性和趋势，顺应人对合理的需要的追求；“利导”，就是把职工的心理活动行为引导到有利于国家、企业的方向上来。不注意因势利导，只讲空洞的大道理，是难以服人的，也难以纠正问题行为。

3. 坚持预防为主，正确运用惩罚

预防为主就是尽量创造条件，使客运服务人员能通过正当方式来满足自己的需要，想方设法帮助职工解决各种实际问题，全面关心职工的学习、工作、生活、娱乐等，防止职工以不正当方式去追求需要的满足。同时，要特别注意做好受到挫折的职工的思想工作，研究职

工思想变化的规律。例如，在职工情绪低落时，职工之间发生矛盾纠纷时，遇到较大的生活困难时，管理者应积极、主动地做职工的工作，在其生活变化或受到挫折时给予必要的关心帮助和指导，以防止或减少问题行为的发生。

当发生必须处理的问题行为时，就必须给予惩罚。强调正面教育为主，预防为主，并不是取消惩罚措施。为了维护国家、集体利益，为了严肃客运群体的纪律，对严重违反规章制度的个人必须给予惩罚。惩罚对于预防问题行为和矫正问题行为是一种必要的手段。但是，运用惩罚的最终目的是通过惩罚使职工认识到自己的问题行为的严重后果，使其不再发生类似的行为。在对待问题行为时，事先提醒，尽量慎重使用惩罚手段。惩罚作为一种辅助手段，必须与其他方法相配合，才能收到好的效果。

4. 讲究批评艺术，提高批评的效能

批评是管理者对犯有错误的职工的一种警告、帮助和矫正的手段。为了使批评收到预期的效果，应特别注意批评的艺术。运用批评手段时，应注意以下几个问题。

（1）及时性。

对犯错误的职工要及时指出其错误并进行批评，防止矛盾双方对错误事实记忆上存在分歧而发生争执，迅速纠正错误以利工作的进行，不能“秋后算账”。

（2）场合性。

尽可能通过个别谈话或小范围的生活会进行批评，非十分必要时，一般不在大庭广众之中批评一个职工，以防止职工为“面子”而产生直接的抵触行为。

（3）针对性。

对错误的批评一般应“就事论事”，即批评的内容要具体、集中，不宜“新账老账一起算”，特别防止把主要的与次要的、现在的与过去的混合在一起，把犯错误者说得一无是处。另外，谁发生的问题就说谁的问题，不与别人比较，否则，一味地肯定他人，就容易引起问题者的反感。在气氛融洽时，也可以引导一下犯错误的职工向先进学习，但批评的目的首先是解决具体问题。

（4）适当性。

适当性是指批评到一定程度，对方开始考虑管理者的意见时，要适可而止，不要没完没了地批评，允许对方有思考的时间。适当性还包括要避开犯错误职工正在情绪激烈时进行批评，在情绪激烈时对他进行批评，可能引起不理智的行为而不能达到批评的目的。管理者不应计较职工的一时态度，应寻找职工比较冷静的时候给予适时、适当的批评。正确处理职工的问题行为，努力提高管理者自身的批评艺术，坚持正面教育为主，预防为主的方针，就会比较容易地创造和谐向上的群体气氛，减少问题行为的发生，促使后进职工向先进转化。尽可能地调动一切客运服务人员的积极性，这是客运管理中一项十分重要的任务，是提高管理效能的一个重要方面。

6.2.2.3 沟通的技巧

问题行为的产生，有许多方面是由于管理者与职工之间信息、感情等方面的沟通发生障碍所造成。组织内部的管理者，要作风民主，平易近人，善于倾听不同意见，鼓励下级成员大胆提出批评和建议，这样可以消除双方的紧张感和拘束感，形成轻松和谐的环境和氛围，也就可以避免问题行为的产生，即使问题行为产生了也可以有效地解决。以下是改善组织沟通的十项建议，对客运管理者不无借鉴作用。

（1）沟通前做好准备，预备可能发生的事件及其应变措施。

（2）认真考虑本次沟通的真正目的，选择适当的沟通语言和沟通方式。

（3）全面审查沟通的环境和氛围因素。

（4）沟通的信息内容准确客观。

（5）善于利用最有利的沟通时间。

（6）重视沟通中的“体态语言”。

（7）信息沟通发送者要言行一致，讲究信用。

（8）克服不良的聆听习惯，学会做一个“好听众”。

（9）重视沟通中信息接收者的反馈。

（10）正确运用语言文字，酌情使用图表、数据和实物资料以说服对方。

对问题行为的解决，依赖于多方面的条件。作为客运管理人员，可能只对其中的少部分条件有影响力。这样，领导者需要从实际出发，立足于关心人、尊重人、理解人的角度，以朋友的身份，用人格的魅力，采取适当的方法求得问题的解决。

6.2.3 知识拓展

行为风格自我测试

1. 测试说明

该测试是用来了解你在日常生活中通常中如何与别人相互交往，相互影响的。它的目的是帮助你准确地了解自己的风格。

对每一组的描述，你需要在 2 个选择（A 和 B）中比较他们之间的程度。然后按照下面“标记分数的说明”给每一项描述打分。（请注意：你的答案是基于你平时真正的行为表现，而不是基于你认为你应该有的表现，所以请根据生活中的真实情况来打分。）

2. 打分说明

（1）如果 A 项描述是你非常典型的特征，B 项描述完全不是你的典型特征，请在 A 旁边的横线上填写 3，在 B 旁边的横线上填写 0。

（2）如果相对而言，A 项描述比 B 项描述更符合你的特征，请在 A 旁边的横线上填写 2，在 B 旁边的横线上填写 1。

（3）如果相对而言，B 项描述比 A 项描述更符合你的特征，请在 B 旁边的横线上填写 2，在 A 旁边的横线上填写 1。

（4）如果 B 项描述是你非常典型的特征，A 项描述完全不是你的典型特征，请在 B 旁边的横线上填写 3，在 B 旁边的横线上填写 0。

（总之，AB 分数相加肯定是 3。）

3. 开始测试

1A____ 我通常都是坦诚地去了解别人，和他们建立关系；

1B____ 我通常不是坦诚地去了解别人，和他们建立关系；

2A____我的反应通常很缓慢，需要考虑一下才做出反应；

2B____ 我的反应通常很快速，我能自发地就做出反应；

3A____我通常不愿意别人占用我的时间；

3B____我通常愿意别人占用我的时间；

4A ____ 我通常在社交场合主动介绍自己；

4B ____我通常在社交场合等待别人来介绍他们自己；

5A____我通常将我的谈话集中在大家感兴趣的内容上，即使这意味着谈话偏离了手头的生意或主题；

5B____我通常将我的谈话集中在手头的工作任务、问题、生意上；

6A____我通常不是马上下结论，我对他人缓慢的步调非常耐心；

6B____我通常很果断，对缓慢的步调没有耐心；

7A____我通常依靠事实或证据来做决策；

7B____我通常依靠感情、经验和关系来做决策；

8A____我通常将时间和精力放在团体交流上；

8B____我通常不把时间和精力放在团体交流上；

9A____我通常喜欢和别人一起工作，并在可能的情况下提供支持；

9B____我通常喜欢独立工作或就别人如何介入规定条件；

10A____我通常试探性地或间接地提问或谈话；

10B____我通常进行有力的陈述或直接地表达意见；

11A____我通常主要关注想法、概念或结果；

11B____我通常主要关注人、相互关系和感情；

12A____我通常使用手势、面部表情和语调声调来强调重点；

12B____我通常不使用手势、面部表情和语调声调来强调重点；

13A____我通常能接受别人的观点（想法、感情和关心）；

13B____我通常不能接受别人的观点（想法、感情和关心）；

14A____我通常以小心翼翼的或预测性的眼光看待冒险和改变；

14B____我通常以动态的或不可预测性的眼光看待冒险和改变；

15A____我通常喜欢隐藏个人情感和思想，只有在愿意的情况下才会和别人分享；

15B____我通常发现和别人一起分享或讨论感情是很自然和容易的事情；

16A____我通常寻找出一种新的或不同的经验和状况；

16B____我通常选择自己知道的或相似的状况和关系；

17A____我通常对别人的事务、利益和关注点做出反应；

17B____我通常只关心自己的事务、利益和关注点；

18A____我通常缓慢地、间接地对冲突做出反应；

18B____我通常快速地、直接地对冲突做出反应。

4. 分数统计表格

在所有项目测试完成后，请对照下面的表格，将相对应的分数填入，最后统计每一列的总分。（请注意，有时候“A”答案先出现，有时候“B”答案先出现，请仔细核对。）

1A	1B	2B	2A
3B	3A	4A	4B
5A	5B	6B	6A
7B	7A	8A	8B
9A	9B	10B	10A
11B	11A	12A	12B
13A	13B	14B	14A
15B	15A	16A	16B
17A	17B	18B	18A
O（总计）	S（总计）	D（总计）	I（总计）

比较 O 和 S 的分数。哪一个更加高？将分数高的填写在下面的横线上，并且圈出相应的字母：O（开放的）S（自足的）。

比较 D 和 I 的分数。哪一个更加高？将分数高的填写在下面的横线上，并且圈出相应的字母：D（直接的）I（间接的）。

得出你的风格特征：O+D=社交型；O+I=关系型；S+D=指导型；S+I=思考型。

社交型　　　指导型　　　关系型　　　思考型

孔　雀　　　老　虎　　　考　拉　　　猫头鹰

6.2.4 相关案例

案例 6-3　成都铁路局原局长等多名铁路系统员工被处分

9 月 7 日，中国铁路总公司党组通报了对近期违反中央八项规定精神和廉洁从业规定的 13 名领导干部的处理情况。具体问题如下：

因违规发放奖金，给予时任成都铁路局局长（现任广州铁路集团公司总经理）武××党内严重警告、行政记大过处分，给予成都铁路局党委书记王××、成都铁路局总会计师赵×

××党内警告、行政记过处分，给予成都铁路局局长宋××通报批评，同时收缴上述人员违规领取的奖金。

因在举办会议及培训期间违规发放纪念品，违规发放奖金，违规收受礼物，给予成都铁路局工会主席周××撤销成都铁路局党委委员和工会党组书记职务处分，由副局级降为正处级，按程序免去其工会主席职务。

因在举办活动期间违规发放纪念品；巧立名目滥发奖金，给予兰州铁路局工会主席刘××党内严重警告处分。

因违反规定规避招标，指定施工、设计单位；利用职务便利，量身定制招聘条件，将其一名亲属和一名持有假学历的人员违规录用为铁路职工，给予沈阳铁路局副局长徐××党内严重警告、行政记大过处分。

因违规收取并支配技术咨询费，索要购物卡，给予成昆铁路有限责任公司董事、副总经理赵××留党察看两年、行政撤职处分，由副局级降为副处级。

因违规多占住房，其亲属投资入股的公司在本人分管业务范围内从事经营活动，给予北京铁路局常务副局长朱××党内严重警告、行政记过处分，并责令其退出违规多占的住房。

因履行全面从严治党主体责任不到位，对违纪违规问题查处不严，对北京铁路局党风廉政建设存在的问题负有主要领导责任，给予北京铁路局党委书记崔××党内警告处分。

因在已有住房的情况下仍长期占用单位周转房，给予南昌铁路局党委书记王××，九景衢铁路江西有限责任公司董事长、总经理、南昌铁路局副局长王××，南昌铁路局副局长刘××党内警告处分。

通报要求，中秋、国庆临近，全路各级党政和纪检监察组织要认真履行全面从严治党主体责任和监督责任，以严查公款送月饼节礼、公款旅游、违规公款吃喝、违规发放津贴福利等问题为重点，严格执纪，并对顶风违纪的党员干部所在的党组织和领导干部进行责任追究。

（资料来源：中国纪检监察报）

案例 6-4　铁路员工持“内部票”违规乘高铁、殴打乘务员

2015 年 7 月 31 日，贵阳北开往南京南的 G1322 次高铁上，多名自称铁路工作人员的男子（邵阳至娄底路段的铁路工作人员）欲无票搭乘高铁一等座，在被乘务员检查工作证并要求补票时，出手殴打乘务员以及上前说理的乘客。

目击者高先生说，事发前女乘务员要求对方出示工作证，在查验确认对方为铁路工作人员后，乘务员要求其移至一等座与二等座连接的车厢处或补票进入一等座，但其中 2 人态度蛮横，1 人动手打人。

娄底南站负责人告诉澎湃新闻，上述铁路工作人员不属于无票乘坐，他们有铁路部门开具的通行票；根据内部规定，持通行票乘坐高铁只能冲抵二等座或站票，因此工作人员的行为违反了相关规定；事发后已就此事向上级长沙站进行了汇报，也已派出一名班组组长到南

京铁路分局进行了沟通，现在还在等待被打女乘务员的意见和态度。

8 月 4 日晚，不愿具名的铁路知情人士向澎湃新闻表示，当天一共有 8 名铁路工作人员上了事发高铁，其中 2 人看到一等座车厢有空位去坐。爆发冲突的主要是其中 1 人，冲突后在其他车厢的同行人员赶到。这名知情人士说，冲突的导火索是因女乘务员交还乘车铁路工作人员工作证时，证件掉落地上，这激怒了乘车的铁路工作人员。

广铁集团长沙车站的通报显示：2015 年 7 月 31 日，邵阳北站 8 名铁路职工下班后，乘坐 G1322 次列车回娄底南站居住地（两车站间有 16 分钟路程）。上车后因列车其他车厢满员，其中 2 名职工遂坐在 1 号车厢（一等座）仅空余的 2 个座位。列车员查验车票过程中，双方起纠纷并发生肢体冲突。

通报称，针对此次职工违反规定越席乘车（铁路沿线上下班职工乘车只能坐二等座）事件，铁路主管部门决定，给予违纪铁路职工行政记大过处分，离岗培训一年；给予邵阳北站站长行政记过处分。同时，对全体职工进行纪律教育和整顿，对违反乘车规定的行为严肃查处，杜绝违纪事件再次发生。

（资料来源：澎湃新闻）

项目训练

铁路职工问题行为的处理。

【训练目的】

通过模拟演练，从而学习作为客运服务人员哪些行为是问题行为，作为管理人员该如何处理问题职工。

【训练内容】

如果你是管理人员，下列情况该如何处理？

情境一：长沙站一名铁路职工欲强行坐硬卧，与 K110 次列车乘务员发生口头争执，列车长进行劝阻，结果被该名铁路职工一拳打出了鼻血。

情境二：一位旅客到某地火车站售票窗口准备买一张去深圳的火车票，售票员告知去深圳的票没有了。旅客说，那显示屏上不是有票吗？售票员随口就说，那你就到显示屏上去买吧！一句话就把旅客噎回去了。结果，这位旅客就向有关部门发了一封投诉信。

【考核标准】

全班学生都积极参与讨论，各自选角色扮演，允许分组讨论，再学生单独发言，阐述个人看法，其余学生也可补充完善，积极提问，营造寓教于乐的讨论氛围，不允许批评和嘲笑。最后教师评分，评分为百分制（10 分一个等级，如 100，90，80……）。

表 6-2 项目训练评分表

序号	项　目	权重/%	得　分
1	表演是否形象、准确	30	
2	表达是否清晰、扼要	30	
3	观点是否正确	20	
4	参与是否积极主动	10	
5	学生态度是否谦逊	10	
合　计			

复习思考题

1. 哪些行为属于问题行为？请举例说明。
2. 论述问题行为产生的原因。
3. 问题行为的处理原则有哪些？
4. 运用批评手段时应该注意哪些问题？

7 群体心理

群体规范是群体成员共同的行为准则，群体压力是群体成员形成难以违抗的心理约束。群体凝聚力和士气是群体实现目标不可缺少的条件，群体凝聚力越高，其成员的工作效率越高，也就越有利于群体目标的实现；高昂的士气是增强企业活力和内部团结的一个重要心理因素。群体竞争是企业发展的动力，如果企业内不存在竞争，就谈不上发展和创造。恰当的群体冲突有利于克服群体内的自满情绪，从而保证群体高绩效的运行。

7.1 群体动力

7.1.1 群　体

7.1.1.1 群体定义

日常生活中，同一个电影院中的观众、同一架飞机上的乘客构成一个群体吗？群体是否就是一群具有共同目标且一致遵守的个体？社会心理学家正是在思考上述问题的基础上，确定了一些基本特征后对群体进行了科学的界定。

肖（Shaw，1981）认为，群体由两个或更多相互作用和相互影响的个体所组成。他指出，所有的群体都有一个共同的特征，即群体成员间有着彼此的互动，而且群体的存在是有原因的。例如，为了满足某种需要，提供信息或者实现统一的目标等。可见，按照肖的定义，同一电影院的观众、同一架飞机的乘客仅能说是一个集合体，而不是一个真实的、互动的群体。

贝克（Back，1977）认为，对群体概念的理解，关键是它的所有成员彼此之间必须有一种可观察到的和有意义的联系方式；个体间的互动使人们成为一个群体，并为一个共同目标而努力奋斗。越来越多的研究者认为，群体是所有上述含义或是具有更多含义的一种混合体。还有人认为群体是一群以某种方式紧密相连的人。巴伦等人（2003）认为群体是通过某种纽带联系在一起，并具有不同程度内聚力的一群人。

7.1.1.2 群体特征

（1）各成员之间具有共同的群体目标与利益。任何一个群体必须具有群体目标（group aim），群体内有相互协作与配合的组织保证，群体内每一个成员有着共同的兴趣，并为实现群体目标而做出自己的努力。通常，群体的目标是单个个体无法独自实现的。

（2）各个成员都具有群体意识（group consciousness）。群体中每个成个成员都意识到自己是群体的一员，意识到其他成员的存在，并与他们相互影响，建立起相互依存的关系与情感，群体成员之间经常进行必要的交流与沟通。群体的成员资格有助于建立积极的社会认同，有利于形成一体化的自我感觉。几个人或更多人集合在一起，若彼此在心理上没有多大联系，那么这几个人就称不上是群体，只能把这几个人说成是一堆人或一群人。

（3）各成员之间能够密切协作和配合：即群体内部要有群体分工，有一定的组织结构。群体中的每一个成员都在群体内占有一定的地位，扮演一定的角色，执行一定的任务，有一定的权利和义务，即群体分工（group division）。例如，一个公司群体有董事长、总经理、供销、技术、宣传等分工，做到各司其职。

（4）群体要满足各成员的归属感需要。这是个体自觉归属于所属群体的一种情感，在心理上有依存关系和共同感。有了这种情感，个体就会以这个群体的目标为准则，进行自己的活动、认知和评价，自觉地维护群体的利益，并与群体内其他成员在情感上产生共鸣。

7.1.1.3 群体的作用方式

群体究竟是怎样影响其成员的？这涉及群体的作用方式。我们从群体本身的角色、地位、规范及凝聚力四个方面进行研究。

1. 群体角色

群体角色主要指群体内的职能差异。在一个群体中，并不是所有的人都做同样的事情，起着相同的作用；而是不同的人完成不同的任务，扮演不同的角色。无论角色是如何获得的，人们都倾向于使之内化，并把所扮演的角色与自我概念相联系，无论他或她是否在该群体内，都会在行为中体现角色的期望和特征。

2. 群体地位

群体地位主要指群体中的位置和等级。在一个学校中，当校长走进教室，学生都会起立，直到他入座，学生才坐下。为什么会这样？其中一个解释就是群体中存在着地位差异。地位不同，他们的权利也不相同。个体在群体中的地位对个体的影响很大，所以人们往往对它极其敏感，拥有较高地位就意味着拥有更多权利。主张进化论的心理学家普遍认为，在生存和繁衍上，地位高的人比地位低的人更容易获得食物或配偶。简言之，地位实际上是群体给成员的一种奖励，也是群体影响的一种表现。

3. 群体规范

群体对个体施加影响的第三个因素是群体规范，这些规范告诉成员如何行事。遵守这些规范往往是获得在群体中的地位和其他利益的必要条件。

4. 群体凝聚力

凝聚力不同，群体对成员心理与行为的影响力也不相同。凝聚力高的群体对个体的影响更大。

总之，群体的角色、地位、规范和凝聚力四个要素一起发挥作用，共同决定了群体成员的各种心理与行为。

7.1.1.4　群体类型

群体是多种多样的。每种群体的性质、结构、作用和活动方式各不相同。根据群体的目的、联系的机制、影响群体成员的方式、群体成员间的交往特点等，可以对群体进行不同的分类。

1. 正式群体与非正式群体

根据群体内各成员相互作用的目的和性质，可以把群体分为正式群体和非正式群体，这种划分最早由心理学家梅约（E. Mayo，1931）在霍桑实验中提出。

正式群体（formal group）是指根据成员编制、章程或其他正式文件而建立的群体。正式群体结构明确，它们规定好成员的地位和角色，明确提出各成员的权利和义务，并具有良好的群体规范，有清晰的信息沟通路线和权力控制机制，所要完成的任务也有详细的规定。政府、企业、工厂、学校班级等都是正式群体。

非正式群体（informal group）是指那些无正式规定的、自发形成的、成员的地位和角色以及权利和义务都不明确、也无固定编制的群体，它主要用于满足人们某种生活需要，并且带有明显的情感色彩，即以个人的好感为基础。形成非正式群体的原因有三个：一是某种利益或观点的一致性；二是由于有共同的价值观和共同的兴趣、爱好；三是由于有相似的生活经历或背景，如集邮爱好者、自发的钓鱼队、旅游同伴、同学会同乡会等。由于非正式群体以情感为纽带，以兴趣爱好为基础，所以有着较强的内聚力和对成员的吸引力。

社会心理学研究与生活实践表明，在正式群体中总会存在着各种非正式群体（陈景春，2002），非正式群体在一定程度上会影响正式群体，其影响可能是积极的，也可能是消极的。如果非正式群体本身具有很强的凝聚力，就能促进正式群体的巩固。当正式群体的目标和规范与其成员的个人需要不一致时，两个群体就会发生冲突，成为正式群体发挥作用的障碍。

2. 大型群体与小型群体

根据群体的规模和沟通方式，可把群体分为大型群体与小型群体。这样的划分界限比较模糊，因为群体的大小是相对的。但是，从心理学角度，群体大小规模的划分是有标准的，即群体成员是否处于面对面的联系和接触情境中。

大型群体（large group）指群体成员人数众多以间接方式取得联系的群体，如通过群体的共同目标、通过各层组织机构等，使成员建立间接的联系。大型群体还可以进一步分为不同形式、不同层次的群体。如可分为乡镇、街道、居民村等群体；也可分为社会职业群体或人口群体等；还可以分为政治群体、工作群体、娱乐群体等。这些大型群体没有直接的社会交往和社会互动，都可以作为社会心理学的专门研究对象，但更多的时候是作为社会学的研究对象。

小型群体（small group）指相对稳定、人数不多、为共同目标而结合起来的、各个成员直接接触的联合体。它有共同的目标，全体成员为此目标做共同努力。小型群体成员问相互熟悉，往往面对面交往沟通，心理感受也较明显。其规模不能少于 2 人，但一般也不超过 30 人。夫妻、家庭、亲戚和小组、班级等都可以视为小型群体。一个人可以承担不同的社会角色，也可以同时作为几个小型群体的成员，可根据自己的愿望与需要与他人直接交往。在人数较多的小群体中，由于各种原因，某些人的交往活动较多，沟通较频繁，交往更加带有亲密的性质，可以称为“小集团”。“小集团”人数不多，一般为 2 ~ 7 人。“小集团”可能是一个正式群体也可能是非正式群体，同时还属于某个小群体。

3. 成员群体与参照群体

按照群体成员对于该群体的心理向往程度，可以把群体划分为成员群体和参照群体。

成员群体又称隶属群体，是指个体为其正式成员的群体，如个人所在球队、小组、班级、学校、学区等。

所谓参照群体（reference group）是指个体自觉接受其规范和准则，并以此来指导自己行为的群体，是人们心仪的群体，它的价值和规范体系常常是个人的目标或标准。也称为榜样群体，如先进班级、优秀球队等。参照群体对于群体成员可能有积极影响，也可能有消极影响。在一个人的心目中，常常会出现两个或更多的参照群体。如果这些参照群体的规范、准则及目标是一致的，那么，对个体会起到增强行为动机的作用，以及良好的示范作用；反之，则会引起个体内心的动机冲突和斗争。

现实生活中，有些青少年表现出越轨行为或犯罪行为，其原因就是他们把犯罪团伙当作自己的参照群体，将他们的行为规范和准则当作自己的行为标准。因此，人们要加强对参照群体的研究，以便探明个人内心的参照群体，使正确健康的群体规范转化为个人的行为标准。

7.1.2 群体动力概述

群体规范给成员形成的压力可以转化为群体动力的重要来源，群体凝聚力和高昂的士气是推动群体发展的不可缺少的条件，群体竞争和冲突从某种意义上说，是有利于企业实现目标的积极因素。

7.1.2.1 群体规范与压力

1. 群体规范

群体规范是群体成员共同建立的行为标准，每个群体都存在其成员应共同遵循的规范，这些规范有成文的，也有不成文的，具有推动符合群体要求的行为和阻止不符合群体要求的行为的力量。因此，对旅客运输企业来说，建立起适合于企业的群体规范，对实现企业的目标有极其重要的意义。群体规范的形成与建立，主要受以下因素的影响：

（1）群体构成。群体有同质群体与异质群体之分，同质群体因为有相同的利益、爱好和目标，容易形成群体规范；相比之下，异质群体由于在以上各方面少有共同之处，不易确认群体规范。

（2）物理环境。如果群体的工作条件相同，工作地点相近，环境相似，则容易形成群体规范；若群体的工作条件不同，工作地点相距甚远，环境也不同，则难以形成群体规范。

（3）群体成员的个体特征。群体成员的知识层次越高，就越难以形成和建立共同遵循的群体规范，因为知识层次高的人，更倾向于把自己看作具有独特价值观、人格和动机的个体，他们更强调自己个性的发挥，而不愿意受规范的约束。

企业在标准规范建设过程中，应包括以下基本内容：员工手册；各部门、各岗位、各项操作的服务程序与标准；企业管理制度；干部评审、考核与任免制度；奖惩制度；培训制度；质量管理制度；成本管理制度；利益分配制度等。

在建立群体规范的过程中，应注意以下问题：

（1）群体成员的参与性。在建立群体规范的过程中，吸收群体成员的广泛参与，这样在执行规范的过程中容易得到群体成员的普遍认同，从而有利于规范的执行。

（2）群体规范的科学性。群体规范作为群体成员遵循的共同的行动指南，直接影响到企业目标的实现，因此，在规范制定过程中必须把握规范的科学性。

（3）群体规范的可操作性。在制定群体规范时应注意规范的可操作性，这是因为群体规范是用以约束群体成员的行为准则，如果不具备可操作性，规范将形同虚设，失去了其原有的意义。

2. 群体压力

群体压力是指群体规范对其成员所具有的无形的约束力，这种约束力使得个体成员在心理上很难违抗，从而产生一种紧张甚至恐惧的心理状态。一般说来，在群体压力下，人们往往容易产生社会从众行为、社会顺从行为、社会标准化倾向和社会助长作用。其中，社会从众行为指个人在群体中的行为表现，往往受到群体的无形压力，而且在认识倾向与行为方式上与群体中的多数趋于一致；社会顺从行为则是在思想上保留自己的观点，而又不在行动上违背群众的意志；社会标准化倾向是指个体在群体环境中，易趋向于统一标准。

所谓社会助长作用是指个体独自做某一工作时，往往不如和一群人一起做同样的工作时的效率高，这种效率上的助长作用就称为社会助长作用。这主要是因为多数人在一起工作，可以减少单调的感觉，增加模仿的机会，增加竞争的倾向与动机，减少孤独造成的心理疲倦等。在群体环境中易产生竞争心理，提高工作效率。

任何群体都存在群体行为规范（包括成文和不成文的），这些行为规要求每个成员共同遵守，这是群体存在的基础，群体对所属的群体成员都具有一定的行为约束力，从而给群体成员造成心理压力。企业中同样也存在着群体压力，管理者应利用群体压力来做好管理工作，使全体员工朝着企业目标而共同努力。群体压力的运用有如下几个方面：

（1）理智压力，即以理服人，使成员明白在群体生活中该做什么和不该做什么。

（2）感情压力，即以情感人，深厚的真挚感情能打动人，促使其顺从群体。

（3）舆论压力，常言说“人言可畏”，群体的舆论对其成员易形成一种压力，正面的舆论能促使其成员坚持正确的行为，惩戒性的舆论使成员不敢再坚持错误的行为。

（4）心理隔离，即群体使用断绝其成员心理上的沟通和行为的接触，使之形影孤单，陷入完全被动的状态。

（5）强制压力，即采用强制手段，如惩罚、开除等。

有研究表明，压力与工作绩效呈明显的曲线关系。在压力小的情况下，职工可能认为没有挑战性，激不起职工的干劲，工作绩效达不到最高水平；当压力太大时，群体成员易产生焦虑的情绪，易限制职工的独创性和思维力，影响人的独创能力的发挥，使工作绩效水平下降。当然，同样的压力在不同成员身上也可能产生不同的结果，一般来说，对期望值高的职工，在压力面前会持一种积极态度，有激励感；对期望值低的职工，在压力面前会持消极态度，甚至会感到苦恼。因此，企业管理者应该针对不同员工的情况，采取不同的管理策略。

7.1.2.2　群体凝聚力与士气

1. 群体凝聚力

在这里，群体凝聚力既包括群体内部具有的使其成员不轻易脱离的吸引力，又包括成员与成员之间的吸引力，也就是说它含有“向心力”和“内部团结”的双重含义。群体凝聚力是实现群体目标不可缺少的条件，群体凝聚力越高，其成员的工作效率越高，也就越有利于群体目标的实现；反之，若群体缺乏凝聚力，成员工作效率低，则不利于群体目标的实现。因此，管理者必须采取积极措施，增强群体凝聚力。

影响群体凝聚力的因素有许多，其中主要因素有：

（1）群体目标。

群体目标是增强凝聚力的关键。企业如果有明确的目标，员工就有了努力的方向，企业就有“向心力”。员工有了共同的奋斗目标，就会团结协作，产生良好的人际关系，进一步加深感情，从而增强群体的凝聚力。

（2）群体的社会地位。

在社会经济生活中，社会地位越高的群体，吸引力越大，就越容易形成向心力；反之，群体的社会地位越低，吸引力越小，凝聚力就越小。

（3）群体的领导方式。

领导方式不同对群体所产生的内聚力是不同的。领导方式可以划分为“专制式”“民主式”和“放任式”，在这三种领导方式中，以“民主式”领导下的群体凝聚力最高。

（4）群体的沟通方式。

在群体内部，采用全方位沟通，凝聚力高；采用单向沟通，凝聚力低。只强调垂直等级管理的企业，员工怨气较大，人心不稳，凝聚力小。而同时辅以全方位沟通的企业（如实行管理者与员工谈心制度、接待日制度、民主生活会制度等），凝聚力较强。

（5）群体内部的奖励方式。

以群体为单位的奖励方式有助于增强群体的凝聚力。因为以群体为单位的奖励方式可以使成员们意识到个人的命运是与群体连在一起的，成绩的取得是靠大家共同努力的结果，而不是某个人的功劳，这样，有利于增强成员间的合作精神。

（6）群体的外部影响。

当群体受到外部压力时，凝聚力增强。如当企业经营出现重大危机时，管理者利用压力并且化危机为契机，使员工产生与企业共荣辱的情感，从而增强凝聚力，带领企业走出困境。

2. 群体士气

士气是企业组织中群体成员的工作精神状态与相互认同、相互协作的群体意识。一个企业士气高昂，成员之间团结、合作，必然工作效率高，从而能更有效地实现企业目标，可见，高昂的士气是增强企业活力和内部团结的一个重要心理因素。一个企业能否有效地实现自己的目标，在很大程度上取决于全体群体成员的士气。

一个士气高昂的群体通常具备七种特征：

（1）群体的动力是来自凝聚力而不是来自外部的压力。

（2）群体内人际关系状况良好，成员之间没有相互对立的倾向。

（3）群体能适应外部环境的变化，并能妥善处理内部的各种矛盾和冲突。

（4）群体成员之间有强烈的认同感。

（5）群体目标非常明确，群体的各个成员有相应的具体的奋斗目标。

（6）群体成员对群体目标认同，对领导者支持。

（7）群体成员承认群体的存在价值，并具有维护该群体继续存在的意向。

在企业管理中，管理者应意识到群体士气对企业目标的实现发挥着重要作用，要建立高效运转的企业，要激励士气，营造团结一致、共同奋斗的企业氛围，但是，需要注意的是高昂的士气是提高生产效率的必要条件，但不是全部条件，还要有对生产任务的高度关心，即只有将士气与同高度的生产性相结合，才能对提高生产效率、实现企业目标产生真正的价值和积极意义。因此，不要认为高士气必然有高效率。

7.1.2.3 群体竞争与冲突

1. 群体竞争

群体竞争是指群体成员为达到有限的目标，力求超过别人取得优势地位的心理状态。群体竞争是企业发展的动力，如果企业内不存在竞争，就谈不上发展和进步。

竞争取决于以下因素：

（1）资源稀缺程度。引起竞争的根本原因是资源短缺。在资源有限的条件下，如果一方得到资源就意味着另一方失去资源，这样就必然引起争夺资源的竞争。

（2）群体及成员的价值观。群体或个人只有当认为某种资源或某种目标对自己有重大价值，才会去为之奋斗，彼此之间就可能展开竞争，否则，竞争是毫无意义的。

（3）目标与现实的差距。目标与现实若差距很小，实现目标的可能性则很大，竞争难度就会太低；相反，目标与现实差距大，即有相当的难度，实现目标要付出极大的努力，就有可能会引起激烈的竞争。但如果差距大到高不可攀时，群体或个人很可能会放弃目标，竞争就难以发生。

企业内部的群体竞争是普遍存在的，管理者要善于利用和引导企业内部存在的竞争，对有利于企业发展的良性竞争进行保护，同时，要反对恶性竞争，以消除由竞争而带来的不利于内部团结的消极影响。群体竞争运用得当，会对有关群体的内部关系产生积极的影响，这主要表现在：

（1）公平竞争的结果会使企业内部冲突减少，成员之间更加团结。

（2）竞争可以使成员对群体目标有更清晰的认识，促使步调趋于一致。

（3）竞争会使成员对集体荣誉更加关心，工作更加积极主动。

（4）群体成员由于竞争上下一致、团结一心，使群体趋于高度组织化。

2. 群体冲突

群体冲突是指群体中人与人之间或群体与群体之间发生的分歧、争论和对抗。群体冲突的产生源于群体成员有各自的目标，而这些目标之间是互不相容或互相排斥的，从而导致群体成员在心理上或行为上的矛盾。冲突的产生不仅会使个人体验到一种过分紧张的情绪，而且还会干扰企业活动的正常进行，所以，旅游企业的管理者必须充分认识到群体冲突的存在以及它给管理工作带来的消极影响。

当然，从辩证的角度来看，群体冲突对企业的影响不一定都是消极的，在某些条件下甚至可能转化为好事，给企业的发展带来积极影响。群体冲突也可以从另一个角度说明群体成员的思想活跃，勇于创新。让群体保持在一个适宜的冲突水平上，会产生“鲶鱼效应”，从而有利于克服企业中所弥漫的骄傲自满情绪，促进企业的进一步发展。可见，群体冲突有时也是保证高绩效所需的动力。

群体冲突形成的原因主要有：

（1）沟通因素。如果在信息的交流与意见沟通过程中，某个环节出现了故障，会造成群体成员之间发生误解，造成冲突。

（2）结构因素。如果企业规模过于庞大，层次过多，结构太复杂，信息传递的渠道过长，那么信息在传递的过程中易被歪曲从而造成冲突。

（3）个人行为因素。群体成员虽然在同一企业内工作，外部环境有许多相似之处，但由于个体之间存在差异，会造成冲突。如独断专行的人爱扩大事态以攻击别人，自尊心强的人容易先发制人，他们都是为了“自我防卫”而主动与他人发生冲突。

群体冲突的存在，会给群体的发展带来负面影响。这主要体现在：一方面，群体冲突会对企业的形象造成不良影响；另一方面会影响企业职工工作绩效的提高。所以，鉴于群体冲突的负面影响，管理者应积极采取应对措施，将冲突消灭在萌芽状态，控制事态的发展，减少冲突的产生。

一般说来，减少冲突的策略有以下几种：

（1）设置超级目标。超级目标即高水平的目标，为防止冲突发生，管理者可以为职工设置超级目标，利用高水平的目标给冲突各方形成压力，使各方把精力集中到超级目标的实现上，化干戈为玉帛，携手共进，为目标的实现而共同努力。

（2）采取行政手段。将冲突双方调离原工作岗位，使双方保持一定的物理距离，这样有利于使彼此在情绪上冷静下来，从而使冲突得以缓解，当然，这只是暂时的，问题的最终解决还需要耐心细致的工作。

（3）采用托马斯冲突处理模式。心理学家托马斯通过调查研究提出了在特定的情况之下处理冲突的最佳方式选择，见表 7-1。

表 7-1 处理冲突的 5 种方式及应用

冲突的处理方式	合适的情况
强　　制	1. 当情况紧急，要采取决定性行动时； 2. 在与企业的利益关系重大的问题上； 3. 在重要的纪律性问题上； 4. 当对方可以从非强制手段中获益时
解决问题	1. 当双方与利益都有重大关系时； 2. 当你的目标是向他人学习时； 3. 需要集思广益时； 4. 需要依赖他人时； 5. 出于感情关系的考虑时
妥　　协	1. 目标很重要，但不值得和对方闹翻时； 2. 当对方权力与自己相当时； 3. 使复杂的问题得到暂时的平息时； 4. 由于时间有限需要权宜之计时； 5. 当合作或竞争都未能成功时
回　　避	1. 在小事情上或面临更加重要的事情时； 2. 当认识到自己无法获益时； 3. 当付出的代价大于得到的报酬时； 4. 当其他人可以更有效地解决冲突时； 5. 当问题已经离题时
克　　制	1. 当发现自己错了时； 2. 当问题对于别人比自己更重要时，去满足他人，维持合作； 3. 为树立好的声誉时； 4. 当友好相处更重要时

这里的强制是指不合作而且非常武断；回避是指合作与武断程度都很低，对一切缺少兴趣；妥协是指两个都取中间状态，是一种权宜的解决办法；克制是指合作程度高而武断

程度低，有牺牲自己利益去满足他人利益的精神，解决问题是指通过坦诚的交谈，决定共享资源。

7.1.3 知识拓展

群体极化

群体极化（group polarization），社会心理学术语，最早是由传媒学者詹姆斯·斯托纳于1961年发现群体讨论时的现象而提出。在一个组织群体中，个人决策因为受到群体的影响，容易做出比独自一个人决策时，更极端的决定，这个社会现象，被称为“群体极化”。

1. 定　义

群体极化是指群体成员中原有的某种倾向性得到加强，使一种观点或态度从原来的群体平均水平，加强到具有支配性地位的现象。根据这种理论，原来群体支持的意见，讨论后会变得更为支持；而原来群体反对的意见，讨论后反对的程度也会变得更强，最终使群体的意见出现极端化。群体极化的现象在日常生活中是普遍存在的。对大学生的研究表明，不同大学中的亚文化，会因为部分特征相同的同学之间的相互作用而显著加强，使学校之间的差异拉大。

2. 产生的原因

（1）责任分散决定是群体做出的，大家都有责任，每个成员的个人责任就相对减少，从而也减少因承担决策责任带来的恐惧感；

（2）社会规范的压力群体决策过程中，个人在提出意见时会评估他人对自己的评价，为维持与群体保持一致的形象，个体被迫屈从群体的压力而提出与群体一致的意见，或不提出反对意见。

3. 产生的现象

“群体极化”现象几乎可以说是无处不在，我们生活是在一个很大、很复杂的社会中，与社会联系得十分紧密，在做各种决策的时候无可避免地需要和别人探讨，寻求一致的意见或建议，从而达到最终的结果，这样子的例子可以说是不胜枚举。

在相亲节目中，一个男人上来，外形不错，谈吐还行，突然嘉宾扔出一句话，明显的质疑。接着，男人的噩运来了，所有女嘉宾开始揪住这点不放，批判、攻击、挑衅、打压，好像有人扔了一块砖，其他人就得齐心协力把他拍死，否则就是对民意的背叛。其实，男人真没那么差，不过是多说了一句话而已。

你刚看完一部电影，觉得还行，突然有人说，这片子太烂了！于是，你住了口。又有人说话了，特效也太差了，什么东西！接着，铺天盖地都是恶评，从导演，到演员，到音乐，到故事，简直难以置信的糟糕。你只能闭嘴，这会儿再去倒戈，非被口水淹死不可。其实，电影真没那么差，不过是一个人先打了差评而已。

4. 群体极化的意义

群体极化具有双重的意义。从积极的一面来看，它能促进群体意见一致，增强群体凝聚力和群体行为。从消极的一面看，它能使错误的判断和决定更趋极端，群体极化似乎很容易在一个具有强烈群体意识的群体内产生，也许是在这样的群体中，其成员对群体意见常做出比实际情况更一致和极端的错误决定。

人们都习惯于用挑剔质疑的眼光来对待事物，而这个论调一旦确定，大家就会在这个方向上提供更多的论点，只有极小部分的论点会转向另一个方向。其结果，只会让最开始冒出的那个倾向更跨进一步。到最后，你发现其实结果很荒谬，但我们中的每一个人，在过程中都很自然地选择顺从。

此外，还有社会比较。人人都希望获得别人的认同，也习惯赞同别人，一旦团体成员听到别人相信什么，通常就会调整自己的立场以符合主流方向。持不同看法的人宁愿三缄其口，也不愿犯了众怒，赞同总是比反对更容易。

当然，极端未必是坏事，如果没有“群体极化”，许多重要的价值至今不会顺利实现。例如公民权运动、废奴运动和女权运动，都曾一度被视为极端而遭多方打压。但是，生活中，事实也很清楚，极端可能会伤害很多人，灭掉很多东西，有些时候，你跟着群体做出的决定，回到一个人的时候，会生出很多后悔。

5. 改善群体极化的措施

（1）坚持公平原则，认真听取每个成员的意见或建议，在每个人陈述完意见之前不做出评价。

（2）鼓励批评性评价，在别人的评论中看到自己的缺陷，从而更好地完善策划。

（3）可以将群体划分成几个小组，然后再重组在一起表达不同的意见，更容易选择出合理的方案。

（4）欢迎局外的专家和伙伴提出批评，局外人的头脑更为清晰（旁观者清），也更能够看出其中的缺失。

（5）在实施之前，召开被称为“第二次机会”的会议，容许更多的意见提出，给更多的成员发言权。

（6）生活并不是跷跷板，无论永远在高处，还是永远在低处，都不是最佳观测点。有些时候，往中间靠靠，才可能摸清全局，也看到退路。

7.1.4 相关案例

案例 7-1 两岁女孩发烧抽搐，铁路员工及广大旅客合力救助

1 月 27 日，北京西开往成都方向的 L91 次旅客列车上，铁路员工和广大旅客携手救助一名突发疾病的女童，女童最终转危为安，大家配合默契、救助场景令人感动。

L91 次旅客列车 4 点 48 分从北京西站开车。13 点，列车在鹤壁站开车后不久，小女孩的妈妈感觉刚刚两岁的女儿不像平时那么欢实了，她并没有在意。15 点 23 分，小女孩依偎在妈妈怀里突然抽搐起来，同行的奶奶、爸爸和姐姐、姐夫万分焦急。奶奶急得直掉眼泪。

得知该消息的列车安全员史天祥立即用随车电台通报给列车长张明、添乘干部李铁良、赵国臣。他们随即通知广播室广播寻找乘车旅客中的医护人员，向广大旅客寻求帮助，并迅速赶往事发地点：4 号车厢。

不到三分钟，列车长张明、添乘干部李铁良和赵国臣就赶到事发现场，他们边问询情况，边安排救助。列车员随即拿来体温表、毛巾、脸盆及降烧药品，开始为孩子量体温，发现孩子高烧 40 摄氏度后，他立即打来热水，用湿毛巾给孩子擦拭物理降温。

这时，在 14 号车厢乘车的中国红十字会医生周宇大汗淋漓地赶过来，4 号车厢的旅客自觉腾出空间围起一个临时诊所，周宇医生开始现场进行诊治，初步诊断为重感冒，在服下药后，小女孩开始安静下来，列车工作人员和小女孩的家人商量，并做好了在前方站停车送孩子去医院的准备。大家都不放心地围坐在四周，整个车厢异常地安静，大家心里都在祝福小女孩平安无事。

小女孩的体温慢慢降下来，39、38、37 摄氏度，一个多小时后，孩子闹着要吃饭，这时餐车送来了热腾腾的病号饭，围坐着的旅客们长出一口气，孩子平安无事了！

17 点 30 分，孩子一家顺利到达目的地——家乡平顶山车站。

当小女孩一家下车时，车厢里的旅客们都站起来，关切地目送一家六口，嘱咐的声音、道谢声不绝于耳，彼此传递着温馨的祝福和诚挚的谢意！

自 15 点 30 分开始两个小时内，列车上的旅客先后有八拨人赶往 4 号车厢送药，前后有近百人前往探望，4 号车厢洋溢着浓浓的亲情，这个场景令所有的列车工作人员都非常感动。

（资料来源：石家庄新闻网）

项目训练

旅客群体冲突的处理。

【训练目的】

进一步了解群体冲突产生的原因，掌握群体冲突的处理方法。为将来走上岗位打下坚实的理论与实践基础。

【训练内容】

如果你是该列车上的工作人员，面对情绪激动地旅客该怎么做？

情境一：6 月 8 日 7 点 20 分，昆明开往北京西的 K472 次列车运行到怀化至溆浦区间，因连续暴雨导致路基塌方，列车被迫在大江口站停车 7 个小时。

情境二：6 月 18 日晚 10 点，昆明开往上海南的 K182 次列车快要到达衡阳站时，12 号车厢照明突然出现故障，车厢里一片漆黑，原本就十分敏感的旅客们立即产生骚动。

【考核标准】

分组进行讨论。组员间充分讨论商讨出合理的解决方案。然后每组派一位成员上台阐述该组的观点，其他学生也可提出疑问。最后教师评分，评分为百分制（10 分一个等级，如 100，90，80……）。

表 7–2　项目训练评分表

序号	项　目	权重/%	得　分
1	解决方案是否合理、准确	30	
2	表达是否清晰、扼要	30	
3	参与是否积极主动	20	
4	学生态度是否谦逊	20	
合　计			

复习思考题

1. 在建立群体规范的过程中，应注意哪些问题？
2. 影响群体凝聚力的因素有哪些？
3. 群体压力的应用体现在哪几个方面？
4. 群体冲突形成的原因主要有哪些？

7.2　人际关系

7.2.1　人际关系测试

本测验共有 36 道题目。请你根据自己的实际情况，对其中的每一个问题做出回答。符合你的情况，则把该问题后面的“是”圈出来；不符合你的情况的，则把该问题后面的“否”圈出来。

1. 你平时是否关心自己的人缘？　是　否
2. 在食堂里你一般是独自吃饭吗？　是　否
3. 和一大群人在一起时，你是否会产生孤独感和失落感？　是　否
4. 你是否时常不经同意就使用他人的东西？　是　否
5. 当一件事没做好，你是否会埋怨合作者？　是　否
6. 当你的朋友有困难时，你是否时常发现他们不打算来求助你？　是　否

7. 假如你的朋友们跟你开玩笑过了头，你会不会板起脸，甚至反目？ 是 否
8. 在公共场合，你有把鞋子脱掉的习惯吗？ 是 否
9. 你认为在任何场合下都应该不隐瞒自己的观点吗？ 是 否
10. 当你的同事、同学或朋友取得进步或成功时，你是否真的为他们高兴？ 是 否
11. 你喜欢拿别人开玩笑吗？ 是 否
12. 和自己兴趣爱好不相同的人相处在一起时，你也不会感到兴味索然，无话可谈吗？ 是 否
13. 当你住在楼上时，你会往楼下倒水或丢纸屑吗？ 是 否
14. 你经常指出别人的不足，要求他们去改进吗？ 是 否
15. 当别人在融洽的交谈时，你会贸然打断他们吗？ 是 否
16. 你是否关心和常谈论别人的私事？ 是 否
17. 你善于和老年人谈他们关心的问题吗？ 是 否
18. 你讲话时常出现一些不文明的口头语吗？ 是 否
19. 你是否时而做出一些言而无信的事？ 是 否
20. 当有人与你交谈或对你讲解一些事情时，你是否时常觉得很难聚精会神的地下去？ 是 否
21. 当你处于一个新的集体中时，你会觉得交新朋友是一件容易的事吗？ 是 否
22. 你是一个愿意慷慨的招待同伴的人吗？ 是 否
23. 你向别人吐露自己的抱负、挫折以及个人的种种事情吗？ 是 否
24. 告诉别人一件事情时，你是否试图把事情的细节都交代得很清楚？ 是 否
25. 遇到不顺心的事，你会精神沮丧、意志消沉，或把气出在家里人、朋友、同事身上吗？ 是 否
26. 你是否经常不经思索就随便发表意见？ 是 否
27. 你是否注意赴约前不吃大蒜、大葱，以及防止身带酒气？ 是 否
28. 你是否经常发牢骚？ 是 否
29. 在公共场合，你会很随便地喊别人的绰号吗？ 是 否
30. 你关心报纸、电视等信息渠道的社会新闻吗？ 是 否
31. 当你发觉自己无意中做错了事或损害了别人，你是否会很快承认错误或做出道歉？ 是 否
32. 有闲暇时，你是否喜欢跟人聊聊天？ 是 否
33. 你跟别人约会时，是否常让别人等你？ 是 否
34. 你是否有时会与别人谈论一些自己感兴趣的话题？ 是 否
35. 你有逗乐儿童的小手法吗？ 是 否
36. 你平时告诫自己不要说虚情假意的话吗？ 是 否

计分与评价：

请把你的答案和下面的答案逐个对照：

1. 是 2. 否 3. 否 4. 否 5. 否 6. 否 7. 否 8. 否 9. 否 10. 是 11. 否 12. 是 13. 否 14. 否 15. 否 16. 否 17. 是 18. 否 19. 否 20. 否 21. 是 22. 是 23. 是 24. 否 25. 否 26. 否 27. 是 28. 否 29. 否 30. 是 31. 是 32. 是 33. 是 34. 否 35. 是 36. 是

如果某题你圈的答案与上面所列的这道题的答案相同，就得 1 分，如果不相同，就不得分，把全部得分加起来。得分越高，表示你的人际关系越好，最高得分为 36 分。

7.2.2 人际关系概述

群体生活中的每一个人都不是孤立存在的，总要和群体中的其他成员发生这样或那样的联系，也就是说，群体中的每个成员都会结成某种关系，由此而成为某种社会关系的节点，这种人与人之间的关系就是人际关系。

人际关系的状况，对铁路旅客运输企业员工的积极性的发挥和工作效率的提高有着重要的影响。如果人际关系状况良好，员工之间感情融洽，职工的士气高涨，凝聚力就会增强；反之，如果人际关系状况较差，员工之间常发生摩擦，则会降低工作效率，削弱企业的凝聚力。

7.2.2.1 人际关系类型和要素

人们在心理上相互交往的关系，即在社会活动过程中所形成建立在个人情感基础上的联系就是人际关系。这是个体或团体彼此寻求满足需要的心理状态。它是社会关系的范畴，包含着认知、情感和行为这三个互相联系的重要成分，是人们进行社会交往的基础。

铁路旅客运输企业的职工要与各种客人打交道，一方面，企业内部的人际关系状况对于工作效率有极大的影响，直接关系到企业目标能否实现；另一方面，与顾客之间的关系处理是否得当关系到企业的成败。因此，企业管理者应该重视和加强对人际关系的研究。

1. 人际关系类型

由于人们社会活动的复杂性和人们交往行为的多样性，人际关系也呈现出多样性，心理学家雷维奇把这种关系归纳为如下 8 种类型：

（1）主从型：一方处于主要支配地位，另一方处于被支配或服从地位。

（2）合作型：双方有共同的目标，他们配合默契，互相忍耐让步，有分歧时能相互谦让。

（3）竞争型：这是种令人兴奋而又使人精疲力竭的不安定的关系，优点是有生气、有活力，缺点是由于长时间竞争，容易令人精疲力竭。

（4）主从-竞争型：属于一种难以相处的人际关系，双方在相互作用时，有时呈现为主从类型的人际关系，有时为竞争型的人际关系，这种不断的变化使双方不安宁，无所适从，这种关系常常是在忍无可忍时不得不中断联系。

（5）主从-合作型：是一种互补和对称的混合型人际关系，双方能和谐共处，合作因素超过主从因素时，双方更显融洽。

（6）竞争-合作型：是一种自相矛盾的混合型人际关系，维持这种关系需要有一定的距离以避免双方过于频繁的互动。

（7）主从-合作-竞争型：属一种混合型人际关系，往往陷入困境，冲突较其他类型的关系要多。

（8）无规则型：此种类型所占比例小，属这种关系的双方毫无组织能力，只需施加一点外力，就会转变成其他类型的人。

另外，心理学家舒兹以人际关系反映倾向的角度研究了以下几种人际关系类型，见表 7-3。

表 7–3　人际关系类型

需求种类	主动型	被动型
包容需求	主动与人交往	期待别人接纳自己
控制需求	支配他人	期待别人支配自己
感情需求	对别人表示亲热	期待别人对自己表示亲热

2. 人际关系的构成要素

人际关系的构成要素如下：

（1）方对关系。每一种关系的存在都要有两个节点，也就是说人际关系的发生，至少需要由两个方面的人联结成对，才能发生关系，这就是方对关系。

（2）联系媒介。方对之间的彼此联系，必须要通过一定的桥梁，即通过中间媒介，这就是联系媒介。

（3）交往方式。人们在相互交往中，要采取一定的形式，这就是交往方式。

方对关系、联系媒介、交往方式是构成人际关系的三要素。在这三个要素中，方对关系是人际关系的基础，联系媒介是人际关系的桥梁，交往方式是人际关系的形式，三者互相结合才能形成关系。

7.2.2.2　人际关系的形成过程和条件

1. 人际关系的形成过程

良好的人际关系是在人际交往过程中建立和发展起来的。人际关系的形成过程一般要经历以下 4 个阶段：

（1）定向阶段。

这是良好的人际关系形成的最初阶段。在人际关系的初期，人们总是依据自己的意愿、审美观、价值观选择对自己最具吸引力的交往对象，并注意搜集对方的信息，以求深入地了解对方。同时，人们还尽可能地展示自己，以求给对方一个良好的最初印象。

（2）探索情感交换阶段。

在搜寻对方信息的基础上，人们会有进一步向对方表露自己的思想情感的倾向，或扩展新的领域、增加新的内容，以探寻对方的情感倾向，此时，若对方也有继续交往的倾向，则会进入情感交换的阶段。反之，两者将不会建立人际关系。

（3）情感交换阶段。

这是人际关系建立的关键阶段。人际关系能否建立，关键取决于情感这个联系纽带。在这个阶段，双方进一步向对方袒露自己的思想情感。

（4）稳定情感交换阶段。

经过前三个阶段的交往接触，双方已形成良好的稳定情感，距离已达到相当接近和十分密切的程度，至此，良好的人际关系便告形成。

总之，在人际关系的形成过程中，情感程度是逐步上升的，前一阶段是后一阶段的基础，后一阶段是前一阶段发展的结果。在人际关系形成过程中，无论哪一个阶段出现障碍，都将意味着交往的中断或破裂，关系便不能建立和形成。

2. 人际关系形成的条件

良好的人际关系的建立，除思想倾向外，还必须具备个人吸引力和心理相容度两方面的因素。

个人吸引力对人际关系状况的影响非常重要，决定个人吸引力大小的因素主要有以下三种：

（1）人品。人品是个人吸引力大小的根本因素。人际关系中最受欢迎的人品是：诚恳、诚实、理解、忠诚、可信、可靠、聪明、幽默、体谅、热情等。

（2）仪表。仪表也是重要的吸引因素，尤其是在人际交往初期，人的容貌、体态、衣着和风度有不可忽视的作用，这是第一印象，又称首因效应，常常成为能否继续交往的基础。

（3）能力与专长。能力与专长是实践性和科学性因素，具有很强的影响力。能力强而且有专长的人，容易得到他人的信赖，能力强的人即使偶有小错也会让人喜欢，这就是能力吸引。

心理相容度是影响人际关系状况的另一重要因素。决定心理相容度的因素主要有以下三种：

（1）熟悉程度。越是相互熟悉，越可能建立较接近的人际关系。人们彼此之间交往频率越高，就越熟悉，也就越容易拥有共同的话题和情感，从而更容易建立起密切的关系。

（2）相似程度。人与人之间相似的因素越多（如年龄、经历、性格、长相、兴趣、态度、家庭社会背景、经济条件、职业、文化素质、宗教信仰、价值观念等），越容易沟通，也就是相似性吸引。

（3）需要的互补度。当某人的需要正好与对方的期望成互补关系时，彼此容易产生吸引力，结成良好的人际关系。

客运企业中成员之间的关系是各种各样的，但归纳起来无非是两种：即公务关系（正式关系）和私人关系（非正式关系）。企业中成员之间的这种关系构成了群体成员之间的关系系统。在此关系系统中，私人关系受公务关系的决定和支配，公务关系以私人关系为基础，两者互为补充、相互制约。私人关系不融洽、出现感情紧张和摩擦则难以保证公务关系的良性运行；而公务关系十分紧张的人，其相互之间的感情也不会和谐。因此，管理者要想在企业中建立融洽、和谐的人际关系，一定要协调好公务和私人之间的关系。

7.2.2.2 建立人际关系的途径

良好的人际关系有利于企业目标的实现，也有利于调动员工的积极性，发挥其主动性与创造性。因此，在群体中建立良好人际关系具有积极的意义。改善人际关系主要有以下 4 个途径：

1. 树立正确选择管理者的理念

思想作风、工作作风和生活作风过硬的领导，在工作中就能表现出高度的事业心、正确的权力观、实事求是的态度，就会主动关心职工冷暖、广泛联系群众。这些作风能够使集体气氛融洽、和谐，形成良好的人际关系，因此，必须正确选择管理者。

2. 情境因素是建立良好的人际关系的必备条件

管理者要有意识地利用组织的力量，创造适宜的群体气氛，如优美的工作环境，优越的工作条件，团结的集体，有竞争性的工作任务，和谐的上下级关系，适当的职工参与制，良好的意见沟通等，这些都能促进成员间的相互交往，建立良好的人际关系。

3. 建立合理的组织机构和采取必要的组织措施

科学合理的组织机构是组织完成其特定目标与任务的基础，只有组织内部分工合理，组织的整体目标与任务明确而具体，并逐层分解到岗位与个人，辅之以责任权利的机制，才能杜绝相互因责任不清而出现的推诿，甚至互相拆台等现象。可见，合理的组织机构设置是建立组织内良好人际关系的重要前提。

4. 提高群体成员的自我修养

良好的人际关系的建立与群体成员的自我修养是密不可分的。为了建立良好的人际关系，群体成员必须树立正确的世界观，正确地对待集体和他人之间的关系；另外，良好的性格能改善与增进人际关系。心胸开阔、性情开朗就有利于搞好人际关系，反之，心胸狭隘、自私、处处斤斤计较，就难被群体中其他成员所接纳。在与他人的交往中应遵守交互原则，宽容豁达，懂得尊重、理解、接纳与支持他人，持之以恒，以诚待人，并努力提高自身价值。为此，加强员工的自我修养，是搞好人际关系的一个很重要的方面。

7.2.3 知识拓展

人际关系三维理论

社会心理学家舒茨（W.Schutz）1958 年提出人际需要的三维理论，舒茨认为，每一个个体在人际互动过程中，都有三种基本的需要，即包容需要、支配需要和情感需要。这三种基本的人际需要决定了个体在人际交往中所采用的行为，以及如何描述、解释和预测他人行为。

三种基本需要的形成与个体的早期成长经验密切相关。

1. 包容需要

包容需要指个体想要与人接触、交往、隶属于某个群体，与他人建立并维持一种满意的相互关系的需要。在个体的成长过程中，若是社会交往的经历过少，父母与孩子之间缺乏正常的交往，儿童与同龄伙伴也缺乏适量的交往，那么，儿童的包容需要就没有得到满足，他们就会与他人形成否定的相互关系，产生焦虑，于是就倾向于形成低社会行为，在行为表现上倾向于内部言语，倾向于摆脱相互作用而与人保持距离，拒绝参加群体活动。如果个体在早期的成长经历中社会交往过多，包容需要得到了过分的满足的话，他们又会形成超社会行为，在人际交往中，会过分地寻求与人接触、寻求他人的注意，过分地热衷于参加群体活动。相反，如果个体在早期能够与父母或他人进行有效的适当的交往，他们就不会产生焦虑，他们就会形成理想的社会行为，这样的个体会依照具体的情境来决定自己的行为，决定自己是否应该参加或参与群体活动，形成适当的社会行为。

2. 支配需要

支配需要指个体控制别人或被别人控制的需要，是个体在权力关系上与他人建立或维持满意人际关系的需要。个体在早期生活经历中，若是成长于既有要求又有自由度的民主气氛环境里，个体就会形成既乐于顺从又可以支配的民主型行为倾向，他们能够顺利解决人际关系中与控制有关的问题，能够根据实际情况适当地确定自己的地位和权力范围。而如果个体早期生活在高度控制或控制不充分的情境里，他们就倾向于形成专制型的或是服从型的行为方式。专制型行为方式的个体，表现为倾 向于控制别人，但却绝对反对别人控制自己，他们喜欢拥有最高统治地位，喜欢为别人做出决定。服从型行为方式的个体，表现为过分顺从、依赖别人，完全拒绝支配 别人，不愿意对任何事情或他人负责任，在与他人进行交往时，这种人甘愿当配角。

3. 情感需要

情感需要指个体爱别人或被别人爱的需要，是个体在人际交往中建立并维持与他人亲密的情感联系的需要。当个体在早期经验中没有获得爱的满足时，个体就会倾向于形成低个人行为，他们表面上对人友好，但在个人的情感世界深处，却与他人保持距离，总是避免亲密的人际关系若个体在早期经历中，被过于溺爱，他就会形成 超个人行为，这些个体在行为表现上，强烈地寻求爱，并总是在任何方面都试图与他人建立和保持情感联系，过分希望自己与别人有亲密的关系而在早期生活中经历了适当的关心和爱的个体，则能形成理想的个人行为，他们总能适当地对待自己和他人，能适量地表现自己的情感和接受别人的情感，又不会产生爱的缺失感，他们自信自己会讨人喜爱，而且能够依据具体情况与别人保持一定的距离，也可以与他人建立亲密的关系。

舒茨的三维理论在解释群体形成与群体分解中提出群体整合原则，即群体形成的过程开始是包容，而后是控制，最后是情感。这种循环不断发生。群体分解的原则是反其序，先是感情不和，继而难于包容，最后失控，导致群体分解。

7.2.4 相关案例

案例 7-2 爱管“小事”的平凡人——济南西站日勤值班站长赵海洋

她叫赵海洋，她并没有做出过什么惊天动地的伟大贡献，也不是什么万人敬仰的优秀楷模，她只是济南西站一名普通的客运班组长，一个简单的人，坚守着自己的信念和责任。

火车站是一个城市的窗口，南来北往的旅客们有着各种各样的需求，如何为出门在外的旅客提供优质温暖的服务？自赵海洋第一天走上客运班组长的岗位，就开始思考这个问题。“窗口单位有它的特殊性，窗口单位的服务人员更要注意自己的一言一行，因为在外地人的眼中，我就代表着济南这个城市，而在外国人的眼中，我甚至代表着整个中国。”责任心、使命感，赵海洋用自己的行动诠释着“最美”这个词语的含义。

有一次，因为恶劣天气导致了列车大面积晚点，不安的旅客将她重重围住。一时间抱怨和责难几乎将她淹没。而她还是微笑着，用真诚而歉意的话语耐心的劝导和安抚着每一位旅客。嗓子说哑了，她的笑容还是那样的真诚；腿站酸了，她的身姿依旧如松般挺拔。真诚的努力打动了旅客，不懈的付出获得了理解，旅客们的不安和慌乱被顺利地化解，而她，却走向下一个需要她的地方。

“微笑至真至诚，服务尽善尽美”是她的服务理念，也是她一直以来对自己的要求。旅客们赞扬她热情细心，同事们钦佩她宠辱不惊，她微笑着：“这些都是小事情，本就应该这样做不是吗？”

赵海洋曾获全国总工会建功立业先进个人，山东省五四青年奖章，山东省杰出青年岗位能手，路局十大杰出青年，路局十佳三德先进个人等荣誉。

（资料来源：凤凰网山东）

案例 7-3 “高铁玫瑰”的春节

新年到来之际，在北京客运段京广高铁车队由北京西开往广州南的 G65 次列车上，列车长胡怡文带领班组的列车员们在车上为旅客纷纷送上祝福，把餐车装饰得年味十足，车窗上贴上大大的福字，餐车两边贴上贺岁的对联，猴子样式的小玩偶也挂了起来，把餐车装饰得像家一样温馨。

长大区间，列车长胡怡文在餐车为旅客们送上节日的祝福，还和旅客做起互动，组织了猜灯谜送小礼品的环节，换来了旅客的阵阵欢笑和掌声，乘务员为旅客送上了小礼品，赢得了旅客们的感动和对列车工作人员的认同，纷纷为高铁列车服务点赞，为新的一年服务旅客开了一个好兆头。

列车上由于正值春运期间，客流量较大，列车员对巡视车厢的力度也加强了许多，5 号车厢列车员李菲在值班的时候，发现一名行动不太方便的老人，在车厢内气喘吁吁地行走着。李菲见到，马上上前询问情况，帮助老人放好行李，并打来开水，介绍车厢内的设备设施。这时，列车长胡怡文也拿来了中国结挂在了两位老人的座椅上作为重点乘客，并代表广州三组全体工作人员给两位老人拜个晚年，一路上都悉心照料，到站前提前提醒老人做好下车准备，帮助拿行李下车，老人下车前连说谢谢。广州三组的服务和工作人员的悉心照料感动了两位老人，服务存在于一点一滴之中，并不是什么轰轰烈烈的大事，而是在无形无声中传递的社会正能量。

（资料来源：人民网）

项目训练

人生思考：怎样才能拥有和谐的人际关系？

【训练目的】

通过此故事引发人际关系的思考，让学生理解人际关系是一面镜子，你对镜子做出何种反应，镜子就会对你做出相同的反应，

【训练内容】

这个村子的人好相处吗？

一个农夫在村子外的农田耕种，这时来了一位外乡人，外乡人问农夫："这个村子的人好相处吗？"农夫问他："你以前居住的地方的人好相处吗？"外乡人回答："很不好相处，所以才决定搬到这里。"农夫说："你不要搬来，这里的人也不好相处。"外乡人离开了。

过了一会，又来了一个外乡人问农夫："这个村子的人好相处吗？"农夫问他："你以前居住的地方的人好相处吗？"外乡人回答："很好相处，我们亲如一家。因为生活的需要才决定搬到这里。"农夫说："你搬来住吧，这里的人很好相处。"外乡人高兴地搬进了这个村子。

对待两个相同的问题，农夫为何给出了迥然不同的答案？给出自己的解释。

【考核标准】

分组进行讨论。组员间充分讨论写出理由。然后每组派一位成员上台阐述该组的观点，其他同学也可提出疑问。最后教师评分，评分为百分制（10分一个等级，如100，90，80……）。

表 7-4　项目训练评分表

序号	项　目	权重/%	得　分
1	观点是否透彻、切中问题本质	30	
2	表达是否清晰、扼要	30	
3	参与是否积极主动	20	
4	思路是否清晰	20	
合　计			

复习思考题

1. 人际关系的构成要素有哪些?
2. 决定个人吸引力大小的因素主要有哪些?
3. 客运企业中成员之间的关系是怎样的?
4. 改善人际关系主要有哪几个途径?

7.3 意见沟通

7.3.1 沟通技巧测试

回答下列问题，测评你的沟通技巧。选择与你的经历最相近的答案，请尽量如实作答。如果你的回答是“从不”选 1，“总是”选 4，依此类推。把得分加起来，参考“分析”，评定你的沟通技巧。根据自己的回答找出你在哪些方面仍然需要改进。

选项：1 = 从不　2 = 有时　3 = 经常　4 = 总是

1. 我适时地把适当的信息传递给合适的人。	1	2	3	4
2. 在决定该如何沟通前，我认真思考信息内容。	1	2	3	4
3. 我表现出自信，讲话总是信心十足。	1	2	3	4
4. 我希望对方就我的沟通提供反馈。	1	2	3	4
5. 我注意聆听并在回答前检查我的理解是否正确。	1	2	3	4
6. 评价他人时，我努力排除各种个人成见。	1	2	3	4
7. 会见他人时，我态度积极、礼貌周到。	1	2	3	4
8. 我及时向他人提供他们需要与想要的信息。	1	2	3	4
9. 我利用单独会见检查员工的表现并辅导他们。	1	2	3	4
10. 我通过提问了解他人的想法以及他们的工作进展。	1	2	3	4
11. 我分发书面指示以提供关于某一任务的所有相关信息。	1	2	3	4
12. 我运用专业的电话技巧改进沟通。	1	2	3	4
13. 我通过所有可以利用的电子媒介进行沟通。	1	2	3	4
14. 我把写文章的规则应用到外部与内部沟通中去。	1	2	3	4
15. 会见、调查或做会议记录时，我使用有效的记录方法。	1	2	3	4
16. 写重要信件或文件时，在定稿前，我常征求可信赖的批评者的意见。	1	2	3	4
17. 我运用快速阅读技巧来提高工作效率。	1	2	3	4
18. 做演讲前，我认真准备并多次试讲，演讲取得了成功。	1	2	3	4
19. 进行内部培训时我发挥着明显的积极作用。	1	2	3	4

20. 我安排的大型会议已达到了专业水平。 1 2 3 4

21. 我用软性和硬性推销技巧说服他人接受我的观点。 1 2 3 4

22. 谈判前我已经对问题进行了深入研究，并熟知对方的需要。

1 2 3 4

23. 我写的报告结构合理，内容准确、简明、清晰。 1 2 3 4

24. 提出提议前我往往进行彻底的调查。 1 2 3 4

25. 我努力了解有关听众对组织的看法。 1 2 3 4

26. 我认真考虑技巧娴熟的顾问如何帮助我解决公关问题。 1 2 3 4

27. 我与记者及其他媒体工作人员进行有益的接触。 1 2 3 4

28. 我确保由合格的专业人员来完成设计之类的专门工作。 1 2 3 4

29. 我交给广告代理商的书面指示是以明确的商业目标为基础的。

1 2 3 4

30. 我把定期与员工沟通看作重要工作。 1 2 3 4

31. 我积极接收并回应来自员工和他人的反馈。 1 2 3 4

32. 我确定了沟通目标，并且不允许任何行为阻碍这一目标的实现。

1 2 3 4

解析：

32 ~ 64：您的沟通能力不佳。要倾听反馈，弥补不足，努力改变现状。

65 ~ 95：您在沟通方面表现一般。要针对弱点，努力提高。

96 ~ 128：您能极好地沟通。但要记住：沟通永无止境。

7.3.2 意见沟通

意见沟通是指人与人之间或群体与群体之间传达思想和交流情报、信息的过程。该过程由三个基本要素构成：一是意见或消息的发送者；二是意见或消息，即传递的内容；三是意见或消息的接收者。

对客运企业来说，意见沟通是非常重要的，它联结着企业的各个部门和员工，贯穿着企业每项活动的始终。企业对外可通过意见沟通获得有关外部环境各种变化的信息，对内可了解员工的需要、工作士气、各部门间的关系，改善本企业的人际关系等。

7.3.2.1 沟通类型

1. 以沟通媒介为标准，可将意见沟通分为书面沟通、口头沟通和非语言沟通

（1）书面沟通。

书面沟通是利用文字进行沟通，在客运企业内部，常用的书面沟通包括铁路电报、客运记录、通知、备忘录、简报、刊物、员工手册、便条等。书面沟通的优点是正式、信息清晰、准确、具有权威性，不容易在传递过程中被歪曲，可以使接受者反复阅读、永久保留。

（2）口头沟通。

口头沟通是借助口语进行的沟通。口头沟通的形式对内有会谈、正式或非正式的会议，授课、演讲以及电话等，对外有街头宣传、口头调查、商务谈判、新闻发布会等。这种沟通形式的优点是双向沟通，能够充分、迅速地交换意见，提高沟通效果。有亲切感，可以用表情、体态、语调等增加沟通效果，而不足之处是没有书面沟通准备得充分，也没有信息交流的记录，不利于保存。

（3）非语言信息沟通。

非语言信息沟通方式，是指用诸如动作、面部表情、说话声调、语气和身体姿势等来加强或渲染语言的效果。例如，一个作风果断的主管一面拍桌子，一面宣称从现在开始实施参与式管理，这样的方式强化了语言沟通的效果，起到相反的作用。

2. 以沟通方式为标准可以将意见沟通分为垂直沟通、平行沟通和斜向沟通

（1）垂直沟通可分为上行沟通和下行沟通两种。

上行沟通是指自下而上的沟通，下级向上级汇报工作、提出建议等。这种沟通有利于调动员工的积极性，但容易受到沟通环节上的主管人员的阻碍，他们把信息过滤并且不把所有信息，特别是不利的信息向上级传送。就控制的目的而言，客观地传送信息至关重要，因为这是上级人员掌握全面情况。做出符合实际的决策的前提。自下而上的信息沟通主要是启发式的，它通常存在于参与式的和民主的环境之中。有效地进行自下而上的信息沟通需要有一个使下属可以自由沟通的环境。组织气氛在很大程度上受上级管理部门的影响，因而，创造自下而上自由沟通环境的责任在很大程度上应由上层管理部门承担。

下行沟通是指自上而下的沟通，是信息从高层次成员朝低层次成员的流动。上级将企业的组织目标、管理政策、工作程序等向下级传达，这是企业中最常见的形式，但容易出现独裁主义。主管人员把组织目标、规章制度、工作程序等向下传达，这是保证组织工作进行的重要沟通形式。但是，信息向下属传送时可能遭遗漏或被曲解。因而，要知道接受者是否按照发送者的意图去理解信息，必须要有一个信息反馈系统。

（2）平行沟通。

平行沟通是指同级之间的沟通。这种横向的联系有利于消除部门间的隔阂，使企业形成一个整体。

（3）斜向沟通。

斜向沟通与部门沟通类似，不过这类沟通不是发生在同级别之间，而与其他部门不同职位的人进行的沟通。这种沟通方式用来加速信息的流动，促进理解，并为实现组织的目标而协调各方面的行动。

3. 以意见沟通的渠道划分，意见沟通可分为正式沟通与非正式沟通

（1）正式沟通。

正式沟通是利用组织规定的渠道进行信息传递和思想交流。这类沟通代表组织，比较慎重。如组织与其他组织之间的往来公函、洽商会谈等；如文件的传达、各项命令、定期会议、

上级的指示按组织系统逐级下达，或下级的情况逐级上报等。

正式沟通存在 5 种典型的沟通网络，即链式、圆周式、轮式、“Y”式和全通道式，如图 7-1 所示。

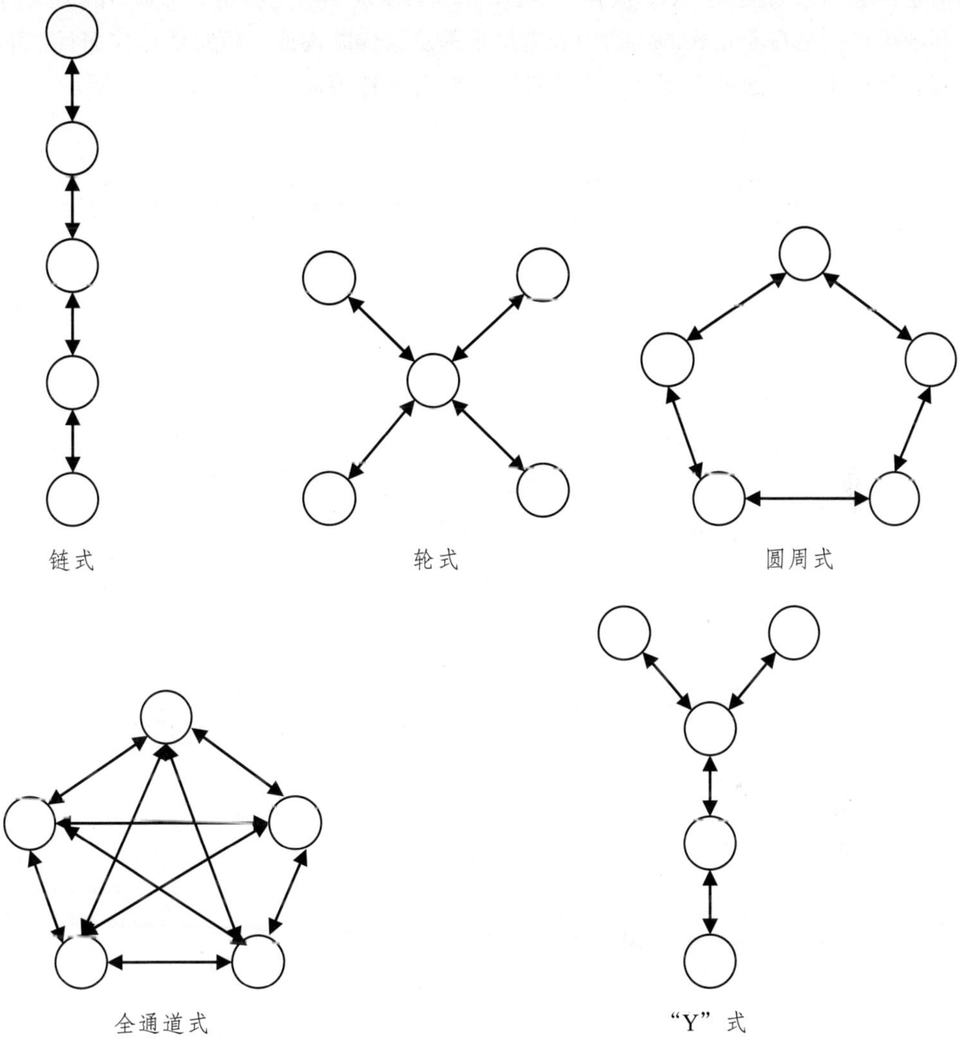

图 7–1 正式沟通的 5 种传播方式

链式沟通网络：管理者与部属间有中间管理者的纵向沟通网络。在这个网络中，意见和信息逐层传递，易造成信息失真。

圆周式沟通网络：不分上下的一个封闭式控制结构。这种结构有利于创造出一种高昂的士气，但不利于团体作业的组织化。

轮式沟通网络：一个主管直接管理部属的结构。这种沟通网络集中化程度高，解决问题速度快，但士气较低。

“Y”式沟通网络：兼有轮式和链式的优缺点。

全通道式沟通网络：在这一网络中，任何人都与其他人直接沟通。在全通道网络中，群体满意度很高，完成简单任务的绩效也高，但在完成复杂任务时费时较长，绩效只是中等。

（2）非正式沟通。

非正式沟通是在正式沟通渠道之外进行的信息传递或交流。包括所有正式沟通系统以外的信息传达和意见交流，如“流言”。现代管理中很重视研究非正式沟通，因为人们的真实思想和动机往往是在非正式的沟通中表露出来的。这样的沟通，信息传递快而且也不受限制，它起着补充正式沟通的作用。非正式沟通主要有 4 种传播方式，如图 7-2 所示。

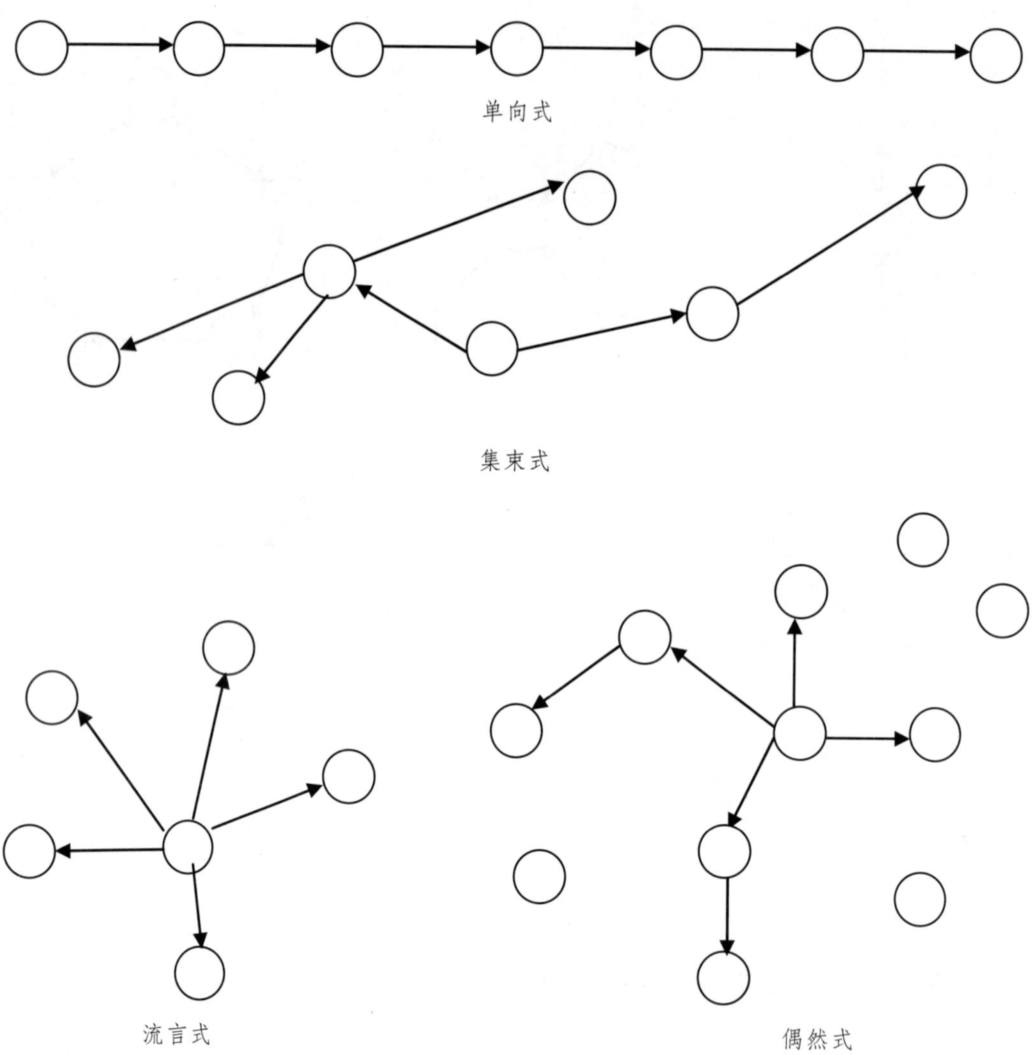

图 7–2　非正式沟通的 4 种传播方式

单向传播：该方式是通过一连串的传播人把小道消息传播给最终的接受集束式传播。这种传播方式一般只在特定的范围内流传，它只传给与传播者有密切关系的人。

流言式传播：这种方式是指一个人主动地把小道消息传播给其他人。

偶然式传播：这种方式是人们随机将小道消息传播出去，并无一定的路线。

4. 以沟通方向的可逆性划分，意见沟通可以分为单向沟通和双向沟通

单向沟通是指信息朝一个方向进行，信息发送者与信息接收者之间的角色不发生变化，例如：做报告、发指示、做讲演等。这种沟通的特点是速度快、秩序好、无反馈、无逆向沟通，但接受率低，接收者容易产生埋怨和抗拒。双向沟通是指信息发送者与信息接收者的角色不断发生转换，信息在两者之间反复变换传达方向，例如：交谈、会谈等。这种沟通的特点是气氛活跃、有反馈、接受率高，接受者能表达意见，人际关系融洽，但信息发送者感到心理压力较大，因为随时都会受到信息接收者的批评或挑剔。

从严格意义上讲，单向沟通并不是真正的沟通，而只是一方把信息告诉另一方。双向沟通才是真正的沟通，但是不能因此否定单向沟通。一般说来，例行公事、有章可循、无甚争论的情况可采用单向沟通；事情复杂、底数不大的情况可采用双向沟通。重视速度、维护威信可采用单向沟通，重视人际关系则可采用双向沟通。

群体规范是对群体成员共同的行为准则，群体凝聚力和士气是实现群体目标不可缺少的条件，群体竞争是企业发展的动力，适当的群体冲突有利于克服群体内的自满情绪，从而保证群体高效地运行。

人际关系的状况对铁路旅客运输企业员工的积极性的发挥和工作效率的提高有着重要的影响。良好的人际关系有利于企业目标的实现，也有利于调动员工的积极性，发挥其主动性与创造性。对企业来说，意见沟通是非常重要的，它联结着企业的各个部门和员工，贯穿着企业每项活动的始终。企业对外可通过意见沟通获得有关外部环境各种变化的信息，对内可了解员工的需要、工作士气、各部门间的关系，改善本企业的人际关系。

7.3.2.2 沟通过程

若想了解沟通的过程，就需要对大脑的运行方式做些必要的了解。尽管到目前为止人类还不是很清楚大脑是怎样整体运作的，但大脑活动的相当一部分以及大脑是怎样影响人们的交流方式已为人所知了。

沟通时人脑的作用：生产出复杂的思想并将之予以沟通是人脑的主要成就之一。它执行三项基本的任务，其中两项是吸取和加工大脑接收的材料，第三项就是把材料加工生产成连贯而有意义的思想。

1. 吸收印象

见到、听到和感觉到的材料根据人们独特的偏好被大脑作为图画、词语或声音吸收和存储起来。就有些人而言，视觉形象能产生最大的冲击，而对其他人而言则可能是言语、声音或触觉最重要。大脑每日接受成千上万个印象，这些偏好方式据说是在 12 岁时成形的。

2. 加工思想

不同类型的输入材料储存在大脑的不同“记忆库”里，并且为了能生产出思想，各部分必须相互协作。大脑这种找出备选信息并进行必要的关联是非常重要的。但这样不容易。有

时完全没有困难,但有时要从语言库中取出词汇来命名储存在视觉库中某人的容貌会有困难。这就好比银行里装有定时锁的保险箱，是由随机定时释放开关启动的。

3. 生产语言

为了把思想转换成语言传输出去，必须生产出一种用以表达的设施。这涉及给物体命名、寻找动词并且把名词和动词组装起来，以便形成互为关联的句子。因此，要说出“猫儿蹲在垫子上”这样一句话，大脑的三个部分必须同时协调运作。有时你会觉得要把自己的意思用语言准确地表达出来很困难，这并不奇怪。所以有些人在处理视觉概念时需要有图表或模型帮助理解，另一些人能想象物体的形状，但找不到适当的名称；还有一些人不能把名词和动词连在一起组成有意义的句子。

7.3.2.3　沟通技巧

1. 倾听技巧

倾听能鼓励他人倾吐他们的状况与问题，而这种方法能协助他们找出解决问题的方法。倾听技巧是有效影响力的关键，而它需要相当的耐心与全神贯注。倾听技巧由 4 个个体技巧所组成，分别是鼓励、询问、反应与复述。

2. 气氛控制技巧

安全而和谐的气氛，能使对方更愿意沟通，如果沟通双方彼此猜忌、批评或恶意中伤，将使气氛紧张、冲突，加速彼此心理设防，使沟通中断或无效。气氛控制技巧由 4 个个体技巧所组成，分别是联合、参与、依赖与觉察。

3. 推动技巧

推动技巧是用来影响他人的行为，使逐渐符合我们的议题。有效运用推动技巧的关键，在于以明白具体的积极态度，让对方在毫无怀疑的情况下接受你的意见，并觉得受到激励，想完成工作。推动技巧由 4 个个体技巧所组成，分别是回馈、提议、推论与增强。

7.3.2.4　沟通的作用

不重视沟通，这是企业管理人员经常犯的一个错误，尤其是在中国企业中。企业管理人员之所以犯这个错误，是因为他们的等级观念太重，认为管理者与被管理者之间不能有太多的平等，没有必要告之被管理者做事的理由。没有充分有效的沟通，下属员工，不知道做事的意义，也不明白做事的价值，因而做事的积极性也就不可能高，创造性也就无法发挥出来。不知道为什么要做这个事，所以他也就不敢在做事的方式上进行创新，做事墨守成规，按习惯行事，必然效益低下。

相反，如果有比较充分而有效的沟通，在让下属员工明了他所做的工作的目标和意义、价值后，会倍增他们的工作热情和主动性。人们经常用石匠打石头的故事说明，工作意义和价值本身对工作者的热情和成效的影响。一个石匠，只是为了打石头而打石头，看不到自己工作的意义，因而感到打石头工作苦不堪言，整天愁眉苦脸，疲惫万分；相反，另一个石匠，知道所打的石头是要用到一个大教堂的建筑上去的，不仅没有感到劳苦，而且一直保持着充沛的精力和高昂热情。

沟通是启发下属员工工作热情和积极性的一个重要方式。主管与下属经常就下属所承担的工作，以及他的工作与整个企业发展的联系进行沟通，下属员工就会受到鼓舞，就会使他感觉到自己受到的尊重和他工作本身的价值。只有通过沟通，主管才能准确、及时地把握下属员工的工作进展、工作难题，并及时为下属工作中的难题的解决提供支持和帮助。这可有助于他的工作按照要求，及时、高质量地完成，进而保证整个单位、部门，乃至整个企业的工作协调进行。

7.3.3 知识拓展

沟通漏斗

一个团队要共同完成一项任务，必须要配合默契。一个企业要发展壮大，员工之间必须达成有效的合作，合作的默契源于沟通，是对沟通升华。在工作中尽可能较少沟通漏斗，才能达到更好的理解，才能更出色地完成工作；还能避免他人不全面的或错误的理解影响人际关系。

沟通漏斗呈现的是一种由上至下逐渐减少的趋势，因为漏斗的特性就在于“漏”。对沟通者来说，是指如果一个人心里想的是 100%的东西，当你在众人面前、在开会的场合用语言表达心里 100%的东西时，这些东西已经漏掉 20%了，你说出来的只剩下 80%了。而当这 80%的东西进入别人的耳朵时，由于文化水平、知识背景等关系，只存活了 60%。实际上，真正被别人理解了、消化了的东西大概只有 40%。等到这些人遵照领悟的 40%具体行动时，已经变成 20%了；一定要掌握一些沟通技巧，争取让这个漏斗漏得越来越少。

在沟通中，你心里所想的 100%，他人行动时却只有 20%，我们心里要说的话，为什么会层层漏掉？

第一个漏掉的 20%（你心里说的 100%，你嘴上说的 80%）原因：

（1）没有记住重点。

（2）不好意思讲。

第二个漏掉的 20%（你嘴上说的 80%，别人听到的 60%）原因：

（1）你自己在讲话时有干扰。

（2）他人在听话时有干扰。

（3）没有笔记。

第三个漏掉的 20%（别人听到的 60%，别人听懂的 40%）原因：

（1）不懂装懂。

（2）质问。

（3）问他有没有其他想法。

第四个漏掉的 20%（别人听懂的 40%，别人行动的 20%）原因：

（1）没有办法。

（2）缺少监督。

团队在解决沟通漏斗的问题上应认识到“沟通就是影响力”这个真理，对于有分歧的问题，及时地进行沟通；大事小事，及时地进行讨论，如有必要，还可以通过会议的形式解决。员工在完成任务的过程中，及时向任务下达人进行回馈，如有偏离，及时纠正。团队每项工作都应有专人负责，对该工作有充分的认识。如遇问题，及时向有关人员进行沟通。除此之外，消除沟通屏障。及时向员工提供他们需要的信息，保质保量地完成每一项任务。

7.3.4 相关案例

案例 7-4 大理铁警用翻译软件与外籍旅客沟通，助其找回丢失钱物

近日，两名外籍旅客在前往大理旅游的途中不慎将腰包遗落在列车上。在向民警求助时，由于语言不通，民警使用手机翻译软件顺利与两名旅客进行了沟通。记者 16 日从昆明铁路公安局获悉，在民警的帮助下，目前这两名旅客已顺利找回丢失钱物。

13 日下午，两名外籍旅客来到昆明铁路公安处大理车站派出所求助。在语言不通的情况下，值班民警用手机上的翻译软件向两人了解情况。沟通后民警得知，美国旅客杰格里和加拿大旅客卢卡斯结伴乘坐 K9682 次列车从昆明来到大理旅游，下车后杰格里发现随身携带的腰包遗忘在了列车铺位上，包内有银行卡、证件、美元和人民币等。得知情况后，民警立即联系上该趟列车的列车长，很快找到了杰格里遗忘在铺位上的腰包。

14 日上午，列车返回大理站，杰格里从民警手中接过失而复得的腰包，里面的钱物分文不少。临别时，杰格里连声向民警道谢：“Thank you，you are the best!”

（资料来源：中国新闻网）

案例 7-5 理解，架起与旅客沟通的桥梁

“您好，请出示您的火车票和身份证。”

“不是刚查过吗？你们到底有没有完？到底要检查多少次？”去往北京的旅客张青芳拖着刚刚被二次安检过的行李，准备要进入候车区时，被青藏铁路公司乐都火车站客运员单晏敏拦住，要求实名制核对车票。

“对不起，耽误了您的时间，我们非常抱歉。”单晏敏明显感觉出旅客的愤怒，连忙接着解释道：“刚才公安对您查验身份证，是在查询网上追逃。现在我们是按规定进行实名制车票的查验工作，还请您能理解。”

“现在坐个火车怎么这么麻烦，连个行李都要来来回回的检查……”旅客张青芳拿出车票和身份证递给单晏敏时，嘴里还在不断地埋怨。

“谢谢您配合我们的工作，在十八大召开期间，铁路部门为了确保旅客的生命和财产安全，要求对进京旅客的行包物品进行二次安检，还希望能得到您的理解与支持。”单晏敏一边帮旅客进行实名制车票查验，一边微笑着耐心地给旅客解释。

“这个我们也能理解，作为中国人都知道，十八大的召开是全国人民的大事，看你们一天也真够忙的……”旅客张青芳被单晏敏真诚的话语和热情的服务所感染，态度变得柔和起来。

“能得到旅客的理解其实是对我们工作最大的肯定。”单晏敏边说边帮旅客将行李箱拿进候车区，温暖的话语、细小的动作，和谐的氛围感染着张青芳和身边的旅客。

乐都火车站是青藏铁路公司西宁车务段管辖的一个集客货运业务为一体的三等车站，坐落在乐都区郊外，田园、农舍、车站阡陌交错。车站虽然不大，旅客不多，候车室也仅仅只有二百余平方米，但是这些都不影响工作人员为旅客提供良好而优质的服务。车站还针对出行旅客绝大多数为当地农民这一现状，倾力打造“温馨乡情”服务，为打工者出行、认知外界起到正确的窗口导向作用。

热情、周到、优质、高效是旅客给予他们最高也是最多的评价，而“人民铁路为人民”在乐都车站的客运员们看来，也不只是一句话、七个字那么简单，他们正用自己的实际行动让它变得更生动、鲜活、有生命力起来。

（资料来源：青藏铁路公司）

项目训练

客运服务中的沟通技巧。

【训练目的】

通过情境模拟学会从旅客的角度思考问题，关心他们真正的需求。

【训练内容】

分小组运用该任务相关知识进行角色扮演，模拟客运服务人员与旅客的沟通现场，落实现场处理主要环节。

有旅客拿着一个空水杯，找到正在扫地的列车员。

旅客：“乘务员，你这车的水壶热水怎么总不开呢？”

列车员：“现在是吃饭时间，用的人比较多，开水可能用光了。”

旅客：“用光了？那现在烧啊！”

列车员：“是的，烧也快。您再稍等一下，水可能马上就烧好了。”

旅客：“我都等半天了，还马上。我到底得等多长时间啊！”

列车员：“那可能是这节车电茶炉作用不好，烧得慢些，真的很抱歉，您再多等一会就好。”

旅客：“你这什么破车啊，连口热水都没有！”

列车员：“您可以到旁边车厢看一下。如果需要，我帮您去打吧。”

旅客：“用不着，我自己去。”

5 分钟后旅客喝着热水，又看见列车员。

旅客：“你早说旁边有啊，和你说话可真费劲！”
列车员：“给您带来不便真的很抱歉。”

【考核标准】

教师评分，评分为百分制（10分一个等级，如100，90，80……）。

表7–5 项目训练评分表

序号	项 目	权重/%	得 分
1	表演是否清晰、准确	30	
2	表达是否清晰、扼要	30	
3	参与是否积极主动	20	
4	学生态度是否谦逊	20	
合 计			

复习思考题

1. 沟通包括哪几个基本要素？
2. 沟通有几种分类标准？并指出具体的分类内容。
3. 单向沟通与双向沟通各有什么特点？各自适用于什么场合？

参考文献

[1] 向莉，后销勇. 民航服务心理[M]. 北京：科学出版社，2013.
[2] 朱晓宁. 旅客运输心理学[M]. 北京，中国铁道出版社，2013.
[3] 高喜. 城市轨道交通客运服务[M]. 北京，人民交通出版社，2012.
[4] 李水，张潮. 民航服务心理学[M]. 北京：中国民航出版社，2006.
[5] 陈少华. 心理学基础[M]. 广州：暨南大学出版社，2016.
[6] 上海铁路局职工教育处. 动车组列车客运服务案例[M]. 北京：中国铁道出版社，2015.
[7] 向莉，周科慧. 民航服务心理学[M]. 北京：国防工业出版社，2014.
[8] 王慧品. 轨道交通客运服务心理与实务[M]. 长沙，中南大学出版社，2015.
[9] 郑宗军. 普通心理学[M]. 济南：山东人民出版社，2014.
[10] 齐海英. 旅游服务心理学[M]. 长春：东北师范大学出版社，2015.
[11] 周平. 铁路旅客运输服务[M]. 北京：中国铁道出版社，2000.
[12] 王永. 营销心理学实用教程[M]. 北京：化学工业出版社，2014.
[13] 郭洪. 品牌营销学[M]. 成都，西南财经大学出版社，2015.
[14] 雷鸣. 促销与人员推销[M]. 广州：广东高教出版社，2010.
[15] 苏彦捷. 环境心理学[M]. 北京：高等教育出版社，2016.
[16] （美国）内格尔. 定价策略与技巧[M]. 应继，译. 北京：清华大学出版社，2003.
[17] 杨松光，铁路运输安全管理[M]. 北京：人民交通出版社，2015.
[18] 邵辉，赵庆贤，葛秀坤. 安全心理与行为管理[M]. 北京：化学工业出版社，2017.
[19] 史青. 管理行为研究——领导行为对员工工作态度影响机制的实证分析[M]. 成都：西南交通大学出版社，2012.
[20] 岁云. 员工安全行为管理[M]. 北京：化学工业出版社，2017.
[21] 孙科炎，詹燕微. 群体心理学[M]. 北京：中国电力出版社，2012.
[22] 多贤，李海青. 人际关系心理学[M]. 北京：北京交通大学出版社，2013.
[23] 艺鼎. 沟通心理学[M]. 北京：中国纺织出版社，2017.
[24] 邵辉. 安全心理学[M]. 北京：化学工业出版社，2018.